本书受到云南少数民族哲学思想研究基地的经费资助，同时作为云南师范大学 2013 年度博士科研启动项目"后自然主义视域下的认识论发展研究"之最终成果。

意义与自识

——蒯因自然主义思想研究

Meaning and Self-knowledge

高 洋◎著

人 民 出 版 社

蒯因主要著作缩写

FLPV - Quine, W. V. (1980). *From A Logical Point of View: 9 Logico-Philosophical Essays* (2nd, Rev. ed.). Cambridge: Harvard University Press.

WO - Quine, W. V. (1960). *Word and Object*. Cambridge: The M.I.T. Press.

WP - Quine, W. V. (1966). *The Ways of Paradox and Other Essays*. New York: Random House.

OR - Quine, W. V. (1969). *Ontological Relativity and Other Essays*. New York: Columbia University Press.

RR - Quine, W. V. (1973). *The Roots of Reference*. La Salle, Illinois: Open Court.

NNK - Quine, W. V. (1974). "The Nature of Natural Knowledge". In S. Guttenplan (Ed.), *Mind and Language* (pp. 67-81). Oxford: Clarendon.

FM - Quine, W. V. (1977). "Facts of the Matter". In R. W. Shahan & K. R. Merrill (Eds.), *American Philosophy: From Edwards to Quine* (pp. 155-169). Norman: University of Oklahoma Press.

WB - Quine, W. V., & Ullian, J. S. (1978). *The Web of Belief* (2nd ed.). New York: McGraw-Hill.

TT - Quine, W. V. (1981). *Theories and Things*. Cambridge: Harvard University Press.

PD - Quine, W. V. (1987). *Quiddities: An Intermittently Philosophical Dictionary*. Cambridge: The Belknap Press of Harvard University Press.

PT - Quine, W. V. (1992). *Pursuit of Truth* (Rev. ed.). Cambridge: Harvard University Press.

IPOS - Quine, W. V. (1993). "In Praise of Observation Sentences". *The Journal of Philosophy, 90* (3), pp. 107-116.

FSS - Quine, W. V. (1995). *From Stimulus to Science*. Cambridge: Harvard University Press.

PTF - Quine, W. V. (1996). "Progress on Two Fronts". *The Journal of Philosophy, 93* (4), pp.159-163.

C目录
ONTENTS

自　序

　　人类伴随着恐惧和战胜它的喜悦在不知不觉中走过了数千年时光，至今这种地球上的智慧生命持续关注着人、世界、语言和知识之四者间的关系问题。生存于世界之中的人渴望认识世界和自身，知识则作为他们渴望获得的结果，包括文字符号在内的广义的语言除了是知识的载体亦作为认识世界和自身的工具。此四者间的关系问题简言之是知识问题和认识问题，对这些问题的反思形成了一门叫做认识论的学问，从它诞生之日起便包含在哲学里面，成为一门古老的学问。时至今日，作为哲学的一个分支的认识论其重要性在近代西方哲学中被凸显出来，哲学思考不再只是一种对世界的本原之始基问题的本体论的迷恋，宏大的场景被精致化为对世界和自身的细致的认识，前者的努力得到的是臆想和独断，在后人看来这虽有些令人沮丧但它的积极作用却是充当了一个使人类认识世界和自身能够进步的反作用力，推动了认识论发展到今天我们所看到的这个样子，后者所做的改变再一次印证了反思的力量。现代西方哲学的发展表明人类不能无中介地去认识世界和自身，这一发现又再一次精致化了哲学认识论的反思，使认识论的命运也相应发生了改变，无论如何我们必须承认科学仍是我们从古至今所期望获得的认识活动的结果中最杰出的典范，因此与以往的哲学家和认识论家不同，我认为不需要去纠结于科学是否具有被用来阐释认识论的资格，而是反倒要问：科学为何不能用来说明认识论？以及认识论何以见得比科学高明？

近代西方哲学经历认识论转向时的科学起步和奠基与当今科学各个门类的细分，以及研究成果与以往相比无论是深度还是广度都有着巨大的差别，这一状况影响了人们的方方面面，认识论思考亦要被影响并作出相应改变。我们须循着科学和认识论发展的共同历史脉络来审视一度作为哲学的代名词的认识论和科学在时间的大道上它们各自取得的成果。当伽利略用自制的望远镜通过观察证明了哥白尼的日心说并在 1632 年出版了《两大世界体系的对话》的时候，勒内·笛卡尔开始思考心灵和物质的关系，得出了上帝的最高保证以使得心灵能够对物质形成清楚明白的可靠的知识的结论，1637 年《第一哲学沉思集》出版；霍布斯和洛克思考着经验论的格言"任何在心灵中的东西，无不是现在感觉中"，我们如何能够凭借感觉经验断言世界的真实存在这一问题困惑着贝克莱大主教，使他或出于主教的义务或出于认识论的必要求助于上帝，但贝克莱的尝试并非是无意义的，或许他自己也并没有意识到在今天最前沿的理论物理学视域中"存在即被感知"的宣言又再一次勃发出新的启示。艾萨克·牛顿综合了哥白尼的太阳系结构假说、开普勒行星运动的三定律和伽利略的自由落体和抛体运动规律，建立了经典力学理论，从而开启了经典物理学，1687 年《自然哲学的数学原理》的出版，这一里程碑式的事件昭示着："在伽利略的工作之后 50 年，科学达到了它的繁盛期。在牛顿的《自然哲学的数学原理》中，科学开花结果。"（*FSS*, p.3）从牛顿经典力学中展示的绝对时空观到量子力学所开拓的相对时空，两种理论的相继出现并显示出各自的限度，这使得人们有理由、有勇气在固有观念的基础上去思考一种新的宇宙观和世界观。达尔文在 1859 年出版了《物种起源》，他提出的物种进化论对人类自身能力与生存环境之间关系的演进说明，是认识论所关注的对人的认识能力如何发生作用之思考所要考虑的。1869 年门捷列夫把自然界的基本组成部分——元素重新分类，制定出元素周期表，向人们以新的方式讲述着古希腊自然哲学中关于世界之始基的"水、火、土、气"的古老传说。力学和光学的发展以及科学研究手段的进步使科学家们进一步想要了解一个信念，即力的传递和光的传播所需的介质之谜。1887 年，年轻的迈克尔逊和莫雷通过改进了的装置进行实验仍未发现干涉条纹的移动，从而无法确定以太的存在。随后的洛伦兹把伽利略提出的时空数学变换一新，被后世称为"洛伦兹变换"，正是此举动摇了牛顿确立的绝对时空观。时间一晃，人类进入了 20 世纪，1900 年普朗克提出了量子假说，一场科学的革命即将拉开序幕，此后 5 年，阿尔伯特·爱因斯坦提出了著名的狭义相对论，打破了绝对时空观，20 年后，海森堡开创了量子力学并于 1927 年提出了著名的不确定原理：粒子的动量和位置不能同时被精确地测定。它的意义在于我们追求的或者我们所认为的科学能够带给人的绝对确定性由于反例的出现而使得我们必须重新思考科学、哲学和世界的关系。在 19 世纪以降的两百年里，康德为了解决休谟留下的困难提出了他的先验认识论学说，黑格尔继续构造他宏大的形而上学帝国，弗雷格发展出符号逻辑。哲学老人拖着它沉重的步伐也迈入了 20 世纪，罗素和怀特海于 1910 年至 1913 年发表的《数学原理》与弗雷格的《概念演算——一种按算术语言构成的思维符号语言》奠定了一种新的哲学的诞生并为其提供了必要的基础和理论。与此同时，约翰·华生在 1913 年提出了行为主义心理学，作为一种新的心理学它的发展及其取得的研究成果给认识论研究提供了一种新的思路，现代西方哲学经历过语言的转向后，语义学和语用学的研究成果、符号逻辑的诞生、数学研究取得的进步为哲学研究尤其是认识论研究提供了新的手段。科学哲学思想方面，关于科学至今为一些怀疑论者和基础主义的认识论家所诟病的归纳问题，从笛卡尔到休谟和康德再到卡尔纳普所做的思考构成了认识论研究发展的脉络。20世纪初诞生于美国的实用主义思想对20世纪下半叶的英美哲学产生了或多或少的渗透，尤其是约翰·杜威对知行关系的研究使人们在如何看待科学及其基础的问题上起到了解惑的作用。反观从17世纪至20世纪中叶近四百年来出现的种种新状况，科学对我们的生活以及各行各业的人们无论在思维方式、生活方式还是认识活动的范围、手段和目的上都造成了无可估量的影响，这时的认识论若是对此不闻不问的话恐成为一门无人问津的学问。在20世纪中叶汇聚一堂的各种新状况促使了认识论的内部即将开始的一次新的革命。以1969年美国哲学家威拉德·蒯因发表的论文《自然化的认识论》为标志，认识论在自然科学日新月异的大潮中，在实用主义、语言哲学和心理学等学问的方兴未艾中认识论开始了当代的自然主义转向。

然而自然主义却不是新鲜的东西，在人类认识活动的历史上它偶尔与认识论的擦身而过，这才使自然化的认识论看起来如流星划过苍穹，耀眼的光芒遮掩了同时代的一些理论而使自身成为瞩目的焦点。让人记忆犹新的是笛卡尔提出"我思故我在"的命题时，基础主义的号角响起，鼓舞了后学们几个世纪里在追求绝对确定性的道路上前赴后继，自然化的认识论似乎与这番场景在相反的影响作用下遥相呼应了。也因为这样，认识论的发展没有断层，旧理论的主流地位总是被新理论所占领，只不过到了现时代，百花齐放之势锐不可当，然而主流也就随之渐弱了。自然化认识论的提出与近代西方哲学是一脉相承的，在某种程度上多少是有"接着讲"的，这是继承；它的新颖也来自对以往认识论的不合理之处作出的一些改进，这是批判。自然化认识论之所以能够在20世纪下半叶的英美哲学界引起不小的波澜并非单纯是由其新颖所致，更是其所诞生之时契合了科学技术的发展，承载了时代之希望。在本书中我将从提出自然化认识论的缘由和前提以及开始考察之前的一些有重要影响的认识论方案并作出解释，时间是一个线索，另外较为隐蔽的是基础主义的诉求在当代西方哲学中尤以认识论中之变体给人造成的迷惑，明眼人看得清楚基础主义的诉求似乎与怀疑论一样冥顽不化，不断转变其形态而继续存在于哲学思考之中；而门外汉则会以为基础主义的迷梦被美利坚人詹姆士消灭了。事情往往没那么简单，基础主义是否被消灭尚不可妄言，詹姆士之思想是否为普罗大众所接受亦是成问题的，故而需在阐释这一点之前还解释自然主义这个立场以及它与基础主义的分殊，以及对要实现对认识论的自然化则须先将意义自然化作出说明，蒯因在这一方面的工作成为语言哲学研究中一个重要的里程碑，这是第一章要阐述的内容。接着再谈蒯因从概念与学说两方面阐释自然化认识论的诸革命性观点，这是第二章所要呈现的内容。进一步的分析将在第三章中重点论说，自然化认识论从提出的那日起就受到了来自规范性的责难，而这也正好使得自然化认识论能以彼之道还施彼身，是为对规范缺失之责难以对规范的崇拜和迷恋之反驳。反驳之道乃是自然化认识论所赞成和立论的一切皆可能利用的自然科学研究成果和实用主义观念，后者将构成一种认知思索方法与态度之告诫。乍看规范性乃自然化认识论之大敌，批评者常以此为武器并将自然化认识论视为与科学一般是纯然描述的，毫无规范可言。于是乎这样莫名其妙的标签成了这些视描述为洪水猛兽之人面对一种认识论时所做之褒贬取舍的方便之门了。我将对此展开一些解释和评论，描述与规范并非是科学与非科学的划分标准，它们之间本身也不是泾渭分明的，自然化认识论被烙上这些印子实在有失偏颇。姑且就以这样的方式划分，我们也还是欢迎的，因为我们毕竟还是喜爱科学，非科学的任它再怎样的规范，它也终究不是科学。诚然，如自然化认识论所昭示的世上未有无时无处皆恒准之理论，反观自身亦是这样的，毋庸讳言，自然化认识论本身亦不是一个固定了的、恒准无误之理论，这自然是与基础主义的诉求相左，区别在于后者表达的是人类认知及期许科学所达目的的愿景，而前者则是道出了科学所展示的事实。文中还将列举大凡以在科学上有所建树而闻名遐迩于世界者多持此类似观点，切合于实际之于世人不仅是科学的要求亦是实用主义对于平日生活的影响，最后的反思是要发现这一点。

导论　走向自然主义

　　如果用一句话概括自然化认识论在其立场——自然主义上的诉求的话，那就是："承认正是在科学本身之内，而不是到某种在先的哲学之中去识别和描绘实在。"（*TT*, p. 21）仅从这一高度概括的话语来看，似乎自然主义仅仅是与基础主义针锋相对的立场，这种思想的产生会被误以为是一种新的人为构造物而殊不知它即便只在认识论上也有相当丰富的内涵。自然主义究竟意味着什么，尤其对于认识论来说它在细节上的要求是什么是我们接下来要分析的。自然主义之"自然"，仅从文字上来理解，乃是对探索认识对象本来面貌之诉求及遵循对象自身运行所遵循道法之顺应与尊重。在认识过程中人的感官接受器从认识对象上获得的是一系列感觉数据，这样说好似我已预设了一条先天的原理，但一直被我们称作经验的东西是否对于我们自身来说是最自然和最亲近的，除了在少数极端怀疑论者那里答案自是明了的。因此，自然主义并非是个新鲜的事物，它不过是经验论在当代的一种表现罢了。蒯因的这一立场来自伟大的美国哲学家约翰·杜威：

　　"在哲学上，我坚持杜威的自然主义。……与杜威一样，我认为，知识、心灵、意义是它们不得不与之打交道的同一个世界的部分，并且

必须按照使自然科学充满生机的同样的经验精神对它们加以研究。这里，没有先验哲学的位置。"(*OR*, p. 26)

杜威在其《经验与自然》一书中对自然主义的诠释是：

"本书中所提出的这个经验自然主义的方法，给人们提供了一条能够使他们自由地接受现代科学的立场和结论的途径，而且这是唯一的途径，虽然绝不会有两位思想家会以完全相同的样式在这条道路上旅行。这个途径一方面使我们能够成为一个真正的自然主义者，而另一方面仍然维护着许多以往珍爱的价值，只要它们是经过了批判的澄清和增加了新的力量的。"①

自然主义作为经验论在当代的新的发展和表现形式，克服了旧的经验论的缺陷，同时参考借鉴了与其同时代的科学理论，较之同时代和以往的非自然主义思想而言，它有着无可比拟的优势，因为它并不是完全破坏性的，而是改良的，并未完全抹去传统哲学中所体现的、人性当中本身所蕴含的一些长久以来受到珍视的价值，而是以新的方式展现出来并使它得到新的合理的解释，这些并不过分的夸奖如果不被视为一种庸俗的自我推销的话，倒是可以作为后续所阐述观点的一种预告。自然主义的方法即是经验论的方法，这种方法在科学和哲学两方面的表现则不大相同：

"在自然科学中，经验和自然是联合在一起的，而这种联合并没有被当作一件怪事。相反地，如果研究者要把他所发现的东西当作真正科

---

① Dewey, J. (1929). *Experience and Nature*. London: George Allen & Unwin, Ltd. p. ii.

学的东西来研究，那么他就必须利用经验的方法。当经验在可以明确规定的方式之下被控制着的时候，它就是导致有关自然的事实和规律的途径，这被科学研究者视为理所当然之事。"①

而在哲学中，尤其是认识论的研究中经验论的立场和方法并没有受到所有认识论家的欢迎。以理性论的立场在近代哲学中向我们展现的是这样一幅图景：

"笛卡尔学派把经验放到一个次要的而且差不多是无足轻重的地位，而只有当'伽利略—牛顿'的方法取得了全部的胜利时，才没有必要再叙述经验的重要性。假使我们十分乐观的话，我们可以预见到，在哲学中也会有同样的结果。但是这个日期似乎并不近在咫尺，在哲学理论方面，如果以罗吉尔·培根的时代与牛顿的时代相比的话，我们还是比较接近于前者的。"②

他们对于新的科学发现热情和在哲学中利用这些发现的精神我们要给予肯定，但对于他们不重视经验而过分沉湎于中世纪后理性力量的苏醒并取得的胜利中时，所得到的只是一种"武断的理智主义"的结果，他们的目标——摆脱倏忽易逝、不可靠的经验、从可靠的基础构建出人类知识的大厦——达到之时便是越发远离我们的经验和常识之日，因此：

"许多哲学最后所得的结论，必然使它蔑视和谴责原始的经验，以

---

① Dewey, J. (1929). *Experience and Nature*. London: George Allen & Unwin, Ltd. p. iii.
② Dewey, J. (1929). *Experience and Nature*. London: George Allen & Unwin, Ltd. p. 3.

致那些主张这些哲学的人们以其距离日常生活关系的远近来作为衡量他们在哲学上所界说的'实在'是否高贵的准绳，因而这也就使得受过一定检验的常识瞧不起哲学。"①

在今天我们看来这确实让人颇有几分微词，但在那个自然科学百废待兴的年代，大致鲜有人会瞧不起哲学了。但这却不能掩盖理性论的那种认为清楚明白的观念高于经验，演绎优于归纳的观点。所以，具有确定性的知识应该是通过理性得到的而并非经验，所以，这样的知识要么是免于受到经验的检验的，因为经验不具有检验的资格；要么是不证自明的不需要受到任何检验的。诸如此类的想法并不能使所有人都认为它是合理的，当经验与之相对时，任何观念均无豁免检验的特权。应该指出的是在基础主义盛行的年代，经验论也不能免于来自今日之自然主义观点的批评，因为自然主义从根本上是反对基础主义的，换言之，即便近代以来的所有认识论家全体拥护这一立场，只要无法消除基础论的迷思，也难逃其陷入困境的宿命。因此，本节开篇删因的话就开宗明义地总结了这一点，自然主义不仅是反对理性论的，它更是我们拒斥基础论、第一哲学并捍卫科学的有力武器。经验论为怀疑论者和理性论者在基础论的错误观念误导下对经验之易逝性的诟病在自然主义者看来完全不是问题，因为：

"经验法却指出了某一个曾被明确地描述出来的事物曾经在什么时候和什么地方以及怎样被达到的。它放在别人面前一幅已经旅行过的路途的地图，如果他们愿意的话，就可以按照这幅地图重新在这条道路上履行，亲自来视察这个景色。因此，一个人的发现可以被其他一些人的

---

① Dewey, J. (1929). *Experience and Nature*. London: George Allen & Unwin, Ltd. p. 8.

发现所证实和扩充，而在人类所可能核对、扩充和证实的范围以内具有十足的可靠性。"①

把经验放在整个人类共有的财富中去考量的话，它作为一个总体是可以被不断补充和修正的，而这个总体在通过方法论上的精致化之后形成的就是科学。理性论者的后果我们是已经清楚地看到了的，他们本身就是基础主义的代言人，而经验论者的后果在休谟那里也是够让人沮丧的了，从近代哲学的发展来看，"一句话，经验的方法所引起的问题提供了进行更多的考察的机会，在新的和更加丰富的经验中开花结果，但是非经验的方法在哲学中所引起的问题却阻碍着探究，都是一些死路。"② 非经验的方法在对经验之使用同样也是死路，这是在说卡尔纳普，理性重构本身就是一种错误的观念，感觉材料是否真的以相似性记忆关系来联结不必说这有待科学本身的来加以说明，而这种重构却理所应当地认为关于外间世界的全部知识还原为原初经验后都可以说成是以这种关系相互联结，倘若说明这种联结的学说是已经在实践中被证明了的科学的话，自然主义应该给予充分的尊重，但这种学说本身不具有科学的身份，因此它是"不自然地"打破了经验本来的联结，世界是按照人使其合理化的倾向来被构造的，就其构造的现象主义立场而言其本身也无法成为科学，科学陈述在语言层面上需要一种现象主义的基础无法提供的主体间性的话语体系，这种话语体系应该是建立在物理主义的基础上的，这一点不仅卡尔纳普自己意识到了，蒯因也意识到了，"纯粹的感觉材料这个概念是一种十分脆弱的抽象。"（*WP*, p. 225）科学本身不是现象主义麾下的，而是建立在物理主义基础上的，这才使得我们有

---

① Dewey, J. (1929). *Experience and Nature*. London: George Allen & Unwin, Ltd. p. 29.
② Dewey, J. (1929). *Experience and Nature*. London: George Allen & Unwin, Ltd. p. 7.

道可循，才谈得上尊重认识对象本身的运行方式，所以他们最后都倒向了物理主义。自然主义必然是要肯定物理主义的，无论是出于在语言上还是实践上的需要。蒯因正是意识到这一点，才要使自然主义在其内涵中囊括物理主义的立场，不仅对于自然化认识论是这样的，亦作为他著名的"本体论的承诺的"本体论学说得以成立的需要。自然主义对世界的理解就是：

"我是一个坐在物理世界中的物理对象。这个物理世界的某些力量影响着我的外表。光线刺激着我的视网膜；分子撞击着我的耳膜和指尖。我敲打后背，发出共鸣的声波。这些声波的形式就是谈论这样一些东西发出的声音：桌子、人们、分子、光线、视网膜、声波、基数、无限类、悲喜、善恶。"（*WP*, p. 228）

物理主义的立场最终是要为自然化认识论来服务的。因为：

"如果采取物理主义的选择，两个方向会自动显现出来。一个方向是，其目标仅仅在于按《数学原理》的精神去追求概念的经济和明晰，这确实就是物理主义者在理论的核心地带一直在做的事情，尽管最后的微缩模型在铜模中铸造出来之前，逻辑学家会出手帮助做一些修饰和擦亮的工作。另一个方向，更类似于卡尔纳普的《世界的逻辑构造》，就是我所想到的自然主义。它是对下述过程的理性重构：在这一过程中，个人和种族实际上习得了关于外部世界的一个负责任的理论。它将提出这样的问题：我们，物理世界的物理的子嗣，从我们与世界的贫乏的接触出发，从光线和粒子对我们的感官的单纯冲击以及像努力爬山这一类的零星事件出发，如何能够想出我们关于这个世界的科学理论呢？"（*FSS*, p. 16）

要注意的是自然主义尽管采纳物理主义的立场却没有肯定唯物主义，此番描述体现的乃是一种科学实在论的思想。这种思想在胡克（C. A. Hooker）的表述中被清楚地表达出来：

　　"从一种自然主义的观点看来，人类知识本身是一种自然现象，是具有特殊起源和有关特性的个体与物种的能力的综合，它可以像任何其他自然现象一样加以研究——知识更加复杂，因为这类理论必须是自反地首尾一贯的。"①

　　蒯因的表述和胡克的解释并不是要把这种世界观在科学的名下强加于世人，恰恰相反，这种世界观绝不能作为一个人在思考全部问题时普遍具有的观念，与其说是世界观毋宁说是作为一种科学精神的体现而仅仅限制于在认识活动中，若要无时无刻均以此观念来思考和行事便要人误入歧途了。科学视野下的人之于认知活动及其结果的知识，是作为一个可观测的对象而存在的，这意味着人的一举一动与认知存在何种关系是要通过科学来加以观察的，潜在的事实是人的认知活动已作为一种自然现象被加以研究了，而既然是自然现象那么便是科学关涉的范围，采用科学的发现和已取得的研究成果、手段对其研究自然是一件合乎情理的事，至少对于认知来说是这样的。诚然，科学之于人来说并非其所需之全部，因而科学不能解决人生的全部问题，人类这种复杂的智慧生命也并非是"科学地"存在的，但对于怀有求知理想和科学精神的有限的理性存在来说，科学确实万不可或缺。承认这一点并采取必要的限制以及意识和反思到"限制"这一观念方可作为

---

　　① C. A. 胡克著，范岱年译：《自然主义实在论：纲要和研究纲领》，载《自然辩证法通讯》1994 年第 2 期，第 2 页。

自然主义以期得以在近代以来的经验论的基础上建立一种新的经验论立场和方法，并由此形成一种区别于旧的经验论、同时避免肯定唯物主义尤其是旧式的矮化人性的机械唯物主义的、对世界的理解。把这种立场和方法运用于新的时代背景下的认识论研究中，是作为以上那种科学实在论的立场和世界观所要强调的，它要表达的不过是在科学之内而不是相反来说明科学自身，自然主义的哲学诉求被蒯因阐述为以下几个方面，首先：

"我的立场是自然主义的；我不把哲学看作是自然科学的先验的预备的知识或基础，而认为它是与科学相连续的。我认为，哲学和科学处在同一条船上——回到纽拉特的比喻（如我经常所做的那样），我们只能在海上漂流时待在船中重修这条船。没有第一哲学。"（*OR*, pp. 126-127）

其次：

"自然主义把自然科学看作一种对实在的探索，这种探索是可错的和可修正的，但它不对任何超科学的裁判负责，也不需要在观察和假设—演绎方法之外做任何辩护。"（*TT*, p. 72）

最后：

"它是对下述过程的理性重构：在这一过程中，个人和种族实际上习得了关于外部世界的一个负责任的理论。它将提出这样的问题：我们，物理世界的物理的子嗣，从我们与世界的贫乏的接触出发，从光线和粒子对我们的感官的单纯冲击以及像努力爬山这一类的零星事件出发，如何能够想出我们关于这个世界的科学理论呢？"（*FSS*, p. 16）

表述中有几个重要的洞见就是：其一，如上文中多次提及的那样，没有超越于科学并能够为科学提供基础、证明和保障的第一哲学，哲学和科学是相连续的，为了说明这一点蒯因运用了在其一生的著作中备受其重视并被多次使用的"纽拉特之船"的比喻来说明。蒯因之所以认为哲学和科学是连续的基于两方面的原因，一方面正如这个比喻的创造者纽拉特所说的：

"想象一下出海远航的水手，他们打算将他们的船只由近似圆形的改造成近似鱼状的。他们使用一些漂浮在海上的木料，而不是旧船体的木料来改造船的基干和船身。但是他们不能将船停泊在码头以期从头做起。在他们工作期间，他们停留在旧船体上，还要应付狂暴的海风和巨大的海浪。在对他们的船只进行变形加工的时候，他们要提高警惕以防危险的渗漏发生。一只新船由同一只旧船逐步改造而成——然而，他们仍将继续改造，水手们或许已经在设计一只新船的构造了，而且他们彼此间将一直无法达成一致。整个事业将以我们今天难以预期的方式继续发展。这就是我们的命运。"①

对于先验知识的拒斥，在蒯因看来一切知识（有时在他广义地使用科学概念时知识就与科学等同）必然是来自于感官接受器的数据，因为不存在第一哲学，那么哲学便是经验的哲学，科学也是经验的科学，它们在地位上是平等的并同处于经验的海洋之上，现在先还不必说他后面的结论——认识论成为自然科学的一章，就可以看出科学是通过科学来得到说明的，哲学如果不能说明自身那么最好能够主动采用科学研究的

---

① Neurath, O. (Ed.). (1944). *International encyclopedia of unified science. Vol. 2, No. 1, Foundations of the unity of science. Foundations of the social sciences*. Chicago, Ill.: University of Chicago Press. p. 47.

成果和方法来消除一些长久以来被虚构出来的伪问题、伪命题和说明传统的问题，同时不但科学免不了来自经验的修正，就算是一度自诩为高于科学并能为科学辩护的哲学也无权豁免。哲学认识论的研究必然要结合科学的发现，这是自然主义本身的要求。另一方面则可以通过这艘船引出整体主义的思想，这种思想之形成是否是在他访问维也纳期间受到了卡尔纳普、纽拉特等人的"统一科学"思想，抑或是法国科学史家迪昂的观点影响我们暂不得知，不过据蒯因自己回忆说，这些观点是他自己的思考，无论如何这一点对于接下来的讨论并不重要。整体主义的理解，如果按照"统一科学"的观点来理解似乎与蒯因的观点相一致，他认为全部科学是作为一个人工织造物来整体地面对经验法庭的；再者，还可以理解为既然没有第一哲学，那么科学与哲学是连续的并同处一船，哲学和科学的连续也可以有第三种理解，即要么科学止步的地方就是哲学开始的地方，抑或是相反，这完全取决于它们各自的任务和对自身的定位，基础主义的老路子类似于后者，前者则更像是道德学家、神学家、美学家和文艺家所持之观点，就蒯因的观点来看，或许哲学与科学的连续有可能是非线性的。其二，科学只在其自身的总体的体系内对自身负责，它是谋求自身融贯的，但也并不企图掩盖不融贯的情况，当科学与经验矛盾时，科学便会遵循一定的原则受到修正，作为否定第一哲学的一个后果，它总是谋求使用来自系统内部的方法解决问题。其三，则是对于上文提到的那种世界观的进一步表述。来自古老的经验论的要义与这一见解便遥相呼应了，它告诉我们"经验论至关重要的洞见就是，任何科学证明的终点都在感觉之中"。（*WP*, p.225）而自然主义视野下的新的认识论思想要研究的问题归根结底还是"贫乏的输入和汹涌的输出"之间的关系问题。"纽拉特之船"引出的不仅是哲学与科学是连续的这一重要洞见，而且这一洞见是统摄在蒯因所说的经验论的第四个里程碑——整体主义思想之下的，即一种方法论的一元论。

"整体论模糊了人们在具有经验内容的综合语句和不具有任何经验内容的分析语句之间所想象的那种对立。现在人们认为分析语句所起的那种组织作用为所有的语句普遍地共同享有，同时认为以前被假定为仅仅为综合语句所具有的那种经验内容已分布于整个系统之中。"（*WP*, p.72）

整体主义的思想又影响着经验和语言两方面，"观念"一词及其变化足以管窥整个近代哲学的发展，即一个观念是如何在经验论的立场上得到解释的。自然主义便是要消灭经验论的第一个教条，分析与综合的区分，这和他经常引用的"纽拉特之船"的比喻所传达的思想是一致的，同时和整体主义的观点是一致的。

认知和语言有关，无论是卡尔纳普还是蒯因他们从现象主义到物理主义立场的转变也间接地佐证了这一点，在蒯因的哲学中这一点体现得尤为突出，如施泰格缪勒所说："在蒯因看来，不了解语言的重要方面，就不能获得科学理解。不认识科学的结构，就不能更深入了解语言。对他来说，科学哲学和认识论与语言哲学是彼此不可分割地结合在一起的。"①"科学双重地依赖于语言和事实"这一见解就出现在蒯因《经验论的两个教条》一文中，目的是要批驳还原论的教条。一方面，从侧面肯定了科学知识的表达是和语言密不可分的；另一方面，也是较为重要的一个方面是通过此批驳反映出自然主义在语言的转向之后的认识论的一种新的研究进路和一种革命的认识论，是如何通过这种进路而获得关于外间世界的科学理论的。自然化认识论究竟怎样与语言相关，这要从自然主义在语言观来说起。蒯因有一个"语义的博物馆神话"的比喻，这个比喻是说：

---

① 施泰格缪勒著，王炳文等译：《当代哲学主流》（下卷），商务印书馆 1992 年版，第 202 页。

"非批判的语义学是一种博物馆神话,在其中展品是意义,语词是标签,转换语言就是改变标签。自然主义者反对这种看法,主要并不是反对那种作为精神实体的意义,虽然这也是完全能够加以反对的。……自然主义者所坚持的是,甚至在语言学习的那些复杂与模糊的部分,学习者能够加以处置的材料,也只能是别的说话者的外部行为。因此,当我们和杜威一道转向自然主义的语言观及行为主义的意义论时,我们所放弃的并不仅仅是语言的博物馆图像,我们也放弃了对于确定性的信念。"(OR, p. 27)

指称论的语义学在现代哲学中的典型是前期维特根斯坦创立的"语言图像论"从弗雷格和罗素开始就一直受到批评,弗雷格的"晨星"和"暮星"的例子,罗素的"斯各脱"的例子以及后期维特根斯坦提出的"语言游戏说"都在控诉指称论的语义学,因为它所持有的语词的意义在于它的所指并且指称和对象之间有着意义对应的关系的观点无法解释诸如金山、飞马等诸如此类实际并不存在的心理构造物。放弃这种语义学意味着把语词的意义和所指分开,分别构成语义学的两个组成部分——意义理论(关于意谓、意思、同义性和分析性的理论)和指称理论(关于命名、指称、外延、变项和真值的理论)。然而再把意义理论中的意义(meaning)一词用意思(significance)来代替,其次是抛弃认为无论是语词的还是知识的绝对确定性的思想。而对于观念论的语义学蒯因的主张是:

"在现代语言学家中间已经取得相当一致的意见,认为关于观念即作为语言形式的心理对应物的这个观念,对于语言学来说,是没有丝毫价值的。行为主义者认为,即使对于心理学家来说,谈论观念也是糟糕的做法。我认为行为主义者的这个看法是正确的。"(FLPV, p. 48)

可以看到蒯因是以自然主义反对指称论的语义学，又以自然主义的派生物——行为主义来反对观念论的语义学。那么蒯因究竟想建立一种什么样的语义学呢，可以有两个答案，一方面，蒯因不但不想建立一种新的语义学反而想取消"意义"一词，

"就意义理论来说，一个显著问题就是它的对象的本性问题：意义是一种什么东西？可能由于以前不曾懂得意义与所指是有区别的，才感到需要有被意谓的东西。一旦把意义理论和指称理论严格分开，就很容易认识到，只有语言形式的同义性和陈述的分析性才是意义理论要加以探讨的首要问题；至于意义本身，当作隐晦的中介物，则完全可以丢弃。"（*FLPV*, p. 22）

取消"意义"一词是自然主义的诉求在语言层面上的表现，自然主义反对任何形式的第一哲学、绝对确定性和基础主义，那么在语言上也是一样的，博物馆神话为语词指派的是与之意义相对应的并保有确定对应关系的基础，这无形中是肯定了存在着一个承载意义的集合，意义王国的存在就是自然主义相悖的。另一方面，蒯因想建立一种行为主义的语义学。这种语义学认为语词的意义在于人的语言倾向，也就是人的行为。

"对于自然主义来说，这个问题即两个表达式是否在意义上相似或差别，没有任何已知或未知的答案，除非这些答案在原则上由人们的已知或未知的语言倾向所决定。如果根据这些标准还有不确定的情形，那么对于意义和意义相似这些术语来说，情形就更加不妙。"（*FLPV*, p. 29）

行为主义的语义学是自然主义立场在语言层面上的典型表现，看

似消解了意义的传统载体后，蒯因又为其指派了一个新的载体，即人的行为，这个新的载体优于指称和观念的地方在于它是可以公共地被观测的，因而意义或他所说的判断一个语词是否有意思的根据是可以在主体间发现的。植根于自然主义的科学所需要的语义理论正是一种语词的意义能够在主体间或被共同地观察与确认的这样一种理论，这种语义学就被深度地整合进了自然化认识论。在后面将要讨论的语义上溯策略、语言学习理论和观察句理论中尤为明显。而放弃对绝对确定性的追求带来的影响是自然主义与传统立场方法的显著区别，由此又引出了翻译和指称的不确定性，在对这两种不合理的语义学批判完成并建立一种行为主义的语义学之后，自然主义作为统领蒯因全部哲学的一个根本立场就被确立起来了。而这些问题是接下来将要讨论的。

值得思考的一点是，自然主义立场的确立以及它对于传统经验论等观点的批判是否消解了本书所关心的认识论的规范性？换一种说法是，自然主义的确立是否是直接与认识论中的规范的维度相悖的？而转换之后的说法本身并不是一个可靠的表述，因为这就等于在尚未考察的情况下预先肯定了以往的认识论是具有规范的维度的。姑且先这样认为，单纯地来考察自然主义立场它本身是否具有消除规范性的功能和倾向的。自然主义不过是对于存在已久的经验论立场的一种开明的继承，它的最大区别在于否认第一哲学、基础主义和绝对确定性的观点，认为哲学与科学是连续的，并且都是可错的及可修正的，除此之外，自然主义在基本原则上是与传统经验论相一致的。来自反面的意见是由于否认第一哲学、基础主义和绝对确定性这一点恰恰触动了规范性之最敏感的神经，这一否认还使得先验知识和超验实体在自然主义中也不存在了。当这些曾出现于历史和常识中规范性的基础就这样一个个坍塌了的时候，也正好从反面又说明了规范性是建立在基础主义之上，然而基础主义本身对于知识和认知来说是不合理的，那么将要得出的结论就是一个自我挫败性的——规范性本身是基于一个对认识活动来说不合理的基础，它本身的合理性是受到怀疑的。如果答案刚好相反，那么规范性与自然主义之间则没有必要保持着莫名其妙的紧张。再者，关于自然主义认为哲学与科学同处一条船是连续的同属一个系统的，以及都是可错的和可修正的观点也是规范性不能接受的。规范性之为规范须朝向某一特定的目标并以期该目标是遵守这一规范的，然而它何以能够为该目标理论提供规范，要么规范性是高于该理论的，要么这一理论在自身之内遵守其为自身所立之规范，后者是自然主义的要求。最后在各自的认知陈述上，自然主义大多是描述的陈述，而规范性则要求采纳祈使式的陈述。对此，胡克有一些值得思考的见解：

　　"虽然自然主义取消规范理论的任何特权，但它并不排除内容中的所有差异。而且有一个切题的差异。自然主义应当保留规范论说的传统的一般骨架：规范理论是关于'应该做什么和为什么应该做'的理论，后者关联到追求有关的理想目的的规范行动，传统的理想目标是完全的真、完全的理性、完全的善和完全的美。我们已经看到了理想对自然主义的重要性：它们坚持永无止境的批判和进步的可能性，而这样做对于说明可错的历史进步是必要的。"①

　　谈到自然主义的理想时，规范性或一种规范性的论说如果它是与自然主义相融洽的而不是相悖的话，那么它所扮演的角色就不能再是高高

---

　　① C. A. Hooker 著，范岱年译：《自然主义实在论：纲要和研究纲领》，载《自然辩证法通讯》1994 年第 2 期，第 4 页。

在上的对经验实施独裁，也不是在细枝末节上对自然主义立场吹毛求疵、横加干预，它可以也应该作为一个高度概括的论说，在总体上体现着人类的普遍价值观并赋予自然主义所追求的理想。但这个结论本身蕴含着的一个观点是自然主义本身是没有规范的，它的规范性要由一种规范性论说来赋予。这种规范性论说要么是基于自然主义的，要么是基于其他立场的，矛盾的是，如果它是基于自然主义立场的，那么就意味着自然主义在自身之中遵循自己确立的规范，而前提却是认定自然主义立场不具有规范的。因此，后一种观点得到了大多数人的肯定，这些人都不是自然主义者。自然主义在根本立场上和方法论上是否是反规范的（anti-normative）与去规范的（de-normative）呢？焦点就转到了自然主义本身的诉求和构成上来，自然主义反对规范凌驾于基于自然主义立场而被肯定的方法以及开展的认识活动及其结果，而不是反对规范本身，这样一来，自然主义的立场就不是反对规范的并且也可以进一步得出了它也不是去规范的之结论，因为自然主义并不是要消去规范而毋宁说要消去的是一种主张，即认为规范性不是自然主义本身具有的，需要在一个系统的外部来为这个系统提供规范性的指导并且这个规范性论说的地位高于自然主义及其所肯定的方法、由此开展的活动和所得之成就。简言之，消去的不过是规范性的特权——提供基础和特殊地位——第一哲学及处于一个系统的外部。以上的讨论得到两个否定性的结论，即自然主义立场既不是反规范的也不是去规范的，澄清这一点要注意下面更进一步的考察，然而一个核心的问题是自然主义的立场是否是规范的，要回答这一问题是无法靠单纯考虑自然主义这一立场来发现的，必须要结合自然主义与认识论的结合来考虑，二者的结合形成了自然化的认识论，这种结合是蒯因促成并发展起来的。最后，对自然主义最简洁的定义就是：对于经验论的实用主义改造和开明的坚持，这种开明的坚持带来的直接的好处是放弃那些对于循环论证的无谓的恐惧，因此自然主义深层地隐含着的一个观点是保证科学及其解释的优先性，因为我们始终需要科学，而且只有科学才有资格解释科学，解释科学的科学，关于科学的科学也是科学，到达了科学我们就不能够再要求比这更好的解释了，科学已经提供了最好的解释，比起怀疑论的论调——我们没有任何理由来拒绝科学，因为我们更需要科学。

第一章　意义的自然化

在过去的数千年之中，人类通过各种各样的方式来了解我们生存于其中的世界、宇宙和自然，以及与我们同在的包括他人和自己在内的各种生命体，它们从什么时候开始存在，为何存在，何以能够存在，是否还能继续存在下去等问题，无不是科学探究与哲学追问的共同问题。迄今为止，涌现出了各种琳琅满目的理论学说，自然主义的学说在此情势下何以能够以及为何有必要提供一种新的解释呢？原因在于自然主义的学说代表了一种科学与哲学在新的时代背景下共同协作的努力。无论是开创性的探究还是反思性的研究，归根结底都企图弄清楚事物、事件、现象背后的原因，尽可能找出其共性并从人的角度来思考其价值，当哲学或科学任何单独一方都无法完成这一任务时，二者的协作就体现得尤为重要。蒯因以其自然化的认识论在哲学认识论的历史上独树一帜，同时也招致不少批评，但吊诡的是，批评蒯因及其自然化的认识论的人所用之理论学说本身亦存在着不少缺陷、预设了不少人为的构造物当作前提，这样一来，即是用一种本身有缺陷的理论去批评另一种在其看来"有缺陷"的理论。如何才能相对客观公允地看待蒯因的学说以及整个自然主义的学说成为亟待思考的问题，在本书的叙述中我无意为自然主义学说辩护，而只是企图在当今科学技术日新月异、人类知识领域不断扩大、知识总量呈现爆炸性增长、以互联网为代表的信息技术改变了人们看待彼此、世界以及语言的时代大背景下，对自然主义学说作出深入的探讨，以期澄清人们对自然主义的误解，并揭示其正面的启示价值。

第一节　意义的基础

一、意义的意义

奥格登和理查兹的名著《意义之意义》中详细地列举了"意义"一词的含义，如下表所示：①

A	Ⅰ	内在的性质。
	Ⅱ	与其他事物独特而不可分析的关系。
B	Ⅲ	一个词在词典中的解释。
	Ⅳ	语词的内涵。
	Ⅴ	本质。
	Ⅵ	投射进客体中的活动。
	Ⅶ	（a）预期的事件。
		（b）意志。
	Ⅷ	任何事物在一个系统中的位置。
	Ⅸ	一个事物在我们未来经历中的实际后果。
	Ⅹ	陈述所包含或暗示的理论结果。

---

① Cf. Ogden, C. K., & Richards, I. A. (1989). *The Meaning of Meaning: A Study of the Influence of Language upon Thought and of the Science of Symbolism*. San Diego: Harcourt Brace Jovanovich. pp. 186-187.

	XI	任何事物所引起的情感。
	XII	由被选出的一种关系把它跟符号实际上联结起来的事物。
C	XIII	(a) 刺激的记忆效果。获得的联想。
		(b) 对任何出现的事物的记忆效果都合适的某一种另一出现的事物。
		(c) 符号被解释成是其所是的东西。
		(d) 任何事物提示的东西。
		如果是符号，那么它就是符号的使用者实指的事物。
	XIV	符号的使用者应该在指称的事物。
	XV	符号的使用者相信自己在指称的事物。
	XVI	对符号的使用者而言：
		(a) 指称。
		(b) 认为自己在指称的事物。
		(c) 认为使用者在指称的事物。

奥格登的这一列表几乎涵盖了"意义"一词在日常语言的用法及分析哲学中的涵义，但需要注意的是，奥格登讨论"意义"一词是将"意义"理解为 meaning，即中文里的"意思、含义"。以列表中第Ⅳ条来看，出现了"内涵"一词，这让人联想到通常在书面上区别使用的"含义"和"涵义"两个常常给人造成困扰的概念。"涵义"在分析哲学中一般用 connotation 来表示，但也有 meaning 的意思；"含义"就是 meaning，即意思。因此，二者在表示一个语词的意思的时候是相同的，不同的是，由于使用语境的不同，"涵义"常在讨论内涵和外延的语境下使用，以突出其表示概念或语词的内涵。从列表中第ⅩⅢ到ⅩⅣ条看来，"奥格登列表"将人们关于意义的理解引导到了正确的方向上来，并且凸显了"意义"这一概念最原本的意思，即语词作为符号是其使用者联结世界

的桥梁。关于这个世界人们总要"说"点什么，而有人"说"就得有人"听"，正如蒯因指出的那样："语言是一种社会的技艺，我们都仅仅是根据他人在公共可认识的环境下的外显行为来获得这种技艺的。"（*OR*, p. 26）说话者的"说"必然有所指向（aboutness），亦即说话者在说话时的意向性（intentionality），尝试着去还原说话者的"指向"或"意向性"，成为思考意义问题的一条新的路径，并且，如果说"意向性"也是人的一种自然倾向，那么，这样的路径也并没有超出自然主义的范围。

对"意义"之意义的理解，蒯因对此提出了一个不大相同的观点，他认为：

"人们通常谈到或似乎谈到意义的有用的方式可归结为两个：具有意义（having of meanings）即有意思（significance）和意义相同或同义性。所谓给一句话以意义，不过是说出一个通常用比原来更清楚的语言来表述同义语。如果我们讨厌意义（meaning）这个词，我们可以直接地说这些话语是有意思的（significant）或无意思的（insignificant），是彼此同义或异义的。以某种程度的清晰性与严格性来解释'有意义的'和'同义的'这些形容词的问题——按照我的看法，最好更具行为来解释——是重要的，又是困难的。"（*FLPV*, pp. 11-12）

如前所述，意义于人无论如何是需要的，但这里的"意义"蒯因用"有意思"来替代，即人需要意义，想要理解一个词的意义，不过是想知道这个词是什么意思，据通常的情况，听话者向发问者的解释就成了蒯因所描述的"不过是说出一个通常用比原来更清楚的语言来表述同义语"。于是，结论就变成了"只有语言形式的同义性和陈述的分析性才是意义理论要加以讨论的首要问题"。基于蒯因自身建构理论的需要，他将意义视为 significance，但这个词在日常语言的使用中却对应于中文里的"意义"而不是"意思"或"含义"，这给理解上增添了一些麻烦。通过如下方式可将问题快速澄清，即中文里"意义"一词所关涉的是价值判断，"有意义"和"无意义"表示某一事物的存在／消失或某一事件的发生对某一与之相关联的主体体现了价值，譬如说话人问道："你这样做有什么意义？"此句即是针对听话者来发问，说话者想要知道听话者做某事所体现的价值、必要性或理由是什么，而并非是这样做的含义或意思，亦即不是针对事情的内容而发问，而是针对事情本身对听话者而言所体现的价值。另一方面，如果说话者完全不理解听话者已经从事或意欲从事的事情，那么说话者是不可能做此发问的，如果他要发问，那么他大致会说："你做的这件事是什么？"在一般意义上，对"意义"一词的理解，必然不能接受蒯因的观点，即无差别地使用"意义"和"意思、含义"，至少在中文语境中，这是说不通的。在语言哲学的大部分领域里，对意义问题的探讨都是基于 meaning，即"意思、含义"，本书所做的讨论同样基于这一点。

澄清了"涵义"和"含义"、"意义"和"意思"之后，"讨论意义问题有什么意义"的问题方可继续。很显然，在这一诘问中出现的两个"意义"具有不尽相同的意思，对后一个"意义"的解释若参考"奥格登列表"可以发现，意义一方面是与使用语言的主体相关联的。然而某一主体使用语言是如何可能的？使用语言的目的是什么？等等之问题就与另一方面（也是更为重要的一个方面）相关。千百年来，人类的生活展现出一幅平凡地使用语言的宏大图景，这幅图景告诉我们一个简单的事实："语言是至少在两个人之间交互作用的一个方式：一个言者和一个听者。它要预先承认一个组织起来的群体，而这两个人是属于这个群体之内的，而且他们两人是从这个群体中获得他们的言语习惯的。所以它是一种关系，而不是一个特殊的事情。……记号的意义总是包括人和一个对象之间所共同具有的东西。"① 杜威所言即是要告诉我们：其一，"语言是一种社会性的技能，为了获得这种技能，我们不能不完全依赖于主体间通用的提示我们要说什么和什么时候说的信号。"（WO, p. 1）其二，语言的首要作用是人与人之间的沟通，即便是意义也是通过沟通而被表达的，因为没有沟通就没有语言，没有语言亦不存在分析哲学中所讨论的意义。其三，只有作为类存在物的人的存在，才有所谓意义，归根结底，意义是人类思维建构的产物。把意义问题作外科手术式的静态分析的做法在很大程度上忽略了语言是属于人类的、充满生气的活动，语言在被人类使用的过程中亦是一种有着无限多种可能且变幻莫测的存在。是否正视这一状况直接影响到对人类语言问题的思考。杜威的这一提示具有深远的警示作用，蒯因对意义问题和认识论问题的探讨正是从杜威的自然主义和经验主义立场出发的。

对意义问题的探讨通常被直观地与记号和其所指联系起来，在久远的奥古斯丁的著作里可以见到，符号的意义就是其所指，这种意义的指称理论代表了人们最直观的、关于意义的理解。英国的经验论者们却不这样认为，以洛克为代表的近代英国哲学家们则认为符号的意义应与人心中的观念相联系，符号的意义就是其所代表的存在于人心中的观念。以上两种典型的意义理论成了人类理解意义的两种自然倾向，既是自然倾向诚然有着其合理之处，理解符号的意义不需要受过严格的哲学训练，甚至不需要受过高等教育，若有一人向听话者问道："苹果这个词的意义是什么？"在当下的场合里又恰好有一个苹果，听话者在极大的概率上会使用实指——用手指指向那个苹果的方式回答发问者的问题。指称论的合理性就在于此，与普罗大众的日常经验的相当程度的切合，

_____

① 〔美〕杜威著，傅统先译：《经验与自然》，中国人民大学出版社 2012 年版，第 128 页。

使得人们对这种理论的接受具有压倒性优势的理由。然而，若是当下的场合里没有一个苹果，那么听话者的解释将会指向一个他的记忆里的苹果，即他所理解的苹果、他关于苹果的观念。人类长久而普遍的交往和对谈之中，能够用实指方式达成听话者与说话者之间的确认的情况会随着人类思维能力的不断提高而逐渐减少，从宏观上看，表现在人类的历史中，微观上则表现为一个人从咿呀学语开始随着自身的成长及受教育程度的提高而不断掌握能够脱离谈论对象存在而进行有效交流的能力。以此看来，意义的观念论与指称论之间并无实质性差别，观念论不过是指称论的变形——均是以符号—对象的方式来理解语词的意义。但观念论比起指称论有所新增的内容是打开了一扇语词和心智构造物之间的闸门，其影响一方面使得指称论落入了贫乏苍白的尴尬境地，另一方面又扩展了思考意义问题所涉及的疆域。其要点在于人类的对谈实践中常常出现"金山"、"飞马"、"麒麟"、"貔貅"诸如此类的语词，若是按照指称论的观点去理解这些语词，那么定然是令人费解的；若是按照观念论的观点去理解，又定然造成各个不同的人理解上的差异，不可实指也就缺少了达成主体间确认的标准和基础，最终指向的只能是存在于不同的个体中的对于"金山"、"飞马"、"麒麟"、"貔貅"等的想象的观念。于是对理解语词意义的尝试就无可避免地与心理主义纠缠在了一起，哲学家们对此感到了极大的不满的同时，亦对指称论不能在人心造作的虚构对象中找到与语词相对应的指称之物而感到失望。不仅如此，指称论的一大弊端是除在虚构对象之外，对通名、概念词等的说明也无能为力，人们在现实中实在找不出一种叫作"红"的东西来，感受到的只是红色的旗子、红色的苹果、红色的液体诸如此类的东西，然而我们语言和对谈中确有"红"这样的语词，其意义又当做何理解？当哲学的任务转变为对命题的逻辑分析，哲学的研究对象转变为语言而不再是观念的时候，普罗大众眼中的平淡之事到了哲学家那里却成了莫大的难题，在命题中作为谓词的"红"是否是独立存在的实体？虚构对象和概念词作为命题主词的时候是否意味这一命题肯定了其主词所示之物的存在？哲学家们给出了两种不同的回答，一种即为努力把其指称不能确定的命题主词进行改写，消解其被肯定为存在的状况，于是有了罗素的描述语理论；另一种是更为务实地把这一问题区分为两个层面，即命题中的主词只是意味着这一命题允诺了主词所示之物的存在，而什么东西实际存在着与该命题没有关系，这便是蒯因的"语义上溯"策略和本体论承诺学说。

值得注意的是，近代认识论转向以来哲学更专注地研究人的认识活动，其方式难以摆脱心理主义的要素，"观念"作为人心的造作，并不是一个精确的概念，诸人所具同一观念之间至多是"家族相似"的，而不可能绝对地一致。如何找到一种能够成为主体间的对谈中达成共同确认的标准，亦即在与意义相关的指称方面如何找到确定和理解意义的途径成为哲学家们思索的方向。

二、意义的认识论基础

卡尔·马克思在《关于费尔巴哈的提纲》中深刻地说道："哲学家只是在解释世界，而问题在于改变世界。"此话深刻且极为正确，一旦仔细思考却常常会陷入"游泳与下水"的难题之中，实则不然，不能认识、尚未认识世界，我们如何改变世界？我们用什么去改变世界？此时，骤然会有人用"实践出真知"来加以反驳，人的认识活动作为一种实践，而这种实践是否是"改变世界"的活动？显然，不能以"认识世界"的活动等同于"改变世界"的活动，无论从逻辑上还是时间上，我们都需要从认识活动即具体的、个体的行为开始，当我们用眼睛观察某一事物的时候，事物并不会因为"被看"而改变，因此这种活动还未能够成为所谓"改变世界"的活动；反之，人类如若没有这些具体的行为来构成认识活动，从迄今人类掌握的所有知识来看，无一是通过某种神秘的启示从天而降的。经验论的立场在历史上曾经被不保持绝对主义、基础主义知识观的哲学家们所看好，但它却最符合人的实际认知过程，即从一个具体的认知行为发生过程来看，是无法否认经验的作用的。

经验作为人认识世界的唯一管道意味着人必须在有限的感官能力之既定前提下来思考、讨论人是如何开展认识活动以及认识活动的目的是什么。在一个具体的认识活动中，其感性形式表现为以观、听、嗅、尝、触之具体的实践活动，但感觉器官并非思维的器官，经验亦非知识，理性思维的作用就在于支配感觉器官，使其联动并将所获之物加以整合，最后通过人类特有的手段在某一共同体成员之间达成共识并进行检验，得到知识。这一过程中凸显出的两个要点是这种人类特有的手段即是语言，而最终所获之知识体现为对认识对象"是什么"之揭示与解释，之所谓意义。语言与意义伴随着人的一切认识活动，而认识活动本身和人企图了解自身、世界和他人的愿望构成了意义的基础，对未知世界的好奇和对意义的追问同始同终，不可分割。语言的转向之后，人们关于意义问题的探讨聚焦于语言层面，诚然意义与语言有着天然的联系，没有语言（更广泛地说是符号）则意义无以表现，思想无法被承载。从以上的经验主义的解释路径看来，意义似乎"别无选择"地落入了经验主义的"窠臼"之中，正像我在"导论"中提到的那样，蒯因对自然主义的高度概括性的论述是"承认正是在科学本身之内，而不是到某种在先的哲学之中去识别和描绘实在"。因此，在自然主义的框架下对意义的发生学解释不可避免地要从经验的实际发生、获得过程来进行。来自反面的意见是，人类掌握的知识部类中有一部分并非是由经验获得，很显然这里说的是算术、几何、逻辑以及人的思维特有模式的反思的知识。若从形式与内容来源上分而视之，欧氏几何学的公理、数的形式，从古希腊的欧几里得、毕达哥拉斯到当今数学的发展体现出一种不可能来自人类经验的归纳而得出的伟大成就来。哲学上，康德揭示出的感性直观的先天形式——空间与时间以及由此套路而衍生出来的关于人对世界、对象的所特有的"人化"方式在康德之后的哲学家那里继续以不同的概念和方式而存在。如此看来，正如那些无法从经验的归纳中而得来的伟大成就一样，它们似乎是"先验"或"先天"的。然而，在自然主义和实用主义者蒯因看来，先验性不可与绝对性相等同，也就是说，人类确实具有一些在科学家尝试通过生物学、遗传学等经验科学暂时无法解释的知识，但这些知识并不是绝不可错和不容修改的。人类源源不断的经验之流无时无刻不在检验着这些所谓"先验的"知识。因此，从内容来源上说，这些知识并非是通过某种神秘的知觉抑或是"天启"的方式来获得。同时，当整个科学知识的体系中处于外围的经验科学与未来产生的新的经验愈加冲突，被修正的足够剧烈时，处于内核的数学和逻辑等形式科学也可能被修正。而哲学上这种态势早已呈现出来，人类对于世界和对象的感知，是否一定只有空间与时间，或许根本是一种尚未区分出空间与时间的混沌的意识；而世界呈现给我们的或许是一个根本没有物自体的全然的现象等新想法，为我们重新反思人类与世界的关系在古老的桎梏中撕开了裂口，乍现新的曙光。蒯因的工作正是这一缕曙光，虽然在有的论者看来极具"科学主义"倾向①，也有论者认为"蒯因的科学主义并不是我们今天所责难的所谓'唯科学主义'，他对科学的推崇和尊重恰好表明了他所从事的正是一项合乎理性的事业"。②

---

①　有论者认为蒯因是具有极端科学主义倾向的哲学家，这种看法不能说没有道理，但科学主义本身并非是与知识和哲学相敌对的，相反是与人类的求知活动相协进的。蒯因的科学主义倾向也不同于维也纳学派对哲学，尤其是形而上学的激进主张，因此毋宁说是其自然主义立场在哲学和认识论上的一种典型表现形式。

②　江怡：《思想的镜像——从哲学拓扑学的观点看》，安徽人民出版社 2008 年版，第 124 页。

　　无论对知识的形式和内容来源作何种解释，有一点能够得到绝大多数的论者所承认，即知识不能是盘踞于每个特殊的个人头脑中的一系列的观念，而必须是能够得到反复验证、相对地有其适用范围，并且为了解这一领域的人所共同承认的。① 在如何实现这一点的阐释上，则又回到了本节的主题——意义的基础，意义与认识论的关联至少有三点。其一，显然，人类求得知识的目的是需要了解他们所想要了解的对象、事件、现象等"是什么"和"何以如此这般"的原因，在日常的交流对谈或思考时，当我们向听话者或自己问到"这是什么"、"造成如此这般的原因是什么"诸如此类的问题的时候，在语言上，我们将会用一个什么样的概念去实现对这一类追问的指称呢？换言之，对意义的追问，这仅仅是一种对存在价值的诉求，还是在认知上另有所图呢？囿于中文语言的使用习惯，当我们说到"意义"时常常让人想起的不是"是什么"和"为什么"，而是其"有什么用"和"必要性"，囿于使用习惯的缘故造成了意义概念在实施与描述之间的混淆，而这种混淆恰好掩盖了意义概念本身具有认识论基础，同时也忽视了这一概念与人们的求知认识活动的密切联系。蒯因认为可以用"意思"来代替"意义"，在中文语境中，这恰好也能较少地让人们对"意义"概念产生误解。其二，上文提到，是什么让知识能够在了解其所处的某一领域的人们所共同承认的，亦即是什么使得知识成为知识而不仅仅是某一个人的观念、经验和想法？确切地说是语言符号承载着的意义，我们对某个人的观念的探讨最终只能是无功而返，这需要一种中介物来使得思想、观念、个人经验变成一种外显的、可被公共地认知和讨论的形式，这一中介物只能由语言符号来承担，语言符号本身是能够被某一语言共同体中的诸成员甚至是其他语

---

　　① 有学者提出不一样的意见，譬如英国哲学家迈克尔·波兰尼在其《个人知识》一书中提出了一种与西方传统的知识观不太一致的观点，参见 Polanyi, M.（1962）. *Personal Knowledge: Towards a Post-Critical Philosophy*. London: Routledge。

言共同体中的成员所学会和掌握的，因而它是"一项社会性的技艺"（蒯因语）。再者，如果说认知活动的目的是获取意义，而意义要以知识的形式来呈现，再加之知识概念中已经蕴含了主体间性的诉求，那么知识和意义都必须由语言来承载。我们可以想象一种不能够用语言符号来表述的科学知识吗？显然不可以，并且我们是在能够用语言表达的限度内来获取和讨论意义的。19、20 世纪之交的"语言的转向"最集中地强调了这一点，语言不仅是人类观照世界、认识世界、思考世界的方式，也是知识和意义的载体。其三，语言和意义成为个体将自身之经验、观念、思想转变成知识，使其获得主体间一直确认的过程中交换观念的媒介和单位。设想这一情景：某一科学家在科学实验中第一次发现某地的气温随海拔的升高而成比例地下降，他的这一发现如何让其他科学家或普通大众所知晓，并且还能够以近似的方式来重复验证他的发现？更直接地说，"某地的气温随海拔的升高而成比例地下降"这一物理学知识若非以文字或话语的形式写出和说出，除这一科学家之外，其他人想要获得这一知识，不是亲自去发现就是不假思索地接受和听信，那么人类的知识进展将会大大受到阻碍，显然也与科学发展的历史和我们今天能够得知的情况不符。"某地的气温随海拔的升高而成比例地下降"这句话，在被首先发现这一现象的科学家写出并说出的时候，听话者接收到的是由以上这句话中，由各个词以特定方式的排列来完整地表达一个为听话者所能理解的意义。听话者不是也不能够对说话者的观念本身作出判断，同意与否，而是根据能够代表说话者的观念、经验等的语词和句子来进行判断的，因此判断的依据是说话者说出的话的意义是否符合自己的认知，进而得出同意或不同意的判断。说话者在这时收到的信息同样是由听话者用语言表述出"同意"或"不同意"，在这一过程中，听话、说话二者之间以语言为媒介，以意义为单位，交换了彼此的经验、观念等，使得原本只具有主体性的东西变成了具有主体间性的东西，知识得以形成。

　　总之，通过以上三个方面的分析可以看出，意义概念并非纯然地仅与语言有关，也并非一个被禁锢在语义学中的概念，它彰显了我们的认知活动的最终目的，使其成为一种外显的、可被公共地讨论的概念，也成为个人的经验、观念等上升到知识所需凭借的中介和交换单位，因此，意义概念与认识活动有着深刻的联系。

第二节　自然主义的意义理论

　　意义问题成为 20 世纪以来英美哲学家们普遍关注的问题已是一个学术圈内几乎众人皆知的事实。这个隶属于分析哲学中的问题之所以如此受人关注一方面是由于自弗雷格、罗素和维特根斯坦以来哲学观的改变和普遍接受；另一方面，则是由于在分析哲学的限度内，意义问题本身以及和此问题有关的问题尚未澄清，并且与此同时又产生了很多新的问题，尽管在这些问题中有很大一部分是人为地制造出来的。维特根斯坦后期思想中展露出的回归日常语言的呼吁，依据今日学界的研究概况来看，依然没有达到其应有的效果，即表面上哲学家们比起之前对语言本身的重视转而愈加重视语言的实际使用，亦即从语言本身转向了人类的语言现象。然而，实际上他们所做的工作仍然是在将语言放在冰冷的手术台上做着外科手术式的静态分析，这其中又以意义问题作为主要的分析对象。毫不夸张地说，自语言的转向以来，意义问题就一直处于关于语言和世界之关系问题的各种争论的风口浪尖上，对如何说明意义问题的回答虽不绝于耳，却也众说纷纭，莫衷一是。

　　被誉为自罗素和维特根斯坦后分析哲学界最重要的哲学家——蒯因，在这个过程中向人们展示了一种关于意义问题的新观点。提到蒯因，最为人们所熟知的是其于 1969 年发表的论文《自然化的认识论》中提出的观点，认识论在被自然化的过程中，蒯因也使得分析哲学中被人们讨论得最多的意义理论自然化了，并且认识论能够被自然化恰恰是以意义被自然化为前提的。意义理论能否被自然化？被自然化后的结果是否能够被人们理解和接受？诸如此类的问题既挑战着人们一直以来关于语言和意义问题的惯有观点，又使得同时代的哲学家们难以对此给出完满的回答。实际上，归结起来，在展开对以上问题的讨论之前有一个必须先回答但又常常被忽略的问题，即意义本身的意义是什么？对意义问题的讨论有什么意义？

一、NB 论题

"NB 论题"即自然主义—行为主义论题（the naturalistic-behavioristic thesis），是意义理论在自然主义框架下的一种表现形式，亦是传统的意义理论向自然主义的意义理论转换的核心要义。陈波教授认为，NB论题包含两方面的内容，"一是行为主义的语言意义理论，一是行为主义的语言学习理论"[①]。实际上，这两方面的内容都和意义相关，前者在之后的论述中可以看到，蒯因把意义引向了可以被公共地观察的行为，而后者则构成了语言学习的目的，即学习语言就是要学会表达一个可以被理解的意义。前文中分析了意义的认识论基础，意义作为认识活动的目的，可以说统摄了这一活动的全部过程，但之所以在意义问题上哲学家们争论不休，主要是由于在实现意义的过程中究竟采取什么样的方式，即是"外显"的方式还是"内隐"的方式上有不同的看法。蒯因的

---

① 陈波：《奎因哲学研究——从逻辑和语言的观点看》，三联书店 1998 年版，第 55 页。

NB 论题昭示了解决这一问题必然采取外显的方式。外显的方式即具有主体间性的、可以被公共地理解、谈论、传授、学习和检验的方式，而与之相对的内隐的方式，即被弗雷格、胡塞尔等人所反对的心理主义、近代以来以探究观念、意识、个体经验为主要表现形式的方式。两种方式均各有优缺点，前者因具有主体间性，成为获取知识的过程中以及将个体经验、观念、思想上升到知识之必不可少的条件，也因其更接近于科学实验的步骤，因而被逻辑经验运动之后的很多英美哲学家所接受，但与此同时，这种方式也被认为有忽视个体的体验、将人降格为动物以及机械论等之倾向。后者充分体现了每一个人作为独一无二的个体所具有的与众不同的对于某一对象的独特看法，满足了个体作为独一无二之存在的高贵感，其在形式上也采取了更加吸引人、感动人的方式，因而同样赢得了很大一批来自欧洲大陆的哲学家的拥趸，但其缺点也同样明显，当我们讨论的是知识而不是戏剧、诗歌等之文学艺术的时候，高贵感被满足的同时知识的概念被淡化从而置于次要的位置。诚然，对于某一个个体的生存而言，知识对其来说可能是不重要的，在生活中的时时刻刻不必有知识的运用和参与，但对于全人类的进步而言，知识在其中发挥的作用却不可谓不重要。在蒯因的自然主义立场和科学主义倾向的双重作用之下，选择以"外显"的方式，既是时代特征的显示，也是其理论学说自身要求使然，因此 NB 论题作为蒯因展开其自然化的意义理论的起点也就不足为奇了。

NB 论题中"自然主义"（Naturalistic）展示的是大的立场和框架，"行为主义"（Behavioristic）则说明了具体实施的方式和倚重的证据依据。毫无疑问，人的行为与人的观念相比当然是一种外显的对象，将人的行为作为重要的参考依据来探究意义抑或是别的主题，既不是蒯因的发明也不是新近的产物，在蒯因之前已有很多学者做过这方面的尝试。源起于 20 世纪初风行于美国的以约翰·华生、博尔赫斯·斯金纳等人为代表的行为主义、新行为主义心理学，其根源又是以杜威为代表的功能主义以及更早的伊万·巴甫洛夫的条件反射理论，而这一些与心理主义相对的理论都成为 NB 论题所指向的蒯因的自然化意义理论的理论渊源。从直接来源和观点的相似性上看，蒯因可能更多地受到斯金纳而不是华生的影响，虽然华生的行为主义心理学产生在先。斯金纳于 1948 年重返哈佛，并于 1957 年出版其代表作《言语行为》，蒯因于 1952 年起担任哈佛大学哲学系主任并于 1957 年当选为美国哲学学会东部分会主席，其代表作《语词和对象》于 1959 年成书，翌年出版，并且从斯金纳的主张和蒯因意义观中的行为主义倾向来看，似乎很难不认为后者在某种程度上受到前者的影响，这一点只消稍微梳理华生和斯金纳关于行为主义及意义的观点就可以看出。

无论是华生还是斯金纳抑或是后来的行为主义心理学和意义理论，它们全都共享一个根本性的前提，即意义是无法通过内省的、静观的方式来表达和传递的，向内的方式来实现的，只能通过外显的方式，即一种可公共地被感知的方式。它们也共同地采用了基于"刺激—反应"的研究策略来解释人的心理，于是隐晦的心理世界变成了可被公共地观察的、明亮的"行为仓库"，这样的前提和共同策略中似乎隐藏着一种对应关系，人有多少不同的心理状态就对应着多少不同的可由某种刺激而引起的反应，换言之，引起某种心理状态的原因必须以及至少是可见的，心理状态也必须以外显的、行为的方式来被认识到，刺激和反应构成了两个有着错综复杂的因果对应关系序列，其中有可能一个刺激（行为）对应另一个反应（行为），也有可能一个刺激（行为）对应着若干个反应（行为），抑或是相反。在意义理论中，人的语言也属于行为之一种并且是很重要的一种，因此，既然刺激和反应都以外显的行为的方式而被发现和讨论，那么语言本身就既能够成为刺激也可以作为反应。如若当真如此，那么人类思维中的一切观念、概念、语词、句子等之意义都可以在这个"行为仓库"中去慢慢寻找，如若找不到只消对原有的观念、概念、语词、句子等进行原子式的拆解分析，就一定能够找到。如此看来，迈农的问题似乎是伪问题，而罗素的描述语理论似乎也是多余的。蒯因在阐述其意义观的时候，至少接受了"刺激—反应"的策略并成功地运用在对意义问题的说明上，但对于语言本质的看法则与华生和斯金纳有所不同。或许是心理学家和哲学家之间的分殊使然，华生和斯金纳的论证都采取了"由物及人"的方式，从动物实验开始进而扩展到人的行为，蒯因的出发点从一开始就集中到了人，诚然，华生和斯金纳所使用的策略由于蒯因固有的科学主义立场涵括了这种主体间性的研究策略而不会被反对，但值得注意的是这种"由物及人"的研究方式蒯因也只是在原则上同意，对于其内容、对于语言本质的理解蒯因却有着不一样的看法，而另一位语言学大师诺姆·乔姆斯基则表达了在原则和内容上都不赞同的态度。① 科学主义的立场还表现在华生的一个观点之中：

"你在妈妈的膝边和在心理学实验室里，你曾经被训练着说，那是独特的非肉体的东西，它无法触摸，非常短暂，属于一种特殊的心理现象。对行为主义者来说，这种阻力来自心理学家不愿意放弃传授给他们

① 详见乔姆斯基对斯金纳的《言语行为》一书的长篇书评，中译文载《国外语言学》1982年第2、3、4期。乔姆斯基在书评中从其心智主义的立场出发，从研究范式、基本概念和术语三个方面对斯金纳的行为主义理论进行了毫不留情的批判。此长篇书评在当时对斯金纳的《言语行为》一书乃至整个行为主义心理学造成了不小的影响。学界对此书评的看法也褒贬不一，有论者认为乔氏的批评比较中肯，有的论者却认为这篇书评是建立在对斯金纳观点的误解基础上的。吾人以为，乔氏的观点中有合理的地方，亦含有失偏颇之处，而斯金纳的论述也远非无懈可击，至少在成书二十三年前的哈佛晚宴上，针对怀特海向斯金纳提出的"黑蝎子诘难"，斯金纳也并没有给出完全令人满意并让人信服的回答。

的心理学宗教。于是，存在一种强烈的倾向，把一个神秘的事物与你看不到的事物联系起来。随着新的科学事实的发现，不能被观察到的现象越来越少，因此视民间传说为真的事情也越来越少。行为主义者提出了关于思维的一个自然科学理论，使得思维仅仅像打乒乓球一样简单：它不过是生物过程的一部分。"①

"随着新的科学事实的发现，不能被观察到的现象越来越少，因此视民间传说为真的事情也越来越少。"这是华生的论述中极为鼓舞人心的一笔，科学的进展当然是要把那些我们还不知道的东西、事物、事件、现象变得为我们所知，这样的东西中就包括了以往以神秘主义的解释方式被描述得异常玄幻的心理现象，华生对此的期望和目标则是"使得思维仅仅像打乒乓球一样简单：它不过是生物过程的一部分"。蒯因至少被这样的努力所鼓舞，整个策略融入了其自然化的意义理论之中。

至于斯金纳的学说，正如他的代表作《言语行为》（*VerbalBehavior*）所显示的那样，斯金纳把人的语言现象和言语行为作为人类行为中最重要的一种来作为研究的对象，再加之其对"刺激—反应"策略在研究、阐释过程中的大肆运用和精妙阐述，使得以往的心理主义研究套路与之相比不再具有什么优势；相反地，其劣势愈发明显。贯穿于人类的语言现象和言语行为中的意义概念再也不是隐藏在人心深处、不可名状的什么东西，通过观察和分析人的、外显的行为可以解释意义如何产生、如何表达。蒯因在《语词和对象》一书中阐释的许多思想有着和斯金纳的理论较为相像的地方，在此仅举两例。其一，斯金纳的核心思想是"行事条件作用"，其中所谓"行事"也包括了人的言语行为，在解释为何

---

① 〔美〕约翰·华生著，李维译：《行为主义》，浙江教育出版社 1998 年版，第232 页。

人类会在什么样的时间、场合之下说出什么样的话的时候，斯金纳认为这外部的刺激作用充当了最主要的原因，外部的刺激是造成这一言语行为的条件。蒯因诚然不可能照搬这种理论，因为在他和斯金纳之间的研究目的上有着明显的龃龉。斯金纳通过研究从外部研究人行为，认为那种外显的强化和惩罚是造成某一言语行为的最重要的原因，直接地说，斯金纳在此想知道的是人在什么条件下会发出某一言语行为。蒯因想知道的是，如何通过人的外部行为（包括言语行为，即说话）来传达意义，说话者又是因为感受到了什么样的刺激发出这种（言语）行为的。意义概念被嫁接在了斯金纳的理论之上，而以强化和惩罚作为主要外因的解释路径在蒯因那里被视为一个人在初始学习语言时必然会经历的一个过程。以两个独词句"ouch"和"red"为例，蒯因说道：

"对其正确的使用是在有疼痛刺激相伴出现的那些场合。像其他语言用法一样，个体是通过社会训练的反复灌输而学会使用这个词的；社会并非通过分担一个人的痛感就可以使他学会说'Ouch'。一般说来社会教会个人使用'Ouch'一词的方法是，当看见他有突感不适的表情，如皱眉，或者目睹他正在遭受暴力时，便鼓励他喊'Ouch'；否则，假如别人根本没有碰他，或者他面不改色，神情自如，却大喊'Ouch'，那就该受罚了。"（*WO*, p. 5）

对于学会使用"Red"的情况也一样：

"对于'Red'（'红'），我们可以想象人们最初是把它作为同'Ouch'一样的单词句使用的。正如人们在疼痛时可以喊'Ouch'，人们对其视网膜受到红色光线刺激而产生的光化学作用可说'Red'。在这种情形下，社会的训练方法是，当我们看到一个人在看一个红色物体时说出

'Red'，就奖励他；否则，如果他在看别的颜色的东西时，却说'Red'，就处罚他。"（*WO*, p. 6）

可见，这种"奖励"和"惩罚"相结合的机制成为使某一个体学会使用某个语词或句子时的一种训练策略，尤其在儿童学习语言时体现得尤为突出。根据斯金纳的思想再结合蒯因的论述，对意义的解释的进路就应该是：

意义→话语（utterance，说出行为）→心理动机（内部驱动力）→外部刺激

要了解某一被语词或句子的意义必须看是谁以及在什么样的时间、场合说出了这一语词或句子，然后，绕过说出这一语词或句子的人的心理动机——这一点早已在反对心理主义的大潮和自然主义的波涛中被摒弃了——再去探察这人究竟是受到了怎样的外部刺激，导致其说出这一语词或句子，即作出这个言语行为的。从意义本身开始回溯至外部刺激的解释进路看似在主体间性和科学知识之诉求的裹挟之下，显得其区别于近代的心理主义进路，并让其有理由来批评旧的策略，但其中的问题也表露得相当明显。首先，依然从意义开始回溯，意义必然用语言来表达，被语言来承载，这里的语言被预先规定为"说出的话语"即言语行为，如若这样将意味着不是被人说出的话语就难以通过这一进路获得解释。试想在一面墙上、一张被丢弃的白纸上写着的某一个语词或句子的情形，诚然，字不会自己莫名其妙地写在墙上和纸上，书写的动作作为广义上的言语行为肯定必须有人来发出，那么我们在没有任何上下文可以参照的情况下，除了揣测书写人写下此语词或句子时究竟受到了怎样的刺激之外，是别无可做的，这样的揣测终究会成为臆测。其次，这种

策略整体地受到了语言学大师乔姆斯基的批评，在其撰写的关于斯金纳的代表作《言语行为》时说道：

"……强化刺激论者在实验室所获得的理解，虽是真实无误的，可是如果运用于复杂的人类行为研究，必然粗略而肤浅。以想当然的态度来试图只用这些术语谈论言语行为，那就不能不忽略一些只为重要的因素。……在把涉及高级心理功能的人类行为试图统统纳入硬性的行为主义图式方面，斯金纳这本著作是范围最广的，所以必须提出详细的佐证，而提出佐证这件事，本身就是饶有兴趣的。可惜此书虽想说明言语行为，可是完全提不出说明佐证。佐证提不出，就可见那被忽略过去的种种因素是十分重要的，也可见关于言语行为这种非常复杂的现象，目前知识是如何缺乏。"①

总之，按照从意义回溯至外部刺激的解释进路，至多可以解释那些被某一个体说出的语句是什么意思，而前提是我们必须先确定到底是哪一个个体在什么样的场合说出的。从意义理论的角度来看似乎搞错了重点，作为逻辑学家和哲学家的蒯因关心的首要问题当然是意义本身，而作为心理学家的斯金纳关心的首要问题是人及其行为，对蒯因来说必须对斯金纳的理论加以语言哲学的改造才能加以利用，对斯金纳来说，这是理所应当的。值得注意的是，事实上，蒯因的"改造"是把行为主义当成了其进一步表露科学主义倾向、构建自然主义宏大框架的垫脚石。以"刺激—反应"为核心的"NB 论题"如果要具有接受性，在了解了从华生、斯金纳到蒯因的理论之后，就需使得行为主义能够与意义理论

---

① 乔姆斯基著，王宗炎译：《评斯金纳著〈言语行为〉》（上），《国外语言学》1982 年第 2 期，第 16—17 页。

在解释意义的工作中具有一致性，要么必须限制这种行为主义的使用范围，要么就必须将意义限制在科学的范围之内。

其二，斯金纳提到了"言语社区"（verbal community）概念，这首先和蒯因的语言学习理论的主张是相似的，语言是一项社会性的技艺，我们都是从自我以外的人那里通过鼓励或是惩罚的强化刺激的方式来学到的。其次，也与蒯因所谓的"语言共同体"概念较为相似，只不过相较于斯金纳，蒯因赋予了"语言共同体"概念文化的维度，"语言共同体"不仅仅指的是母语相同的人的群体，在母语相同的前提下还需具有相近的学术、知识背景，譬如物理学家群体，哲学家群体，等等。在这样的群体之中，某一成员说出的一个观察句时，预设并期望这个群体的大部分成员在理解该句时能够具有相似的"附带信息"（collateral information），从而对他们而言具有相似的刺激意义。因此，判断是否属于同一语言共同体的成员的标准除母语相同外，其余的要素最后整合体现为一个最重要的指标即"附带信息"。值得注意的是，倘若将某一个体抽离其所在的特定群体，来讨论其附带信息是无助于解释刺激意义的同和异的。必须在一个或多个语言共同体之中，或者分属不同语言共同体的成员之间才能体现其作用，而要实现用"刺激意义"对传统的意义概念的解释，蒯因把意义引向了行为。

二、把意义引向行为

行为与客观存在的实指对象以及存在于人心中的观念相比究竟怎样的优越性以使得蒯因想要通过观察人的行为去判断意义呢？准确地说，蒯因在将意义引向行为之时就抛弃了传统的"意义"概念了，同时亦将意义理论自然化了，自然化的关键即是把与意义引向了人的行为。

关于"意义"这一概念，蒯因首先提出的问题是：

> "就意义理论来说，一个显著问题就是它的对象的本性问题：意义是一种什么东西？可能由于以前不曾懂得意义与所指是有区别的，才感到需要有被意谓的东西。一旦把意义理论与指称理论严格分开，就很容易认识到，只有语言形式的同义性和陈述的分析性才是意义理论要加以讨论的首要问题；至于意义本身，当作隐晦的中介物，则完全可以丢弃。"（*FLPV*, p. 22）

根据以上蒯因的观点，他是否主张完全放弃"意义"概念呢？答案当然是否定的。意义对于人而言，诚然，无论如何是需要的，蒯因只是将对于"意义是一种什么东西"的思考，朝着"需要有被意谓的东西"的方向引向了人的行为。

蒯因的意图是相当明显的，在以往为我们所知晓的关于意义的讨论中，意义被人为地奉为一种独立存在物，甚至是一种纯粹的语义学规定，而当人们实际上在谈论意义的时候，不过是在谈论"意思"。但无论是"意义"也好，"意思"也罢，即便把意义和指称分开，人们还是要去追问意义到底是什么，在解释意义以给人们提供能够满意回答的路途之上相继出现了以其实指对象和观念作为答案的景象。然此路途之遥远并未使得人们在能够预见的当下找到令人满意的答案，一个语词必有所意谓，或是物理世界中的实际存在物，抑或是人心中对实际存在物的反映或是造作的观念，而不能是既无对于物理世界之报道又无对人的心理世界之描述的空洞概念，如此一来，似乎也就没有任何意义去讨论"意义"了，它就成为蒯因所谓之"隐晦的中介物"。语词意谓什么？蒯因坦言承袭杜威的思想并自诩为自然主义者，意义被纳入自然主义的思想中重新梳理后与人的行为联结起来，意义亦被自然化了。

"当一位自然主义哲学家谈论心灵哲学时，他易于谈到语言。首先并且首要的是，意义是语言的意义。语言是一种社会的技艺，我们都仅仅是根据他人在公共可认识的环境下的外显行为来获得这种技艺的。因此，意义，即那些精神实体的典范，作为行为主义者磨坊里的谷物碾碎完蛋了。在这一点上，杜威的看法是明确的：'意义……不是精神的存在物，它主要是行为的属性。'"（OR, pp. 26-27）

行为较之实指之物和观念兼具二者之优点，意义的基础须既要能在公共可认识的环境下以外显方式被人们感知到，又要突出个体在感知过程和结果中的主体差异性。二者加合，即为主体间性，唯有行为可资充当。一方面，人的行为是公共的、外显的和可观察的；另一方面，行为总是某个具体的、个体的行为。获得这一洞见的前提是认定语言是一种社会的技艺，它的习得、使用和传播无法在一个个体中进行，诚然，这是无法否认的。相反，观念，尤其是那些私有的、无以言表、言不尽意的观念则是内隐的、不可观察的，即便是实指对象在被谈论的时候，说话者与听话者亦要先将它内化于自身之思维之中，这是一个被个体所掌握之公共的语言报道的过程，若以此作为意义的基础，意义则岌岌可危了。传统的关于意义的讨论使得这种岌岌可危愈演愈烈，以至于让蒯因将其视为了一种"博物馆神话"。意义既不是一种精神实体，亦不是一种与人的、外显的行为倾向无关的东西。"只要我们把一个成人的语义学看成是他心灵中以某种方式确定的，而与可能内含于他的外部行为倾向中的东西无关，语义学就被一种有害的心灵主义所败坏了。正是关于意义的事实本身，而不是由意义所意指的实体，才是必须根据行为来解释的。"（OR, p. 27）

"自然化"（naturalized）在某种程度上一直被众多哲学家视为是蒯因哲学的鲜明特点和标签，除了认识论能够被自然化，意义理论作为蒯因哲学的一个重要组成部分同样也被自然化，在蒯因看来这都是理所当然的，所谓"自然化"不过是其他哲学家对蒯因思想的描述。与自然主义和蒯因这两个标签并列的通常还有经验主义、科学主义、行为主义等，蒯因亦不避讳其哲学是具有这些特征的，"我的立场是自然主义的；我不把哲学看作是自然科学的先验的预备的知识或基础，而认为它是与科学相连续的。我认为，哲学和科学处在同一条船上——回到纽拉特的比喻（如我经常所做的那样），我们只能在海上漂流时待在船中重修这条船。没有第一哲学。"（*OR*, pp. 126-127）

也就是说，当"意义的博物馆神话"坍塌之后，我们就再也不可能通过给意义实体贴标签的方式来说明意义问题了。

三、刺激意义作为唯一合理的意义概念

如果说把意义引向行为是使意义理论被自然化的第一步，那么蒯因接下来提出的"刺激意义"（stimulus meaning）概念则是第二步，传统的意义理论经过蒯因的自然主义改造后成为其哲学思想的一个组成部分，同时也被完全自然化了。

对语义学层面上的意义问题的讨论被蒯因引向了认识论，意义对于蒯因而言，总是要通过人的认识活动获得的，在其整体主义的思想结构中，意义唯一合理的存在方式就是"认知意义"，认知活动是语言学习和翻译活动，语言在其中充当了工具和载体，对意义的考察转变为对人的语言学习之发生学考察，这其中又以感官接受器的刺激最为真切，于是蒯因对意义的观点最终集中在了刺激意义上，刺激意

义也成了蒯因行为主义和经验主义的亦即自然化的意义理论的关键性概念。

"儿童学会他的第一批词和句子，是通过适当的刺激在场时听它们和使用它们而学会的。这些刺激必定是外部刺激，因为它们必须既作用于这个儿童，又作用于儿童正在向他学习的那个说话者。语言是由社会灌输并掌握的。这种灌输和掌握严格取决于句子与共享的刺激相关联。只要语言对外部刺激的关联没有被扰乱，内部因素可以随意改变，而无损于交流。无疑，就一个人的语言意义理论而言，人们除了做一个经验主义者之外，别无选择。"（*OR*, p. 81）

在通向意义的途中，蒯因认为只有依靠经验之唯一道路，而经验既可以是公共的，亦可涵括私有成分，只需考虑公共的、可观察的那一部分——行为，因此要想了解意义须先做一个经验主义者，同时也要做一个行为主义者。蒯因的科学主义倾向对以往哲学家们讨论意义问题的方式以及意义问题本身作出了筛选，凡是带有非主体间的、心理主义的因素均需被清除，因为这根本是与科学知识之本性相悖的，获得科学知识的过程亦是一个语言习得和翻译的过程，具体而言，是从观察句到理论句的形成过程。在此过程中讨论意义要根据一个人的行为，也就是对说话者的询问作出肯定或否定的反应，以及某个事物和现象在特定的当下对某一主体造成的刺激，更确切地说，是由感官刺激经过大脑的思考和理解后而形成的、无论在主体间抑或是一个主体之内的、能够用语言表达的东西。强调语言在主体间的认知功能显然是重要的，认知和传递在主体间被视为是两个过程，而仅在一个认知主体之内恰恰是同一个过程。因此，当一个认知主体面对某一事物或现象时，使得自己确知已经认识了该事物或现象的证据就是能在思维中用已有的、在形式上表现为

语言（包括句法）在内的概念去描述该事物或现象。这样宽泛地解释蒯
因把意义归之于以行为作为主要表现形式（或许是唯一的表现形式）的
自然主义倾向，并非是要为这一理论辩护，诚然，通过把意义视为刺激
意义，继而归之于人的行为的做法在意义问题所关涉的广阔范围内依然
存在着很多无法解释的问题。譬如，说话者不带有任何询问的表达，亦
即听话者对此语句既不需要也无从作出同意或反对的反应，"我想要听
雨"就属于这样的句子。

四、意向性

在意义问题上对意向性的关注，似乎是要把人们导向一种欧陆的现
象学与英美分析哲学的混搭，实则不然。英美的分析哲学家们，尤其是
主张、倡导人工语言的哲学家们对如何确定一个语词或句子的意义的探
讨，在经历了"指称论"和"观念论"的阶段之后，或是反驳或是补充，
仍然在这个并未展现出有扩大倾向的范围之内止步不前，而吊诡的是，
既然努力无果或是收效甚微，愿意在究竟是指称还是观念是一个语词的
意义上花费心思，却不愿在除此二者之外的方法上去有所突破，这盖因
英美哲学和欧陆哲学在对哲学理解上的重大分歧所致。然而，在回答如
何确定意义以及与"意义"一词之内涵相关的学说之中是否有值得借鉴
的方法等问题时，是时候把日常语言哲学的研究以及欧陆现象学的方法
融汇在一起进行思考了。

语词的意义是人头脑中的观念，之所谓"观念论"的想法比起"指
称论"来由于在来源上改变了确定意义的对象，因而在构造的可能性
上打开了方便法门，但在其本质上仍然是指称论，即观念论不过是指
称论的一种变形。对观念论的继续思考使得对意义问题的思考获得新
的思路，意义在 meaning 的层面上展现的乃是主体对一个语音或符号

的认知和理解，如此看来，倡导人工语言的哲学家们就是不大能如愿的，因为意义如果完全摒弃了心理主义的因素之后，剩下的将是另一种"博物馆的神话"。观念的实质乃是人的意识，于是依照观念论的思路，语词的意义是人心智中的观念，就可以转换为意义即是人的一种意识。人的意识就与意向性相关联，而这时也就获得了说明意义问题的另一路径。

如果把人的意识的意向性也视为是人的一种自然属性，那么结合意向性理论对意义问题的探讨就是对自然化的意义理论的一种更深层次的发掘。塞尔（J. Searle）认为，如果要回答"信念和其他意向状态的存在模式是什么？"这样的问题，那么"答案是：意向状态既由大脑的结构引起，同时也在其中实现"。[①] 塞尔对语言和实在的关系持一种外部实在论的观点，而这种观点又和其心智哲学的观点有着千丝万缕的联系。仅在分析哲学的范围内，塞尔关于意向性的观点并不会遭遇太多的异议，但如果把人在使用语言时的意向结构视为一种"前语言结构"的话，那么就意味着一切语言的使用都可以通过意向性还原为这种"前语言结构"，即把说话者在特定场合对特定对象的语言表达还原为该表达所指向（关于）的东西。如果这个结论是正确的，即是部分地赞同弗雷格关于意义和指称的观点，即认为指称是外在于人的客观存在。我将要表明的观点是对象问题和意义问题无关，通过还原说话者使用语言时的意向结构有助于澄清和理解说话者想要表达的意义。支持这一观点的理由有：其一，如前所述，意向结构是一种前语言结构，说话者在使用语言时必然是处于指向（关于）某一个或一类对象的。这里的"对象"一词是在范围极广的层面上使用的，其中

---

① Searle, J. R. (1983). *Intentionality: An Essay in the Philosophy of Mind*. Cambridge; New York: Cambridge University Press. p. 15.

包括说话者的经验记忆、当下所感之事物、现象和符号以及头脑中的想象、虚构观念甚至是幻觉等。这些"对象"构成了一个类，说话者的表达中的意向性可被还原为对应于这个类中的某些成员。而这个类本身不是外在于人的。其二，这个类中的诸成员的构成决定于某一特定的说话者，因此，如果把对意义的理解通过对说话者的意向结构的分析而还原为这个类的成员，那么意义就只在个体所构成的这个类中的诸成员中有对应关系。简言之，这个类并非是一个被设定好了的、放在某处的静态结构；相反，这个类与某一说话者之间具有归属关系，从而会有无数多个这样的类存在，接受了这一观点，就可以在反对意义实体的道路上走得更远。在这里，反面的意见是，既然通过意向性还原得到的这个类是因其所归属的说话主体而不同的，那么又如何解释"语言是一项社会性的技艺"，即人类的语言现象中广泛存在的沟通行为的？回答这一诘问需借用维特根斯坦的两个概念，即"家族相似"和"生活形式"，尽管存在着无数多的类，但类与类之间却具有家族相似的关系，尤其在一个语言共同体之间的诸成员之间这种"家族相似"的关系体现得更加明显。在不同的语言共同体之间的诸成员之间，存在着属于一个共同体的成员能够向另一共同体的成员进行学习的可能性，这一点恰好说明生活形式的"家族相似"，而正是由于存在着这种生活形式的家族相似，人类普遍的沟通和理解才成为可能，人类的认知和学习才成为可能。其三，对象问题和意义问题的无关还体现在放弃严格地将"对象"视为是外在于人的客观存在物，即弗雷格意义上的"指称"的观点。因为有的弗雷格"指称"意义上的对象亦可以是人的观念，说话者表达中的意向性是可以指向仅仅存在于人的头脑中的观念的。譬如，在物理学中当夸克尚处于理论假说阶段时，如果按照语言中的指称完全外在于人而存在的观点；那么人们一定好奇，当科学家们在谈论夸克、玻色子、费米子时，他们在谈论什么？这些物理学假说中的概念被使用时，它们还不是已经被证实的真实存在，更不是什么外在于人的存在物了。因此，这样所谓的"无指称"的语词和概念能够被有意义地使用，或者能够用于有意义的表达之中，这一点足以证明，意义在某种程度上可以和"实际存在的对应指称"相分离，而仅仅与人的意向性所指向的存在物相关，这种存在物可能存在于现实世界，亦可仅存在于人的思维之中。实际上，人对那些现实的存在物能够进行描述，亦是先用认知主体的理性之光所观照过，内化为主体的经验后再用语言去表达的，以维特根斯坦的思想来说，就是先将其纳入逻辑空间之中，逻辑空间本身成为人类认知的可能性条件和使用语言的限度。最后还需解决的是对这一观点的最后一个诘问，即既然对象问题可以和意义问题相分离，那么意义和世界的关系似乎被转变为意义和被"人化"了的世界的关系，这样回避了人对世界的认知和理解问题。对这一诘问的回答就包含在诘问本身之中，世界首先必须被"人化"并且只有被"人化"的世界才是一个可认识、可理解和可描述的世界，对象如果不是被"人化"而去单纯地谈论对象就如同直接去谈论康德的物自体，在这个意义上我同意塞尔所持的外部实在论的观点。意义诚然是人对语言、符号、现象、事件和事物的理解，无论如何必须与世界产生联系，在分析哲学中引入意向性的概念就是要说明这种联系，语言作为一种"二阶的"表达形式，在其之下还有更为根本和逻辑在先的意向结构，这一点正是人的思维对世界的观照和思考，也正是人和外在于其的联系之所在。

五、评论和结语

在分析哲学中考虑意向性问题，其目的之一是澄清"意义"之意义问题，亦即"意义"之于人（说话者或认知主体）意味着什么，在人类的语言现象中有含义却在现实世界中无指称的例子比比皆是，在引入意向性的概念以及将说话者的意向结构视为一种前语言结构的方式之后，将有助于回答我们为什么能够使用这样一种"无指称"的语词和句子进行有意义的表达的问题。来自这一方面的反面意见是，这样的观点实际上是一种作为指称论的变形的语义观念论的又一版本，然而如若在反对意义实体的共同进路上观念论和意向性学说有着共同的目标，那么我愿意承认这一点。但二者之间的显著差别是，观念论还是依据指称论的进路来思考意义问题，而意向性的学说则通过把意向结构视为一种前语言结构的方式把语词、句子和使用其主体联系起来，意向结构在语言的使用者进行表达时是逻辑在先的，通过意向性的还原可以揭示说话者在使用语言时想要表达的意义及其对某一现象、符号或事物的理解。人通过语言联结世界，意义又表现着这种联结中人对世界的理解，人要表达这种理解又需通过使用语言来实现，而解释说话者使用语言时的意向结构可以揭示世界对于说话者而言具有的意义，同时亦可解释说话者与听话者之间的理解过程。

对意义是否能被自然化的问题，蒯因作出了有益的尝试，然而对意义问题的探讨亦无唯一坦途可达终极之答案。意义问题与语言、语境乃至文化都有着耐人寻味的纠缠，因而是极为复杂的、人类特有之问题，需要分不同层面来考虑。如果"自然化的意义理论"是一个容易产生厌恶和误解的论题，那么可以用"探讨意义问题的自然主义的方式"这样的表述去替代之，以期能够消除由于蒯因把意义引向了行为并且认为只有刺激意义才是唯一合理的意义形式之强硬的观点给人的压迫感。能够以自然主义的方式去探讨意义问题意味着两个方面的结论，即如果"意向结构"也作为人的一种自然倾向，那么这种探讨意义的方式中必然不能缺少对意向性的思考，而答案则是肯定的；意义理论至少不能在蒯因的方式之下被自然化。

第三节 从符号的角度理解意义

一、意义的分析：从二元结构到三元结构

意义问题在实质和内容上是人与自我、他人、世界的理解问题，在形式上则是语言问题，当哲学以反思的方法和姿态去对这一问题作出努力和尝试的时候，就意味着"意义"以及与其相连的、二元结构中的"另一元"必须被纳入反思的对象之中。意义究竟与何种形态、方式被理解和表达、存储和传递？初级反思通常倾向于并希望人与世界的直接面对，可实际上只能说生物意义上的人生存于自然环境之中，作为从现代智人（homo-sapiens）演化而来的人类有异于其他物种的大脑结构，从而造成了人类特有的意识，意识是大脑活动的产物。然而，这个种类的诸成员之间不仅不能够彼此间用意识来进行交流，就一个个体的意识而言，详尽无遗地将其意识完全展现出来也还尚有很大困难，那么我们如果指望用意识来说明意义抑或是将其作为沟通的媒介，这无异于缘木求鱼。西方哲学中无论在认识论还是近一百年来的语言哲学中体现出从主体性到主体间性的强调转换，说明了探讨这个问题的范式转变。语言哲学的产生作为对语言之最具主体间性的符号系统的强调，凸显了知识问题与意义问题攸关，无论如何作为人类的我们对一切未知事物都充满着"是什么"的疑问和好奇。意义问题在外显的层面上又是语言问题，人类的语言又是由若干种符号系统组成的，因此，对作为体现主体间性的语言的研究，归根结底是对于符号系统的研究。

这个介于意义的接收者和意义的产生者之间的东西，无论把它说成是语言抑或是更为根本的"符号"，都意味着以往把意义和指称相连，并由此派生出的指称论、观念论等二元模式已不能用于对有三者——意

义接收者、符号、意义产生者——共同参与的认知活动及其意义作出令人信服的解释，而这一模式的最大作用尽管有开拓性的一面，但更为重要的是它告诉了我们，由于我们对"健全的实在感"的迷恋而导致的一种不合理的要求，在理智充分的思考和反思之后，应当由一种更为合理的形式来替代它。于是，传统的二元解释模式就变成了三元的解释模式，在美国符号学家皮尔士（C.S.Peirce）那里表现为"符号—对象—解释项"，在瑞士语言学家索绪尔那里表现为"能指—符号—所指"，在中国的大学问家钱锺书先生在其巨著《管锥编》中被表述为"符号—事物—思想或提示"①，在意大利的艾柯（U. Eco）、美国的西比奥克（T.A.Sebeok）等人那里也可见类似表述，因此可以说"这个三联式，实际上成为 20 世纪论辩意义问题的各种符号学、语言学、语言哲学学派最后都同意的一个基础"。②

二、意义来自何处

从二元模式到三元模式的转变，只是为人们对意义的探讨提供了一个具有主体间性的工具并在此基础上基本达成共识，由此也筑成"语言的转向"的真正内涵。至此意义的来源和产生依然是一个有待澄清的问题。从意义与人的关系来看，意义产生于人的大脑还是产生于人之外的某个对象，两种观点之间的龃龉造成了意义的内在论与外在论的分殊。人能够仅仅凭借自己的理智产生意义吗？这种内在论的观点至少面临着一个危险，即人不和自身之外的对象发生关系也能够产生意义，整个世界乃至宇宙是由于人的赋义行为才变得有意义的，那么这里的"意义"

---

① 钱锺书：《管锥编》（第三卷），三联书店 2007 年版，第 1863—1864 页。
② 赵毅衡：《符号学：原理与推演》，南京大学出版社 2016 年版，第 98 页。

和"意思"就成为两个概念，前者是康德意义上的形式和范畴，后者仍是我们渴望知道的"是什么"，二者的混淆不是导致了对意义的形而上学化的外在实在论，就是一种有唯我论倾向的内在实在论。因为如果说意义来自外在于人的某种东西，似乎意义是搁置于人之外的某处的，有待于人去发现它，这种观点产生的问题是不言而喻的；如果说意义来自人的理智，亦返回上文提到的危险之中，人脑是一部能够制造意义的机器，如若这样，单凭人脑"制造"出来的意义到底是什么呢？或许是一种和外在于人的一切对象都无关的"某种东西"，抑或是连人自己都不理解的空洞之物。就意义的属人特性而言，追问意义来自何处的问题似乎可以转换为人在什么情况下需要意义的问题。"语言的转向"告诉我们的是，语言不仅是人与人之间交流的媒介，还是人认识世界的工具，人是透过语言这面棱镜来观察世界的。这种观点实际上是把语言作为人在思维时的一种"操作单元"（operating unit），如果离开了语言人似乎是不能思维的，认识世界更是无从谈起。我们姑且可以接受语言作为人类思维的操作单元的观点，但语言是否是人类思维中唯一的操作单元却是值得进一步思考的，至少它是不确定的。且看行为主义心理学家约翰·华生的这一发现：

"我曾经收集了相当多的证据，证明聋哑人在交谈时用手势代替言词，用他们在交谈和自己思维时使用的相同的手势反应的。但是，即使在这里，社会都压制最小的运动，以至于外显反应的证据通常很难觅得。对 W.I. 托马斯博士（Dr. W. I. Thomas）来说，我得益于下述的观察：塞缪尔·格里德利·豪博士（Dr. Samuel Gridley Howe），柏林学院和曼彻斯特盲人收容所的负责人，他曾教聋、哑、瞎的劳拉·布里奇曼一种手势语言。他声称（在学院的一篇年度报告中）：'即使在梦中，劳拉仍用手势语言以非常快的速度自言自语。'

要想得到对这个观点有利的大量证据可能是困难的。这些过程是微弱的，其他如吞咽、呼吸、循环等过程总是在运作之中，它们可能使较微弱的内部言语活动变得模糊不清。但是，目前还没有其他站得住脚的先进理论——没有与已知的生理学事实相一致的其他观点。"①

在华生提到的这个经常被忽略但又十分重要的情况中，有两点值得注意：其一，如果说我们使用语言在思维，那么一个先天性的聋哑人将根本不能思维，因为他天生没有语言的能力，华生援引的这一情况则貌似要否定语言作为人类思维的一种操作单元的观点。其二，正如华生说到的，"目前还没有其他站得住脚的先进理论——没有与已知的生理学事实相一致的其他观点"。意思就是说，如果反对行为主义的人认为这套理论站不住脚，那么他们所坚持的理论和立场同样也无法完全令人信服，实际的情况是大家都在探索，还没有定论。蒯因对意义的自然主义解释与华生提到的情况类似，如果说对于从行为和刺激来解释意义的来源，在持反对意见的学者看来是不能令人信服的，那么他们坚持的意义理论同样也不是无懈可击的。蒯因对意义的自然主义解释当然存在一些问题，譬如当听话者听到类似于"三角形的内角和是180度"这样的句子的时候，听话者有可能完全不产生刺激亦不作出反应。补充性的策略是必须要由说话人对听话人听到的这句话主动作出询问，让听话者表示赞同与反对，但这只是理想的、实验室里的情形，当听话者保持缄默的时候，"询问—同意／反对"策略就会失效。从以上的举例中可见，在回答人们什么时候需要意义的问题时，暂且不可得出"当人们思考时，人们就需要意义"的结论，但当人们从事认识活动时，人们必定需要意

---

① 〔美〕约翰·华生著，李维译：《行为主义》，浙江教育出版社1998年版，第235—236页。

义，因为认识活动的根本目的是要获得"是什么"的结论，这正好与"意义"在事实层面的运用相一致。反对的意见是，人们从事认识活动的过程与人们进行思维的过程难道不是同一个过程吗？这里无可避免地会遇到一个困难，即如何在一个具体的认识过程中区分什么时候我们运用了某种操作单元，什么时候相反。较为笼统的回答是，当个体受到刺激的时候，如果这个过程是有意识参与的，那么我们必定使用了某种操作单元来进行"整理"受到的刺激，这种操作单元未必是语言；如果这个过程是没有意识参与的，亦即主体的感官在接受刺激时并未有意识参与，只处于潜意识或无意识状态的时候，那么可推知这时我们或许没有运用这样的操作单元，而之所以能够对这一过程的有所感知和谈论，是事后通过反向的逻辑推理而得知的。著名语言学家史蒂芬·平克（Steven Pinker）在其代表作《语言本能》中曾专辟一章谈到所谓的"思维语"（Mentalese）问题，在他看来，思维语是比语言更为根本的思维操作单元。平克举出一例，且看以下四句话：

（1）Sam sprayed paint onto the wall.

（2）Sam sprayed the wall with paint.

（3）Paint was sprayed onto the wall by Sam.

（4）The wall was sprayed with paint by Sam.[1]

第（2）、第（3）、第（4）句话与第（1）句话表达的意思是相同的，都在描述同一件事情，但可以有四种不同的说法（语词排列），而且可设想如果让不同的人对此事件进行描述，随着人数的增加有可能得到的描述话语会超出以上四句，但它们都是对同一事件的描述。平克通过此

---

[1] Pinker, S. (1994). *The Language Instinct.* New York: W. Morrow & Co. p. 80.

例想要说明的是：

"这些例子（还有很多其他例子）共同说明了一个重要的事实：一边是用于思维的表征，一边是各式各样的语言，二者在许多方面都龃龉不合。我们头脑中的每一个想法都包含着大量信息，但当我们向他人诉说某个想法时，对方的注意力很难保持长时间的集中，而我们说话的速度又不能太快。因此，为了在合理的时间范围内向听者传递信息，说话者只能将其中一部分信息转换成语言，其他信息则需要听者自行'想象'。但在大脑内部的情形则完全不同，信息的交流基本不受时间限制，因为大脑各个区域之间连接着密集的神经纤维，它们能够以极快的速度传递海量信息。对思维而言，想象已经派不上用场，因为内在表征本身就是想象。

由此我们可以得出这样的结论：人们并不是依靠英语、汉语或者阿帕切语进行思考的，而是依靠思维语。这种思维语或许与世界上的所有语言都有类似之处，它想必也是用符号来表示概念……"①

平克把思维语作为比语言更为根本的思维操作单元，既成为对个体语言表达过程研究精致而极富启发性的一笔，也成为自然主义的意义理论道路上推波助澜的一笔。由这一结论至少可以有两个推论：其一，当我们在使用语言的时候，不过是把思维语翻译成当前使用的某一种语言；其二，意义之于个体而言，首先是以其特有的思维语的形式来呈现的。作出这样的区分时，对思维语的个体性的肯定和主体间性的要求就显得是矛盾的，实则不然，思维语不需要主体间性，但语言必定具有主体间性，传递意义的过程，实际上也是将思维语翻译为语言的过程，意

---

① Pinker, S. (1994). *The Language Instinct.* New York: W. Morrow & Co. p. 81.

义在产生和传递的过程中，则要先处于思维语阶段，然后才出现在语言之中。思维语的存在就如同观念的存在一样，一方面由于其带有个体的、心理主义的特征而使人颇感畏惧，另一方面它又由于我们稍做反思就无法否定但又难以全然通过语言言说而颇感困惑。无论如何，思维语的存在与否有待于语言学、脑科学等学科进一步的研究和举证，但这一概念的提出为解释意义的来源开辟了新的路径，意义既有其认识论的基础，亦有其生物学的基础，或许这是更为重要的基础和来源。

普特南（H.Putnam）对此问题的解释或许也为我们提供了另一种有益的思路，普特南在其早期即科学实在论时期关于意义产生的观点颇引人注意。意义的确定在于人类的语言劳动分工，简言之，劳动的分工导致了不同的人从事不同的工作，当一个人想要了解一个异于其劳动领域的语词概念的时候，由于不具有这一方面的知识，所以需求助于那一领域的专家，这样，在那一领域中的那一语词概念的含义便由那一领域的专家来确定，反之亦然。稍做思考便可发现，这一观点实际上是"漏洞百出"的，从有益的方面看，它将我们引向了人类群体的社会实践活动，引向了人与他人、与世界的关系，从自我挫败的方面来看，他所谓的某一领域的"专家"并非追问意义的终点，专家亦是人，同样无可避免地要经历意义获取的过程。因此，普特南不得不把克里普克（S.Kripke）的"历史的、因果的命名理论"借来使用，以便自圆其说。

以普特南的努力为突破口，意义问题的难解使得我们的工作必须跳出二元结构的模式，一边是人拥有的意义，一边是人面对的世界抑或如普特南所说是人的语言劳动分工，亦即人的群体性的实践活动，这样人—意义—世界构成了一个三元结构，如其摆放位置所展示的那样，意义成为联结人与世界的中介。世界及其包括与其中的一切部分通过与人发生互动关系使得人获得了相关的理解，这种理解便是意义。没有人与世界及其一切组成部分的互动关系，就没有意义。

从意义的形式方面来看，我们究竟如何存储与表达意义？纯然的
"意义"概念必然是抽象的和不可传递的，要使得意义能够被顺利地表
达和被公共地讨论，须有一种载体来呈现意义。蒯因在这一方面的努力
为我们提供了极为重要的启示，把通过"刺激—反应"的行为主义理论
来解释意义，即是把意义通过"行为"来建立主体间性，同时也把意义
概念自然化了。然而，把意义自然化的方式却不只有这一种，从语言的
本质来思考，亦可在不远离语言的范围内找到另一种自然化的方式。如
前所述，语言本质上是一种符号系统，把语言视为诸多符号系统中的一
种，意义对应的范围就远比语言本身要宽广得多。

三、意义的自然化与符号

前文中曾提到，将意义自然化的方式和道路不只有以"刺激—反应"
一种，以符号学的思路来思考意义问题本身也是一种自然主义的探讨方
式。当人的思维在运作的时候，在思维之中绝无可能以实物对象来进行
操作，例如，当我们在思考"苹果"、"苏格拉底"、"武王伐纣"等物和
事的时候，不是以某个真实出现、实际存在于我们眼前的对象来进行操
作的，而是先将其内化为思维的操作单元的内容来进行的，这一点作为
基本的前提与常识是必须承认和接受的。因此，问题就变成我们要把人
思维的操作单元解释成什么的问题。人由其感官接受器所获之刺激是其
中一种可资作为操作单元的解释方案，除此之外，与其地位相同的解释
方案中还可能包括符号。然而，提到符号，首先让人联想到的似乎只与
视觉有关，但从宽泛的意义上来看，符号比起刺激和刺激意义不仅具有
隶属一个个体的相关属性，也具有和语言相同的主体间性，因为语言本
就是一种符号系统，广义的符号包括了语言。在我看来，将符号视作人
思维的操作单元，无论从自然主义的意义解释路径还是符号本身因其固

有特性而可资作为操作单元的考虑来看，均无不妥。原因有二，其一，事物在被人感知和思考的时候，进入人的思维之中的是已经被人固有的思维模式观照过、整理过内容，实际的对象必须变成操作单元才能被思维、谈论，只消想象一个人在谈论一个苹果的时候从嘴里吐出一个苹果来的场景有多么荒谬便可知这一点，一切可资作为思维操作单元的构件，无论它是概念、观念、刺激、符号还是别的什么，它必然不能是实物对象；其二，在意义和语言都被认作是具有主体间性的观念的同时，我们也必须承认，当意义在某一个个体之中的时候，也可能作为一个仅有主体性的概念。在意义的主体性向主体间性的实现过程中时，这一过程就是把个人的"意义"通过语言转换为公共的、主体间的意义的过程，如下图所示：

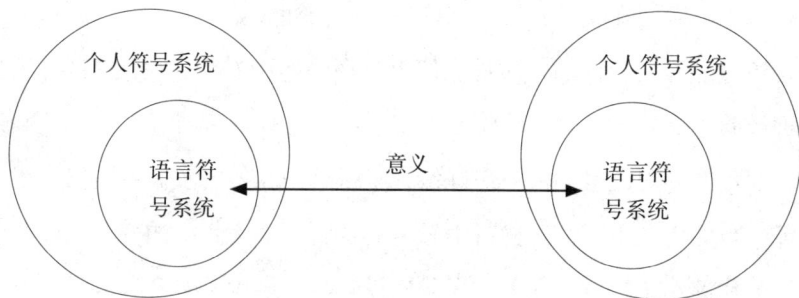

图中表示的是两个个体在使用语言传递意义的过程。人与人的沟通是一个传递意义的过程，两人各自对于不同或同一事物事件有不同的认知，这是由于他们各自使用了属于自己的符号系统作为思维的操作单元进行认知而获得的，但在使用语言交流的过程中，他们必须排除掉个人的符号系统中只属于自己的那一部分，使用其共同的那一部分——语言符号系统来进行意义的传递，否则两人将无法互相理解，甚至无法表达。

把符号作为自然主义意义理论的一种解释路径时，还需说明的一个问题是自然—世界以何种方式被给予我们？这关乎能否将符号作为思维的操作单元的问题。乍看之下，若不加限制地去设想答案，那么问题则无助于解决，我们依旧莫衷一是。其原因在于我们通常把"我们是如何设想世界的"和"世界是如何被给予我们的"这两个问题混为一谈。原则上存在着无限多种设想世界的方式，但世界被给予我们的方式则要比前者少得多，这两个问题之答案之间的龃龉恰好提示探索其答案之人一种一致的回答。从人与自然—世界的基本关系着眼，杜威坚定地认为，只有经验才能使得人与自然—世界的"互动"成为可能，主客、心物二元的传统观点将被经验之一元代替，人与自身、他人及世界的"互动"关系被统摄在经验的框架之下，经验也成为上述两个问题一致的答案，并且是一个不易反驳的答案，因为在杜威的哲学中，"经验是一种同时既施加影响、又接受影响的活动。我们的忍受活动是一些用以改变事件进程的实验；我们的主动尝试是对我们自身所做的试验或检验。经验的这种双重性表现在我们的快乐和痛苦、成功和失败之中。"① 并且，"对象是通过经验而获得的，而且它们也是在经验中发生作用的；当对象从这种经验中孤立出来时，经验本身就被降低地位而变成了单纯的经验过程，而且经验因此也就被当作好像它本身就是完备的了。"② 诚然，杜威的经验自然主义思想在转换哲学思考的视野、实现哲学的变革方面有着不可替代的作用，但实际上如果我们没有对"经验"本身有着足够的分析并且掌握足够多的知识，那么这就是一个不彻底的回答。不切实际的还原论只能陷自身于窘境，维也纳的科学家、哲学家们的愿景体现出理性的极致诉求，而卡尔纳普的失败也恰好说明了这种愿景为什么只是愿景。合理的还原论也并非尽善尽美，人的求知本性驱使着有理智、愿意思考的人们朝着原子主义的方向前进。经验本身需要通过其他的经验来分析和认知，其结果是不言而喻的，无穷后退的洪水猛兽随时有可能出

---

① 杜威：《必须矫正哲学》，载 L. A. 比克曼、T. M. 亚历山大编：《杜威主要著作集》（第 1 卷），英文 1998 年版，第 49 页。

② 杜威：《经验与自然》，商务印书馆 1960 年版，第 12—13 页。

现在哲学王国的任何一个角落，因此要么我们必须说服自己接受循环论证，要么是走向形而上学，要么就是怀疑论。经验自然主义作为杜威实用主义哲学的重要组成部分，其目的之一同时也是最重要的目的就是要引导人们由不确定的状态向相对确定的状态运行，但在面对"我们是如何设想世界的"和"世界是如何被给予我们的"这两个问题时给出的回答却事与愿违地造成了人与世界关系的紧张。

后继者蒯因将经验概念在他的意义上转换成了"刺激"，从合理的还原论的角度来看，无疑"刺激"比经验更为根本，从语言的转向来看，刺激既是意义来源的自然化的结果，又是对经验概念的进一步"还原"。从意义获取的角度而言，刺激能够给单个个人的意义世界提供最终的说明，但无法为意义概念的主体间性方面添砖加瓦，因为意义必须是如同弗雷格所喻之望远镜的目镜成像一般，是一个具有主体间性的概念，是可以公共地得到确认的概念，而刺激对于不同的个人来说则有可能不同，因而只是一个具有主体性的概念。蒯因搬出"语言共同体"的学说来补充，这又使得我们回到了语言层面上来讨论问题，并且这亦是蒯因所期望的。沿着蒯因的思路，对象对主体产生了刺激，从发生学的角度来考虑，刺激在主体的理智中产生的第一个具有主体间性的结果是什么？符号的概念在思考这一问题时也就呼之欲出了。自然对象成为符号的过程就是自然的符号化过程，同时也是意义赋予、形成的前过程。对这一过程的反对意见是：人们为何一定要通过符号而不直接认识对象呢？只要我们能够把自然作为认识的对象时能够以"自然自身"或者"本然的自然"来认识的话，那么我们不借助某一种诸如语言或符号的中介物，也是完全可以的。然而，不幸的是，作为人类的我们显然没有上帝的视角和洞见，我们不妨向康德争辩说为什么感性直观的先天形式只有空间和时间，而不是其他更多的什么。人类固有的感官能力限制了我们认识对象的范围，在这一有限的范围中，对象是通过作为符号而被公共地认识的。

符号究竟与对象如何发生关系？或者直接地说，对象如何成为符号？何以要成为符号？人类如何不能直接认识对象而非要通过符号呢？不可否认的是，对象能够直接刺激人的感官，以蒯因的语言来说——"贫乏的输入和汹涌的输出"中，只是实现了"输入"的过程，并且这种"输入"是站在对象的角度而不是人的角度而言的。输出的过程不可能通过单纯的刺激来完成，因为输出的过程关涉输出的对象、输出过程中主体的意向性、输出的方式（载体、介质）等，所有关涉的内容都以主体间性为前提。而只有当人作为认知主体和对话的参与者时，人"指着"某一对象说出"这是……"的时候，意义赋予的过程就开始了，对象就变成了意义的构成要件之一，符号与对象发生关系的过程亦即人类语言的指称过程，指称过程中造成符号与对象产生连接的又是实指（ostensive）过程。具体来说，以实指的方式指称对象是人类活动中最基本的一种方式，譬如实指点（ostensive finger point），即用手指头去指的过程，当人用手指指着某个对象述说什么的时候，即人以实指方式指称对象的过程就是符号化的过程。对象在符号化的过程中不再是外在于人的存在，这样看来，我们虽避免了一种未加批判的本体论——形而上学观点，却又将面临着倒向内在实在论的"危险"，幸运的是蒯因的本体论承诺（ontological commitment）的思想将使这一观点"化险为夷"。一种理论中承诺了那些东西的存在和断定什么东西实际存在着是两个不同的问题，前者是本体论的承诺，后者有可能是一种不够审慎的存在论思想。

回到自然的符号化和对象的符号化的过程这一问题，即人为何不是直接地面对对象而要首先通过将对象符号化，使对象变成符号之后才能认知。当康德将人的感性直观先天形式述说为空间和时间的时候，对象给予我们的不再是"杂多的表象"，而已经被空间和时间整理过。同理，当人用自身的认识方式、以人特有的视角去观照对象的时候，对象亦不是一个纯然客观的存在了，它们已打上了人特有的认识方式，人必须以人特有的方式来观照世界、认识世界。在对这种认识方式的表达中，哲学史上曾经存在着为数甚多的表述，20世纪"语言的转向"给人们以"语言不仅作为表达的手段，更作为思维的手段"的重要启示，从符号和意义的角度来说，符号承载了意义；从认知结果的构成和表达来看，孤立地谈论单个个体的认知结果，无论对于人类知识的进展与反思，还是对于知识、语言和符号的本性来说都是极为欠妥的。符号的产生、语言的使用、知识的形成、文化的传承，都基于人类的社会性，当人面对一个未知事物进行思考和探究的时候，是把该事物作为符号在头脑中来进行操作的；当人企图将其认知结果进行公共地确认的时候，它同样需要主体间性的载体——符号来实现。

四、评论和结语

在历史的长河中，人类经历的每一个时代中都存在着未知数量的未知事物和现象，然而人类的求知本性使然，驱使着好奇的人们不断的探索，自然的符号化正好体现了人类理智的力量，然而这符号化的实质是意义的赋予，即人类作为认识主体和符号使用者把意义赋予对象、使对象成为符号。意义必须在广义上用符号、狭义上用语言来表达，因此本体论的承诺之思想将融贯地与自然的符号化思想融为一体，并且自然的符号化成为自然化的意义理论中最重要的表现形式。

总之，从自然主义的路线来解释意义过程不可避免地要考虑人与对象发生关系的实际过程，即发生学的考察。在此过程中，人们不再需要如以往的哲学家那样预设人的认识形式，以及预先不加批判地承诺外部世界诸对象的存在，而仅仅要做的就是去考察人的实际指称、述说、谈论对象的过程。

第二章　认识论的自然化

理解自然化的认识论须先理解它的立场：自然主义及其与经验论的关系。因此，究竟什么是自然主义，自然化认识论在概念和学说两方面是如何构成和运作的是本章要探讨的问题。自然化认识论在提出之后受到了同时代的哲学家们广泛的关注，在对它的讨论中不乏赞誉之词也不少口诛笔伐，来自各方的意见从各方面解释和揭示了自然化认识论的特性和存在的问题，蒯因部分地对此作出了回应。

第一节　欧洲近代以来认识论的基本进路

本章所要揭示的是认识论伴随着对于确定性和规范性的追求在逾两千年的漫长历程中所呈现出的基本发展脉络。近代西方哲学的认识论转向以来，这一领域中数位哲学家和认识论家们前赴后继地对知识问题的思考作出了有意义的尝试，在自然化认识论提出之前业已形成的种种传统不仅是它汲取养分的思想沃土而且是它的产生背景和阐释时的参照物。

一、从笛卡尔到卡尔纳普

近代西方哲学的开端，笛卡尔的《第一哲学沉思集》在 1637 年成书，以此为标志近代西方哲学开始了认识论的转向，走出黑暗中世纪的欧洲文明将要迎来新的曙光。笛卡尔在人的认识问题上首先迈出了步子，他的认识论思想的愿景是宏伟的和令人振奋的，像是一场附带着宗教余风的酒后狂欢，认识论的发展在相当长的时间中为神哲学所遮蔽之后即便我们看到多少带有点经院哲学味道的这样子的学说，也应是该感到欢喜了，它毕竟向所有人展现了人类智力的伟大。然而灰土堆上的华宴终究是要在近代科学的崛起中坍塌的，笛卡尔的愿景乃是追求一切知识的绝对确定性和完善性，凭借着上帝的恩典和人的智力，人类能够获得具有绝对确定性的关于外间世界和自身的一切知识，无疑这也是科学的愿景，但后来科学对自身的反思却是朝着这个方向逐步退去，反而意识到了自身确实具有的性质和限度，对于科学自身来说这又反倒是进步了。上帝的恩典成了笛卡尔这个基础论者所阐发的一切关于知识主张的阿基米德之点和最高保障，人类的智力体现为数学方法的运用，而最初的出发点是"我思"，于是才有"我思，故我在"的命题，是为一种总体方法论的奠基，在构建人类关于自身和外间世界的知识时便要从"我思"开始，"我思"的证明是从正反两方面进行的。笛卡尔设计的两个思想实验——梦和邪恶精灵足以以荒诞的形式和理论上难以反驳的合理性来说明包括"我思"在内之大千世界诸事诸物均可怀疑，"我思"毕竟要赋予它足够的特权来区别于中世纪的神学认识论，否则一切从上帝出来认识世界和自身的思想又使其退回到经院哲学中去了，"我思"的清楚明白和绝对确定性就通过上帝的恩典奠定了它作为认识活动之最坚实可靠的基础，"我思"在思想实验的反面论证中遇到的困难是通过上帝的出场的证明论证汇总解决的，而笛卡尔的"我思"早已超越了它作为人之经验的单纯的思考，上升到了形上学的层面，无论"我思"也好，还是上帝也好，作为无神论者和一个具有科学精神的人，他必须遗憾地说，它们都是被假设出来的，亦即被人为地构造出来的而非科学本身的发现。"清楚明白的观念是知识，并且是上帝给予的；糊涂的观念不是如此。这里有柏拉图关于天赋知识和回忆学说的回响，也有希伯来和基督教的天启学说的回响"（*FSS*, p. 4）。

构造导向型思想我们甚至可以追溯到柏拉图的《泰阿泰德》篇中提出的知识三元定义，知识被定义为"得到辩护的真信念"。此定义在概念方面给出的是知识构成要素，在学说方面给出了辩护的方法以及信念如何成为知识的原理，此后两千余年的西方哲学史中认识论的发展基本遵循这个脉络，获得知识就是满足的构成知识的条件，这种朝向三元定义的努力其本质是首先肯定知识三元定义的预设，然后依据此定义作为客观标准去找寻满足它的条件，并按照所获之物与定义的符合程度来判断该真信念是否能够成为知识。知识定义的预设无论是它的来源还是它的合法性都是令人费解和好奇的，但有一点可以推知，此定义或者通过归纳，或者通过演绎得到证明，要不它就是不证自明的。如果它是经验的则要通过归纳得到证明，如果它是先验的，那么它是不证自明的，或者可以从该定义做上溯推理以找出它的逻辑前件，如果真的存在的话。这样一来，一方面恰好说明用以证明三元定义的命题是先验的要么它自己是先验的，只有如此方可避免无限倒退并适时终止判断。在三元定义成立的前提下，它作为辩护的前提才能发挥普遍有效性。这一定义在埃德蒙德·盖梯尔的论文《得到辩护的真信念是不是知识》中受到了相当大的怀疑，20世纪90年代后它所引领的风潮逐渐褪去，但仍是认识论研究中一个经常被讨论的问题。知识首先是一个真信念，然后是一个得到辩护的真信念的定义深深地烙印在了许多人的潜意识里，他们在后来的工作中仍然带有着这种观念。进入21世纪，认知心理学、认知科学的进一步发展，加速了这一问题在认识论研究中去中心化的进程。

　　霍布斯和洛克是经验论的忠实践行者，他们都把知识看作是观念的融贯，而大卫·休谟的认识论则把英伦经验论传统发展到了极致："洛克、贝克莱和休谟是古典的英国经验论者，……他们这三个人都同意，我们关于这个世界的全部知识，都是基于感觉印象之上的观念的编织物。关于该编织物及其编制的过程的结构细节，所有这三个人都没有提供初步的说明。'观念'这个观念是一株脆弱的芦苇。"（*FSS*, p. 5）休谟在概念方面把人的感官刺激与物体相等同，准确地说是将印象等同于感官刺激，这样一来，确认存在于两个不同时空中的物体是否为同一个物体就变成了确认两个倏忽即逝的印象是否同一，感官刺激无法定量分析也就无法判断其在程度上的相等，但实际的情况中我们要做到这一点并不困难，而在认识论的层面上这确实是缺少了认识论起码的精确性，故而蒯因斥之为一种粗鄙的混淆，后来蒯因提出的语义上溯策略部分的是为了解决这一问题。在休谟对知识的分类中实际的事情一类与经验相关是通过印象的方式来讲感官刺激保存在记忆中，并构成归纳推理中的基本单位，在说明经验科学方面充当了最小的经验单位。观念间的关系一类主要是为了算术和几何学的说明，非经验的学科确实存在并有着强大的精确性和确定性这一事实无疑是每一位认识论家必须加以慎重考虑的，区别只在于他们是否在方法和态度上倚重于它，休谟的观念与印象只有程度上的差别，在性质上均是经验的，但观念间的关系的知识"我们只凭思想的作用，就可以把它们发现出来。"① 实际上就是说，仍然要承认即便是经验论的认识论学说中也必须要肯定演绎在获取非经验性知识上的作用。在学说方面，休谟留给了后人一个以他的名字命名的难题，这是经验论者彻底贯彻经验论原则后在知识之路的终点站，原因恰恰是因为经验之流是没有终点的。科学的普遍有效性通过经验论的方式

---

① 休谟著，周晓亮译：《人性论》，商务印书馆1982年版，第26页。

加以说明时必然要遇到如何使全称陈述和关于未来的单称陈述为真的难题，困难在于某一次的经验只能说明发生在那个时空的一次特殊现象，只能证明一个特称命题为真或假，过去多次经验的归纳最多只能说明与当下的情况相符或不相符并以此判断关于过去或现在的单称或全称命题的真假，一言以蔽之就是归纳推理的合法性得不到证明，而这却是科学知识的命脉之所在，通过理性论的方式来解决我们看到的笛卡尔的方案是不能令人满意的，上帝毕竟是超经验的，而科学无论如何是经验限度内的产物；休谟"通过把物体等同于印象，他成功地将某些关于物体的单称陈述解释为无可怀疑的真理。是的，作为关于印象的真理，他们可以直接被认识。但是，全称陈述，以及关于未来的单称陈述，通过被看作是关于印象的，无法增加自身的确实性"（*OR*, p. 72），因此，蒯因叹"我并未发现我们今天距休谟离开我们之处前进多远。休谟的困境就是人类的困境"。（*OR*, p. 72）解决归纳问题的方式是将其诉诸人的习惯，这仍是一种心理主义的观点，来自反面的意见是缺少了能让大家满意的规范性和绝对的确定性，休谟所推崇和接受的是牛顿的方法，这一点在他的《人性论》的副标题——在精神科学中采用实验推理方法的一个尝试中就可以看得出，心理原子主义或是还原论的目的是要达到对知识之合理根据的寻找，建立一种完整普遍的人性论用以解释和说明每一种事物、每一件事情并以此作为自己哲学的全部任务，当然这必须以实验推理的方法来达到；在思维模式上，实验推理的方法表明了西方哲学从泰勒士、德谟克利特一直传承下来的分析、推演的传统思维模式，更是与休谟同时代的牛顿的方法在精神哲学中的应用，而令人不解的是在说明印象与观念的精确划分标准时休谟也困惑了，但对这两者的划分并非是没有意义的，即便没有这样的标准我们在反观心灵时也是能够发现感觉经验的强弱之分的，因此休谟的困惑和沉默恰好说明了人性能力的界限。休谟的方案也仍旧是构造导向型的，只不过构造的材料是处于原子地位的印象和观念，遵循的原理是归纳推理，经验在这个学说中充当了最终之基础，一切命题都来自经验并且要获得知识的地位需受到经验的检验，关于数学和几何的观念间的关系的知识也不例外，因为观念说到底只在生动的程度上与印象有所区别，它还是经验。那么休谟的道路走到头的原因就是他不愿随笛卡尔那样妥协于上帝的恩典，不愿意承认先验知识的休谟最终还是走进了死胡同，如若把归纳推理视作是先验的知识那么它的合法性和普遍有效性就得到了保障，但那也打破了经验论者一以贯之的经验准则。从这个意义上说，不仅休谟的困境就是人类的困境，休谟的困境也是科学的困境，是哲学的耻辱和人类的无奈。

康德对休谟问题的解答正好是通过我们设想的那种方式来解决的，并且他不限于只解决以休谟为代表的经验论遇到的难题，理性论者遇到的难题也在关于"先天综合判断如何可能的"的学说中被解决了，从解决的方式上看设立先验的知识对于继续开展认识活动是有利的，它使我们不必纠缠于一个以何种方式出发是合理的问题，那样我们终究是在原地踏步无法前进。康德立场是：

"我们的一切知识都从经验开始，这是没有任何怀疑的；因为如果不是通过对象激动我们的感官，一则由它们自己引起表现，一则使我们的执行活动运作起来，对这些表象加以比较，把它们联结或分开，这样把感性印象的原始素材加工成称之为经验的对象知识，那么知识能力又该由谁们来唤起活动呢？

……

但尽管我们的一切知识都是以经验开始的，它们却并不因此就都是从经验中发源的。"①

---

① 康德：《纯粹理性批判》，B1。

　　一切知识从经验出发，但只有经验是不够的，知识是经验加上某种人所具有的先天形式的复合物。当感性的先天直观形式和知性的先天范畴被确立起来了，面对感性直观的杂多我们有可资利用的先天直观形式并且凭借其可将杂多整理为关于算术和几何的知识，感性的作用是将对象授予我们，知性的作用则是将对象进行思维，感性与知性分属意识的不同机能，"无感性就不会有对象被给予我们，无知性就不会有对象被思维。思想无内容则空，直观无概念则盲。"① 唯有两者相结合才可能产生知识。知性作用于对象开始于其综合的功能，即将感性中得到的杂多表象联结起来，凭借先天的自我意识即统觉，经三重综合形成知识。综合的形式是范畴，范畴的现实化和具体应用则是判断，因而综合就是运用知性的范畴进行判断最终达到综合的统一性，将杂多归摄到一个表象之下。人所具有的这种能力必然不能来源于经验，倘若不然，一方面由知性得到的知识会丧失其先天必然性之基础，另一方面便会重蹈休谟问题的覆辙，即将有待证明的东西作为判断的前提和依据，最终陷入循环论证的僵局。因此，人所具有的这种能力只能是一种先验的自我意识，一种统一的意识。凭借这种统一意识我们能够把感情中杂多的表象以人固有的方式联结在一个表象之下，"在这种情况下，当我们在直观的杂多种造成了综合统一性时，我们就说我们认识这对象。"② 康德将这种意识称为先验的统觉。至此，康德关于知识的三个问题：纯粹数学如何可能？自然科学如何可能？作为科学的形而上学如何可能？前两个问题已回答了。康德所做的努力中有一点非常具有启发意义，他确立了一个改进认识论的方向，即对于人类认识能力之理性进行必要的限制，科学知识严格限制在现象的范围不可僭越于本体的国度，纵

----

① 康德：《纯粹理性批判》，B75。

② 康德：《纯粹理性批判》，A105。

然理性具有僭越性贸然驶达于本体的国度必然陷入先验幻象造成二律背反。人类对自身认识能力的肯定所要达到的并不是一种理智上的妄为，而是清楚地认识到人类不可能获得具有绝对确定性的、关于外间世界和自身的完备的知识，此乃一代大哲对后人的忠告和理性最深刻的反思。但康德的认识论努力也仍然是构造导向型的，体现为他的"知性为自然立法"和"理性为自身立法"的思想，我们之所以觉得这种构造是合理的是缘于这种构造是如此的契合于人类自身的实际状况并带有对科学的尊重。

来到 20 世纪弗雷格提出的语境定义、罗素提出的摹状词理论以及他们创立的符号逻辑在认识论学说的概念方面取得了长足的进展，认识论在语言的转向之后得以借助这些精确、严格的手段开展研究。罗素在1914 年出版了《我们关于外间世界的知识》一书，书中表达了早期分析哲学运动的蓬勃野心，体现为一种尝试和建议，其目的：

"只是指出一种方法，根据这种方法，假定有一个具有心理学家在感官世界中发现的那类性质的世界，我们就有可能通过纯粹的逻辑构造，给可分别称为粒子、点和瞬间的那些感觉材料的系列或集合下定义，从而使这个世界得到数学的处理。如果这种构造是可能的，那么数学、物理学就可应用于实在的世界，尽管在实际的存在物中事实上并没有粒子、点和瞬间。"①

这个纲领被鲁道夫·卡尔纳普在 1921 年时看到了，并对罗素在书中最后几页阐述的如下观点和见解而欢欣鼓舞。

---

① 罗素著，陈启伟译：《我们关于外间世界的知识》，上海译文出版社 2008 出版，第 81 页。

"对逻辑的研究成了哲学研究的中心。逻辑为哲学提供研究方法，正如数学为物理学提供研究方法一样。……我们必须扫清传统哲学中所有这种假定的知识，创造一个新的开端，……对于广大的而且仍在增多的科学家们来说，在解决诸如数、无限性、连续性和时空等古老问题上已取得成功的新方法当会具有一种吸引力，这种吸引力是旧的方法所决然不能有的。……我认为，要保证哲学在不久的将来能取得超过以往哲学家所做的一切成就，唯一的条件就是创立一个由具有科学素养和哲学兴趣的人们组成的学派，这个学派不为过去的传统所束缚，也不为那些一切照搬古人的治学方法所误引。"①

卡尔纳普甚至认为：

"这个呼吁仿佛是向我个人发出的。从今以后我的任务就是以这种精神去工作！的确，此后我的哲学活动的基本目标就是应用这种新的逻辑工具去分析科学概念和澄清哲学问题。"②

正是由于卡氏接受和实施了罗素的建议并对方案加以改进，"使这个世界得到了数学的处理"其成果就是 1928 年出版的《世界的逻辑构造》一书和"通过在维也纳石里克小组内的交谈和维特根斯坦思想的影响，这些见解发展成了作为'维也纳小组'之特征的一种思想方法"③。该书中提出的方案总体上以罗素的逻辑原子主义为出发点，"讨论的主要问

---

① Schilpp, P. A. (Ed.). (1991). *The Philosophy of Rudolf Carnap* (Paperback ed. Vol. XI). La Salle, Illinois: Open Court. p. 13.

② Schilpp, P. A. (Ed.). (1991). *The Philosophy of Rudolf Carnap* (Paperback ed. Vol. XI). La Salle, Illinois: Open Court. p. 13.

③ 卡尔纳普著，陈启伟译：《世界的逻辑构造》第二版序，上海译文出版社 2008 年版，第 2 页。

题是根据涉及直接所予的概念把一切知识领域的概念加以理性重构的可能性问题。所谓理性的重构，这里是指给旧的概念找出新的定义。"① 具体地说，在概念方面，"要把一切概念都从某些基本概念中逐步地引导出来，'构造'出来从而产生一个概念的谱系，其中每个概念都有其一定的位置。"② 科学陈述中的经验概念就可还原为这样的概念，这种概念就是经验中的直接给予即他所发现的"原初经验"，具有位于系统最初一级、不属于任何主体和系统基本要素的性质。在学说方面，"每一等级的对象都是由较低等级的对象构造出来的。由于可还原性具有传递的性质，因而构造系统的一切对象间接地都是从最初一级的对象构造出来的。"③ 统摄构成系统的全部基本要素的关系是原初经验间的相似性记忆，通过这种关系全部原初经验构成了关于自身和外间世界的知识系统的第一层次，也即完成了对于自我心理的对象的构造。由第一层次开始相继构造出位于中间等级的物理的对象、位于高等级的他人心理对象和社会人文的对象。所有的经验概念就被构造出来了，因此所有的科学陈述均可转换为以相似性记忆关系为谓词、以原初经验为常项的逻辑命题。姑且就算此方案真能实现，对于科学也很难说是有益或无益，毕竟这种构想实施的结果之一是形成一种统一的科学，而当前的情况却与卡尔纳普所构想的大不相同，既有学科的相互交叉并由此形成的新学科出现，又有各学科的日益细分，但统一的科学至今尚未出现。更何况这一方案连它的创造者都发现了不可能实现的理由，在还原复杂经验概念时，倾向性概念和自然科学的抽象理论概念不能被还原为原初经验，再

① 卡尔纳普著，陈启伟译：《世界的逻辑构造》第二版序，上海译文出版社 2008 年版，第 1 页。

② 卡尔纳普著，陈启伟译：《世界的逻辑构造》第二版序，上海译文出版社 2008 年版，第 1 页。

③ 卡尔纳普著，陈启伟译：《世界的逻辑构造》第二版序，上海译文出版社 2008 年版，第 5 页。

者以个人心理的原初经验作为整个系统的基础要素将不利于科学陈述所要求的主体间性。蒯因也发现了计划的一个缺陷即卡尔纳普没有给出把某一性质在四维时空坐标系中的"性质 q 是在 x；y；z；t"形式的陈述翻译为原初经验和逻辑的陈述的方法，整个系统缺少这一环意味着完全彻底的还原将不能实现，因此"他在后期著作里已放弃关于物理世界的陈述可以翻译为关于直接经验的陈述的一切想法。彻底的还原论早已不再是卡尔纳普哲学的一部分了"。(*FLPV*, p. 40) "《世界的逻辑构造》一书的功绩之一，就在于我们可以从其中看出障碍究竟在哪里。"(*TT*, p. 85)，卡尔纳普的这种"重构"的方案成了后来蒯因提出自然化认识论时直接反对的观念之一。

二、人为构造物及其特殊性

无论是肇始于柏拉图《泰阿泰德》和《美诺》中关于知识的三元定义还是从笛卡尔到卡尔纳普的认识论思想，它们总体上都属于构造导向型（construction-orient）的认识论，并且通常构造物在整个认识论中被赋予了特权或特殊地位，表现为能够为科学知识提供基础、解释或给予确定性之最高保障，构造和赋予构造物特权或特殊地位的行使主体是人。换言之，认识论家们把人为的构造物当作某种认识活动必须遵守的规范、程序、步骤、必须满足的客观条件、最可靠之基础、确定性之最高保障、终极解释、判断知识标准等，在认识活动中凡人自身能力诸方面之限制与其所成之物矛盾于人自身能力的地方，这些构造物总会适时登场并从科学知识之外部发挥其作用同时作为人自身能力的一种朝向永恒、无限、绝对的补充。人的实际能力在这个过程中已经被放大了，所导致的结果就是罗素在其《我们关于外间世界的知识》一书中所讲的"古典传统"，即从古希腊时代苏格拉底以降形成的：

"对理性万能的朴素信念。……例如，他们很想要证明：全部实在是一，没有变这样的东西，感官世界是纯粹虚幻的世界；其所得结论之稀奇古怪并不使他们感到不安，因为他们相信自己的推理是正确的。于是人们就认为，靠纯粹思维就能以任何相反的观察都无法动摇的确实性建立关于整个实在的最惊人最重要的真理。"①

正是这种传统为后世奠定了一种理性构造的方法论，同时也奠定了一种对于确定性和基础的迷思。认识论家们一直受到了这种迷思的困扰（尽管对他们来说可能是一种享受），构造导向型的认识论思想才能在人类理智进步的历史长河中大行其道。认识活动的实际过程中是否真实存在着或存在过诸如此类的所提之物，我对此怀有很大的疑问。

三元定义是否是知识概念本身的结构？这一问题的回答导致两方面的后果，如果回答是肯定的，那么三元定义就正确地解释了知识的结构，这无异于同语反复，同时我们缺少认为三元定义成为知识本身的结构的辩护证据，这一点在三元定义遭到的反例中应验了；如果回答是否定的，那么知识概念本身的结构还有哪些版本的见解或者在三元定义的基础上是否还包括别的构成要素，这样一来，三元定义就没有完全揭示知识的结构也为之后的多元定义留下了空间。盖梯尔反例提出之后，对那时乃至今日的认识论研究都产生了相当可观的影响。从理论上看，"得到辩护的真信念"（即 JTB）不足以定义知识，或曰，JTB 作为知识的定义是不充分的。随之而来的是越来越多哲学家、认识论家们对这个问题继续跟进，在 JTB 定义的基础上添加上进一步的限制条件，以期对抗盖梯尔反例对知识的 JTB 定义造成的威胁。其结果是，在 JTB 基

①　罗素著，陈启伟译：《我们关于外间世界的知识》，上海译文出版社 2008 年版，第 2 页。

础上产生了包括原有 JTB 在内但附加了更多的限制条件的定义被构造出来，与此同时，新的、更为复杂的反例也总能被构造出来，以表明在 JTB 基础上添加条件构造出的条件同样不能够作为知识的定义。认识论家们对这个游戏乐此不疲，这种高密度的思维创造活动，一方面，繁荣了认识论的研究，一度使盖梯尔问题成为当代认识论中最重要、最核心的问题，时至今日这股余风仍在继续；另一方面，以解决盖梯尔问题为目标的各种观点主张、文献著作以惊人的速度增加着，这种态势既激发了以辩护为中心的传统认识论在当代呈现出新的研究热潮，也很容易使我们形成一种定式的思维——似乎只有盖梯尔问题和辩护理论是认识论研究中最重要的问题，从而掩盖了其他的、在传统认识论及其当代信徒们看来很"另类"的思想。国外的认识论家们大都承认盖梯尔反例的提出使人们对传统的知识 JTB 定义产生了质疑，以波洛克为例，他认为：

"盖梯尔问题从根本上改变了当代认识论的特征。许多认识论者现在都认为盖梯尔问题是认识论的一个中心问题，因为，它明显阻碍了知识的分析。然而，我们却相信，这代表了认识论焦点的一个重要然而令人惋惜的转移。历史上，认识论的中心问题是认识的辩护，而不是知识。历史上的哲学家对我们是如何知道的比对知道的是什么更感兴趣。当然，这部分是因为他们认为后者的问题很容易回答。盖梯尔问题表明这个问题并不容易回答。"①

国内有的论者认为盖梯尔反例并没有威胁到知识的 JTB 定义，盖梯尔反例自身想要成立尚且存在问题，重要的是它对 JTB 定义而言不

---

①   Pollock, J. L., & Cruz, J. (1999). *Contemporary Theories of Knowledge* (2nd ed.). Lanham, Md.: Rowman & Littlefield. pp. 13-14.

是重要的。从国外认识论家们对 JTB 所做的修补和新的反例被构造出来，进一步表明这些修补后的定义仍不满足知识的定义这一事实来看，关于"知识是什么"的问题仍旧没有一个明确的答案，知识仍缺乏一个充足的、准确的定义，这使得我们需要思考，传统认识论所坚持的 JTB 定义以及以辩护为中心的做法是否还适合继续坚持下去，我们是否需要更换思考问题的方向。就此，我认为盖梯尔反例更大的意义并不在于它使得 JTB 定义受到质疑，而是表明传统认识论的套路应该受到质疑。原因在于，回想一直以来被我们称为知识的东西，我们可曾在一个短暂的片刻中将它的含义澄清；我们何以认为 JTB 定义及其后来的若干改进版本能够适用于由将来不断增加的未知的经验所形成的新的信念，这个定义是否附带了人自身的意愿，并把这种意愿强加于知识概念之上而认为这是知识概念本身所具有的结构。反省我们之前在生活中所谈论的知识，我们甚至可大胆猜测在以往所谓的"知识"中混杂了习惯、常识和一系列归纳的成果，知识成为一个综合体。关于"信念"这一概念也是非常模糊的。因为信念是一种人类的（物质上的或精神上的）活动的产物，而这种活动就是"相信"，究竟什么是相信，是一种思维的意向状态还是仅仅作为意识的对象关涉性，我想这一点哲学和认识论是丝毫没有发言权的，均有待科学的进一步研究。"我们知道什么"的问题比"我们如何知道"的问题重要，因为，没有第一个问题的答案，就无法回答第二个问题。

笛卡尔在近代西方哲学中的重要地位也如同他的学说对于这种传统的体现是如此之重要一样，不仅是人类理性的杰出典范，也是一个虔诚的信徒对上帝最虔诚的倾诉。在其学说中如果没有上帝存在"我思"当然可以被思想实验所驳倒，当"我思"也是可以被怀疑的时候，整个学说也就失去了支点，因此"我思"就必须受到来自某种超验实体的最高保障，于是上帝就出现了。当然不能否定笛卡尔具有强烈的科学精神，在诸多西方大哲身上并不能体现出学问与信仰的冲突，相辅相成的倒不在少数，然而就站在科学本身的立场来说上帝是否存在的问题既不是可以证明的也不能被证伪，最好把上帝看作一种超验的假设，归根结底还是人为构造物，并且在中世纪余风尚未完全消退之时这种人为构造物的存在和权威之至高无上对于西方文明来说是绝不容易被否定的。对于绝对确定性的追求与其说是知识本身具有的特性（尤其是数学和逻辑），毋宁说是人类对知识的远景，当我们以自身之能力去企图获取这样的知识的时候就会发觉实际上不仅我们的能力不足以获取这种知识，而且这样的知识是否存在于我们生存的世界并且这个世界是否是按我们想象、符合我们的理性能力的方式构造的，如此种种的问题均与人之能力本身是矛盾的，换言之，人之能力极其有限，而世界又如此广阔，中间的鸿沟只有靠构造出超验实体并赋予其至高无上之内能力，在通过这种能力填平人的愿景与现实的差距。上帝的观念是通过对自我完满性的推理而得出的，那么这种观念的获得作为构造活动在休谟的学说中相较于前者是有所收敛，经验论者的立场较之理性论者是接近于科学的，科学的格言是"心灵中没有任何东西是以前感觉中没有的"。[①] 这一原则在认识论中的表现就完整地体现为休谟学说的结果：归纳推理的合法性问题。这一问题同样也是科学需要面对的问题。对休谟学说的批评是轻度的，正如它对于构造的使用是轻度的一样。首先，印象与观念之区分架构于全部经验之上，经验确有在程度上的强弱之分，亦即在当下的刺激程度在和记忆中相似的刺激对比后形成的强弱判断，而判断的标准和判断的活动都只能在一个个体之内形成和完成，并且判断的结果在通过程度副词表达时与该刺激的实际情况之间无法完成精确描述和对应，每个个体的判断标准又是不同的，就此而言，休谟的观念论之于科学知识缺乏了

---

① 拉丁原文是 nihil in mente quod non prius in sensu. *PT*, p. 19。

科学所需的起码的可度量性、精确性和最重要的主体间性。其次，两类知识的划分及其说明由于手段的缺乏仍然带有些许古典传统的韵味，在观念间的关系的说明上尤其是这样。在实际的事情方面，说明这一方面的全部知识集中在对归纳推理的论证上，这个论证最终是基于心理主义的，因果联系的必然性和归纳推理的合法性作为科学最重要的两条基本原理的论证最终是基于人心理的习惯性联想来论证的，所以休谟说"我们不是由理性所决定，而是由习惯或联想原则所决定"。①"因此，习惯就是人生的伟大指导。"②习惯如果仅通过习惯对经验概念的结合就能形成科学知识，那么如果不是我们今天的科学知识的根基不够稳固就是我们的运气太好了，习惯所形成的常识恰好是我们今天的科学知识，科学与常识之间的区别似乎就被抹平了，即便它们之间有区别，区别也就在于科学是通过常识进行论证的。这显然是有损于科学本身的同时也没有正确看待科学与常识各自的地位。"科学不是常识的替代物，而是常识的延伸。"（*WO*, p. 229）而且，"科学与常识不同的地方，仅仅在于方法上的精致化程度"（*RR*, p. 129）。休谟留给后人的启迪有一点值得注意：对契合于科学精神之经验论原则的彻底贯彻、在不增加人为构造物（无论是赋有特权的超验实体还是某种保障知识具有绝对确定性的先验预设）的情况下如何仅仅依靠经验来说明知识问题以及在科学知识外部论证科学知识问题时遇到的困难所提供的经验教训。值得肯定的是，休谟在通过分析人的心理习惯开辟了一个探索知识问题的新方向，蒯因的认识论思想从某种程度上是沿着休谟的道路"接着讲"，亦即在方法上在因果和归纳的心理论证上进一步提高精致化程度。

　　"近代哲学仍然相信先天的推理能够解释别的方法所不能发现的宇

---

① 休谟著，关文运译：《人性论》，商务印书馆 1983 年版，第 115 页。
② 休谟著，关文运译：《人类理解研究》，商务印书馆 1957 年版，第 43 页。

宙的奥秘，并能证明实在完全不同于它显现给直接观察的那种样子。"①
思辨的传统和热衷于体系的构建也许是贴在日耳曼人身上的最显著的两
个标签，在下面的康德的先验认识论和卡尔纳普的"理性重构"中随处
可见被构造出的"奇迹"。康德认识论中解决数学、自然科学的普遍必
然性和有效性是诉诸感性的先验直观形式和知性的先验范畴，知识成为
一种经验与先验形式和范畴相结合的复合物，每一个科学陈述可分为一
个经验成分和一个先验成分，二者须结合才有意义，任何一方单独存在
均是无意义的，思想无内容则空，直观无概念则盲。知识的这种表现形
式是人类感性知性作用下的产物同时也是其作用的体现，但人们的这种
能力并非科学的发现，而是康德对人的认识活动的考察经过纷繁复杂的
思辨所发现的，思辨的方式就如罗素所说"因为在极其微妙、抽象和困
难的论证中较之在世界上事物间有相互关系这样明白的事实人们是更易
出错的"。② 并且知识如以此方式来呈现意味着科学陈述中包含有非经
验的成分，非经验的成分不可由经验来证明，自然科学变成了非纯粹的
东西了。人的认识能力究竟是否是如其所说的状况并以那种方式发挥作
用的问题对于科学来说是一个需要加以研究并尚待解决的问题，对康德
来说却根本不成问题，知性为自然立法，自然必然按这样的方式呈现于
我，哥白尼的革命解决了经验论与理性论在认知上陷入的难题，却与科
学背道而驰。康德对于自在之物的构造其意义在积极的方面可视为对古
典传统的反省，有必要限制人的理性从而为信仰留下空间，而消极的意
义却是世界是否真如其所讲的那样存在于一个本体的世界，这不是科学
所要发现的，科学所要求的只是如实地报告情况：事情是如此这般的。

---

① 罗素著，陈启伟译：《我们关于外间世界的知识》，上海译文出版社 2008 年版，
第 3 页。

② 罗素著，陈启伟译：《我们关于外间世界的知识》，上海译文出版社 2008 年版，
第 4 页。

卡尔纳普的构造在第一节中就已作过讨论，简言之，与其说他对世界的理性重构是对于真正之哲学活动以及澄清哲学问题、探求科学知识的努力，毋宁说是他创造了一种新的世界观，世界在他眼里必将以感觉材料和符号逻辑、集合论的方式呈现，从而完全异于常识描述的世界，在这个世界中卡尔纳普就可以按照所有他认为是科学的方法调兵遣将、指点江山了。理性重构的失败是跋涉在哲学研究尤其是认识论研究领域中的诸位仁人志士需要吸取的教训，绝不能再在此道路上继续远行，同时预示着该是古典的传统谢幕的时候了。卡尔纳普的失败在人为构造物方面提供了一个典型的消极例子，在手段方面却有积极的意义。诚然，20 世纪初数学、逻辑学的进步以及经过弗雷格、罗素等人的努力将原来运用于科学的方法经改进之后运用于哲学研究之中使得哲学研究使用的语言更加精确，从而也使哲学的陈述、命题减少了许多歧义和含混，对于整个人类的哲学事业尤其是认识论研究来说是值得庆幸的。但要注意到这只是研究手段的进步，研究手段的进步并不等同于新的构造物的诞生，我们这里所讨论的人为构造物指的是被人为地构造出来并且赋有能够为科学提供基础、确定性、普遍适用性等之特权的东西。而在手段方面却需要一代代人的努力，这无论对于哲学还是科学乃至整个人类所谋求的理智和道德上的进步来说都是有所裨益的。因此，只要数学和逻辑方法在认识论研究中有限度地、合理地运用把它当成手段而不是某种先验的知识或超验实体的恩赐就是好的，这一点给了蒯因一些启发。

三、认识论的革命

自古以来，哲学家们一直声称哲学对知识拥有最大的权利，这种观念在黑格尔的学说中达到了顶峰，但实际的情势却是哲学取得的进展和成就却比任何一门自然科学都要少得可怜，究其原因乃是自古以来人类的求知本性中带有的对于基础的迷思。当这种迷思蔓延到认识论中就成了认识论中的基础主义。近代以来这种观念并非是理性论者的专利，经验论者同样在此迷雾下乐此不疲。基础主义在认识论表现为对于知识的确定性、普遍必然性、绝对真理、规范、标准的追求和偏爱，并且古典传统的希腊理性对整个西方哲学的长久而深远的影响下，哲学成为高于科学的知识。古典的传统理性论者的失败在近代哲学终结于德国古典哲学之时就显现了，宏大的叙事、无所不包的体系的另一端是缥缈玄奥的思辨掩盖下的科学和经验事实。经验论者在基础主义道路上的失败看似他们的无心之过：把理性论者的先验知识和超验实体之人为构造赶下神坛的同时却又无形中把感觉经验抬上了知识所需所倚的王座，经验俨然成了新的基础，笛卡尔对确定性的追求引出了上帝，而卡尔纳普的失败正是妄想要将关于世界的概念还原为这种基础，而实际上确是一种基础主义阴霾笼罩下的"构造"思维模式使然。

"笛卡尔对于确定性的寻求，在概念及学说的两个方面，都已成为认识论发展的久远动因。但是，可以发现，那种寻求败局已定。赋予真然真理以充分的直接经验的权威，和期待着赋予数学真理以前在的初等逻辑的明显性一样，是一个无望的希望。"（*OR*, p. 74）

故此，只有祛除基础主义的魅惑，驱散"构造"方式的迷雾才能走出这片阴霾。年迈的认识论在自然主义的旗帜下在 20 世纪自然科学的浪潮下开始了一次革命，它的第一声呐喊是：不存在知识的阿基米德之点。世界诚然并非是可以按我们的任何意愿来构造的，也并非就是我们所构想的样子，卡尔纳普的重构如果成功的话"将是认识论上的一个巨大的成功，因为它可以表明：从理论上来说，所有其余的科学概念都是多余的"（*OR*, p. 76）。伴随着遗憾和庆幸，这种重构失败了。"蒯因自己把他的自然主义的认识论看作是卡尔纳普的知识论失败的结果"[1]，同时"重构"成了自然化认识论首先要反对和反思的对象。

"为什么会有所有这些创造性重构呢？为什么会有这一切假象呢？感觉接受器的刺激是任何人在最终获得其世界图像时所不得不依据的全部证据。为什么不察看这种构造实际上是如何进行的？为什么不满足于心理学？……假如认识论家的目标是确立经验科学的基础，那么，在这种确立中利用心理学和别的经验科学，他的意图就落空了。"（*OR*, p. 75）

这并不是说这种利用本身是错误的，而是说，企图为自然科学确立基础的想法本身是成问题的。换言之，"如果我们只是力图去理解观察与科学之间的联系，那么，可以恰当地建议我们去利用任何可用的信息，包括恰好由我们正在寻求理解它与观察之间有何种关联的科学所提供的信息"（*OR*, p. 75）。假使认识论家放弃这种想法，那么就可以利用一切科学的发现。这一点正是自然化的认识论所要揭示的以及它与传统认识论的明显差异之处。基础主义的认识论认为"根据"和"证据"对于理论的支持关系构建的是一种线性结构，一个理论被另一个理论所支持，支持被证成理论的那个理论就作为证据，而这个理论能够作为证据是因为它本身也受到一组证据的支持，如此以至无穷，形成了一种线性的链式结构，链条不能无限延伸下去，这与人的求知欲是一致的同时也是矛盾的。一致的地方是，人类的求知欲是无限的；矛盾的地方是，人类在无限的求知欲和对安全感、确定性的寻求之间永远在找寻一种平

① Cf. Barrett, R., & Gibson, R. (Eds.). (1990). *Perspectives on Quine*. Basil: Blackwell. p. 200.

衡，因此必须要有一种理论能够终止链条，基础主义认识论的套路大致是这样的。

　　基础主义在认识论中的另一表现形式是认为哲学比科学更加处于基础的地位，因此科学知识要通过哲学认识论的说明而得到确立，因为哲学思考是一般性的，处理的对象是一，是永恒不变的原理，而科学思考总是特殊性的，处理的对象是多，是倏忽万变的经验现象。哲学与科学地位的分殊就是由于我们在求知的本性中带有了对与绝对、永恒、无限的执着和偏爱，毋宁说这也是人之本源性矛盾使然的结果，科学知识正是用来在漫长的时光中逐步减小乃至消除这一矛盾给人造成的影响，它是人类自身智慧光芒的闪耀，是对人之自身能力的肯定，因此，相信、尊重和利用科学是人类获得自由全面发展的唯一道路。自然化认识论正是用科学来修正我们长久以来根深蒂固的这种观念，一旦这种观念得到改变，那么哲学将从那本不属于它的宝座之上退降于至少不高于科学而又真正属于它的位置上来，认识论家们或许会放弃为自然科学确立基础的想法，一个最直接的结果就是由于基础主义观念的摧毁科学在认识论中用于说明知识问题时将免于受到循环论证的责难。蒯因的见解中关于认识论的革命性还体现在认识论的研究对象的根本转变，要否定传统认识论承认有知识的定义的预设并将其看成是一种规范，认识论是在规范性力量的驱使下使得认知辩护为中心的，是尽最大的努力去满足知识定义所规定之条件的活动，通过构造本来不存在于实际经验中的东西包括承认具有保障知识的确定性的先验预设和超验实体来使得世界合理化的倾向等诸如此类的观点。

　　"如果我们所期望的一切，就是一种以明白的、无须翻译的方式去把科学与经验连接起来的重构，那么，仅仅满足于心理学似乎就是更为明智的。最好去发现科学事实上是如何发展及如何被学习的，而不要去

编织一种具有类似效果的虚假结构。"（*OR*, p. 78）

　　认识论的研究对象如果转移到感觉接受器的刺激和已经形成的科学理论之间的关系，那么认识论的总问题就将会是：我们是如何达到关于世界的知识的？或套用康德和罗素的话来说就是我们关于外间世界的知识是如何可能的？科学知识的存在毋庸置疑，在它业已存在并无时无刻不影响着世界和人们的生活这个事实的情况下，我们要做的就是去反思和反观它是如何被我们所习得和掌握的。

　　"贫乏的输入和汹涌的输出之间的关系，正是我们要加以研究的。而推动我们研究它的理由和总是推动认识论的理由，在某种程度上是同一种理由：这就是，为了弄清楚证据是如何与理论相关联的，并且人们的自然理论是以何种方式超越了现成证据的。"（*OR*, p. 83）

　　而不要去纠缠于科学知识何以存在的问题，这便是放弃了基础主义的迷思后带给人的清爽。推动认识论发展的动力不再是笛卡尔式的对于绝对确定性的追求，而是要弄清楚到底人类的感觉接受器的能力在较为有限的情况下是如何具有了今日分门别类的科学知识的，"贫乏的输入和汹涌的输出之间的关系，正是我们要加以研究的"（*OR*, p. 84）。科学之发展成就今非昔比，认识论若不随着科学前进恐遭人们所遗弃。蒯因提出的自然化认识论也是经验论发展的结果。在开篇提到的人类对于世界的认知，由最初的古典传统奢求仅凭人的理性就能认识自然和世界，近代认识论转向后认识论家们开始对人的认识能力开展研究，理性不能直接认识世界要通过或是清楚明白的先天观念或是来自经验形成的观念才能认识世界，20世纪初语言的转向后，认识论家们又发现观念与世界之间还隔着语言这道屏障，世界是通过语言而映射到人们心灵中的，认识论的研究中最重要的一个转折点就是从观念到语言的转变。在语言的层面上产生了许多问题，其中最重要的一个是以卡尔纳普为代表的维也纳小组及其肇始的逻辑经验主义运动，在这场运动中卡尔纳普理性重构方案的失败告诉了人们，严格从感觉经验中派生出关于外间世界的全部理论是不可能的，同时也代表着经验论的又一个重要转折，相信在分析和综合之间有绝对的区分和这种区分所依靠的还原论方法，这正是一种革命的认识论需要吸取的教训和纠正的错误。无论通过同义性、保全真值的可替换性、语义规则还是意义证实的方式，终究无法澄清"分析性"一词的含义；在意义证实一方面关于外间世界的知识陈述可以还原为关于直接经验的陈述的观念，和其微妙的精细的形式"认为同每一个陈述或每一个综合陈述相关联的都有这样独特的一类可能的感觉事件，其中任何一个的发生都会增加这个陈述为真的可能性，也另有独特的一类可能的感觉事件，它们的发生会减损那个可能性。……还原论的教条残存于这个假定中，即认为每个陈述孤立地看，是完全可以接受确证或否证的。我的相反的想法基本上来自卡尔纳普的《世界的逻辑构造》里关于物理世界的学说，我认为我们关于外在世界的陈述不是个别地而是仅仅作为一个整体来面对感觉经验的法庭的"。（*FLPV*, pp. 40-41）每个陈述孤立地看由于可以还原为关于经验的陈述，因而在卡尔纳普的学说中是可以得到证明或证伪的，但这正好是还原论教条的实践并且是英国经验论传统的语词的意义通过感觉词项来定义的传统的表现，而这种传统在定义语法虚词时表现出的困难已经证明其本身是不合理的。蒯因的评论中预示了自然化认识论作为一种革命的认识论通过消除这两个教条来确立一种整体论的思想。在稍后的分析中将会更加清楚地看到这一点。消除了这两个教条之后的没有教条的经验论即是经验论的一种新的形态和一个在当代的重要转折点，它以一种革命性的认识论——自然化的认识论来呈现。自然化认识论的一个主要目标就是放弃第一哲学，并非是指形上学，那样会让人误以为本体论问题在自然化认识论中被消除了，其实则不然。本体论问题在蒯因的学说中占有一定分量的比重、构成其思想体系的不可或缺之物，而是指认为在科学之外并能为科学提供基础、终极说明和保障的学问。"自然主义把自然科学看作一种对实在的探索，这种探索是可错的和可纠正的，但不对任何超科学的裁判负责，也不需要在观察和假设—演绎方法之外作任何辩护。"（*TT*, p. 72）至此，自然化认识论作为一种革命的认识论，它的立场是经验论的，但却是经验论在当代经过了一个重要转折点之后以新的形式的；它仅仅在经验科学的内部考察认识问题，不承认任何先验知识和超验实体，放弃第一哲学和对绝对确定性追求，反对以人为构造的方式将世界合理化。

第二节　观察句理论之要义

自然主义和认识论的结合并不是像在土地上种植物一般简单，因为此般差别只是在于结果在程度上的分殊，认识论的自然化中有一个"化"的作用过程，认识论被改造成了一种解释认知和知识问题的新理论，它所基于的立场是改良的，但它本身却是革命的。在本节和下一节中将效法蒯因对休谟学说的考察方式从概念和学说两方面来对自然化认识论进行考察，带着对规范性和自然化的关注对认识论如何被自然化、它与规范性的关系又是怎样的扑朔迷离一探究竟。

在概念方面最显著的是观察句——这一蒯因自然化认识论中最重要的概念的引入，成了在这一方面要重点考察的问题。引入观察句学说的根本原因是自然主义对传统经验论立场的开明的坚持和改造。具体的原因是批判观念论的语义学，为了消除近代经验论的"观念"概念，在认知过程中加入主体间性的因素，降低乃至消除原有概念的主观性，这其中最主要的是主体间性的建立。由于观念论的语义学被放弃了，"语言越过了观念，而以对象为家。"（*RR*, p. 35）这样做的好处是语言直接描述对象，而描述成为一个具有主体间性的陈述，成为说话者与听话者沟通的桥梁，推而广之，这个陈述就是可以被公共地确认的一个陈述，而这正是科学所需要的。去研究观念有心理主义、主观性等之诟病那么就不如觅一个能让一个语言共同体中的所有成员都能理解、效仿、确认的媒介和载体以取代观念，并作为自然化认识论革命性之彰显。

"我们想要弄明白，人们是如何获取进入科学理论的那些推测和抽象的。我们如何可以在摒除观念和概念、只谈论外部事物的情况下，从事这种探讨呢？存在着这样一条路径：我们可以谈论语言。我们可以谈论具体的人和他们具体的声音。观念或许存在，但与此是看得见、听得到的。而且再富于思辨性、再抽象的科学理论，总是用语词表达的。人们会说，同一种理论可用不同的与此予以表达，但谁都会同意，没有什么理论可以不用语词表达。即便有这样的理论，也完全可以略而不论。"（*RR*, p. 35）

并且蒯因认定："科学是一个庞大的语言结构，是由织造而成的假设联结起来的理论词项的编织构成的，是与各处之观察相一致的。"（*NNK*, p. 74）所以，"要解释人们是如何掌握科学理论的，应当看一看他们是如何获取理论语言的。我们的理由是：我们可以比研究观念更可靠地研究语词。"（*RR*, p. 37）有了这些原则和前提，接下来就容易说明一个关于认知实践的问题是如何转换为关于理论语言的学习问题的。自然化认识论不再研究观念，而转向了直接对对象的观察，观察结果通过语词表述，科学理论也是通过语词来表述，它们在形式上的一致性使得这种转换成为可能，更重要的是：

"观察之所以在理论支持和语言学习中起到基础性作用，是因为它们具有主体间的直接性。他们是观察者当即可一致公认的。一旦产生分歧，大家就可以回到它们上面来，把它们当作进行商议的基础。于是便有了它们在理论支持方面的基础性作用。而且，它们以其主体间的直接性也在语言学习中成为基本的，因为我们在个共同的环境下从他人那里学会语言。"（*RR*, p. 37）

语言学习变成了认知的主要手段和形式，科学理论亦即知识必定不是个人的，而是公共的，全社会乃至全人类共有的精神财富，获取它的手段必定也不能是个人私有的，而应该是就有主体间性可公共地确认的，因此联结认知活动（观察实践）和掌握科学理论（学习理论语言）之间的桥梁就是观察句，这一概念在蒯因自然化认识论思想中是最为重要的。

解释观察句是如何从 1960 年起直至蒯因辞世之四十年间如何变化发展的，须先简要地回顾一下观察句的定义在四十年间的变迁，并晓得观察句的定义不是一成不变的，四十年间蒯因对观察句的定义作出过多次表述，对定义的内容或增添或修改中反映了蒯因思想的变化，也以亲身行动践行了他主张的科学与哲学均是可错的和可修正的观点。1960年出版的《语词和对象》是这样定义观察句的："当一个场合句的刺激意义在附带信息的影响下不发生任何变化，我们就可以把它称为观察句。"（*WO*, p. 42）《语词和对象》一书在蒯因的学术生涯中有着研究纲领的地位，书中提到的观察句定义包含了观察句最重要的两个部分——刺激意义和附带信息（collateral information）。1960 年以后蒯因对观察句的历次修改和完善从某种意义上可以认为是从这两个方面对其所遇到的诘难所进行的论证。我意识到的一个问题是主体本身的知觉相似性如何得到说明以及主体间刺激意义的相似是如何可能的？另一方面，定义中阐述的模式是理想化的，主体在描述一个对象时不可避免地或多或少要受到他的已经具有的知识和经验的影响，而且在很多时候附带信息发挥了重要的作用。但是但凡他想向和他处于同一场合的其他个体描述一个对象并期望别人能够理解时，他的陈述能够作为观察句出现时，必然是这样的语句，即该陈述受附带信息影响的程度足够小以至于让其他处于同一场合的个体能够理解。

1968 年发表的著名论文《自然化的认识论》中这样定义："观察句就是当我们学习语言时，最强烈地被限定于伴随的感觉刺激——而非储存的附带信息——的句子。……假如我们的决断只依赖于当下的感觉刺激，这个句子就是一个观察句。"（*OR*, p. 85）最后蒯因总结道："观察句就是当给出相同的伴随刺激时，该语言的全体说话者都会给出同样的决断的句子。以否定的方式表述这一点，观察句就是对于语言共同体内过去经验方面的差异不敏感的句子。"（*OR*, pp. 86-87）蒯因在这里倾向于完全消除附带信息对于观察句的影响，把观察句去主观化使其变成一种客观的描述。但另一方面蒯因又是承认附带信息对于观察句的影响的，只不过对于一个语言共同体内的所有成员而言，这种影响是不敏感的以至于可以忽略不计。

1973 年出版的《指称之根》中的定义是："如果一个句子的真值在任何情境下都被观察到这一情境的语言共同体的几乎每一位成员所承认，则这一句子就是观察句。"并且"观察句就是当科学家们试图调和他们的理论时可以基于他们而达成一致的那些句子，它们也就是在我们掌握了一种语言的情况下可以对照着说出它们的情境而对它们进行社会地检验的句子。"（*RR*, pp. 39-49）定义中提到的真值至少预示了两种特殊的观察句类型，其一是在之后将要出现的观察断言句（observation categorical），一个观察断言句就是构成其若干观察句的真值函项，其本身的真值在逻辑上取决于各构成观察句的真值，并且在作为科学的证据时它的真值又取决于它的预言是否有与其对应的结果；其二是一类并非是独词句而是由两个或两个以上的观察句通过逻辑连接词连接的复合观察句，它的真值与观察断言句类似。此外，观察句作为场合句，它的真值是随不同的场合而变化的。

1974 年蒯因在沃尔福森学院以《自然知识的本质》为论文题目所做的一次讲座中只是重复了观察句的以往的定义并未做修改。"一个观察句：它是一个场合句，这个场合句不仅是主体间可观察的而且一般来说是充分的，不仅如此，它还从任何属于一个语言共同体的任何现场目击者中引出了对于该句子的同意。"（*NNK*, p. 73）

1978 年出版的《信念之网》中这样定义观察句："观察句，即报道或预言当下或即时的观察结果的句子，在这一点上具有特殊性。它在通常情况下确实是单独面对观察法庭的，它与它所报道或预言的观察结果是一种简单的成立或不成立的关系。它的成立与否分别起着支持或削弱蕴含它的信念系统的作用。"（*WB*, p. 22）这个定义中的亮点是观察句的预言功能，这一功能的增加意味着观察句作为科学知识的辩护证据的地位更加巩固了，并且在蒯因晚年的一篇论文中提到的由两个或两个以上的观察句组成的观察断言句对科学起到了预言—证实的作用。

1981 年出版的《理论和事物》中蒯因对观察句的定义作出了实质性的修改：

"一个观察句是这样一个场合句：当说话者的感觉接受器以某种方式受到刺激时，说话者将始终如一地赞同这个场合句；当他的感觉接受器以另一种方式接受到刺激时，他将始终如一地不赞同这个场合句。如果对这个语句的质疑引起某个说话者在一种场合下表示赞同，那在任何其他场合下只要同一组接受器受到触发，它也将引起赞同；对不赞同而言，情况也是如此。这一点而且唯有这一点才使这些语句有资格成为对

有关的说话者而言的观察句。正是在这种意义上，它们是与感觉刺激保持最直接的联系的语句。"（*TT*, p. 25）

观察句的范围从该观察句产生之初的那个特定场合扩展到了其他场合。这一变化在积极的方面需要主体知觉相似性原理来支持，在消极方面需要将观察句限定在一个主体之内。

在1990年的总结性著作《真之追求》中，蒯因还是保留了观察句定义的核心部分，即："对一个共同体来说，一个观察句是一个场合句，该共同体成员目睹这种场合就可以立即同意这个句子。"（*PT*, p. 6）"有一些句子确实严格地依赖于同时发出的可共同观察的情境，这就是观察句。"（*PT*, pp. 38-39）在这本总结性的著作中，蒯因对观察句的作用和地位进行了总结。

1993年的论文《赞美观察句》中定义是：

"我已经说过观察句的定义方法乃是一半是描述的，另一半是主观的或唯我论的。我也必须对其加以一个主体间的条件的限制；这些句子是从分享观察的其他说话者那里学得的。不仅如此，它们对客观的科学来说可以作为证据使用，使其得到主体间的证实。对我们的定义的进一步的要求是对观察句的同意和不同意来自它必须要求所有有资格的目击者们对该句子能够达到共识。"（*IPOS*）

重点仍是多次强调的主体间性。

1995年《从刺激到科学》一书中，蒯因将观察句视为认识论自然化的后果，但核心部分仍保持不变，观察句"它们是场合句——在一个场合为真，在另一个场合为假。它们报告了主体间可观察的场合，是即刻可观察的场合。这就是说，该语言共同体的所有成员在该地点都倾向于同意该语句的真或者假，如果他们有正常的知觉，并且见证到该场合的话"，并且"我所谓的观察句，在它们最初始的意义上，就是鸟和类人猿的叫声的人的对应物"。（*FSS*, p. 22）

1996 年的论文《两个方面的进展》是蒯因最后一次定义观察句，定义中有两点需要注意，其一是蒯因补充了一类观察句，即高级理论观察句（highly theoretic observation sentence）；其二是观察句被赋予了可错性和可修正性：

"总之，我完全保持观察句作为一个场合句，该场合句要求主体的立即的同意并且其是可错的和可修正的看法。可错性在不同的维度上适应了赋予观察句可变程度的理论性。"（*PTF*）

可错性在这一定义中的理解并不是要将其看作前面的定义中所讲的在一场合为真在另一场合为假，而是在某一观察句由之产生的最初的那个场合中也可能出错，可错性缘于可观察性概念的模糊性，而可观察性的模糊性是蒯因早已肯定过的，因此我不认为这一定义是蒯因有意将观察句的定义由强转弱，而毋宁说是蒯因在其大半生的时间中对观察句以及人的认识能力的认识更加深入了，主体刺激意义伴随着观察句，更准确地说伴随着主体的感官刺激，而感官刺激根本无法定量分析，同样是模糊的。以上便是观察句定义三十余年中的变迁。从这些定义中可以总结出观察句的一个较为完善的定义：它首先是一个场合句，真值随场合的变化而变化，在某一特定场合的真值是由处于该场合的所有目击者直接确定的。观察句的作用和地位表现为两方面：证据方面它作为沟通科学家们的诸般见解的中介物和媒介，语义方面它作为可公共地学习、检验和确定语义的手段。在任一方面它要体现的都是主体间性，所以"观察句不仅是通往科学的入口，也是通往语言的入口"。（*RR*, p. 40）就此也可以推知，语言是通向自然化认识论的入口。

观察句属于场合句，与之相对的是属于固定句的理论句。观察句与理论句作用上的不同导致了其各自特征的分殊。理论句是表述科学知识的手段，它在构造上的精致程度高于观察句，它的真值恒定，不随场合的变化而变化，但它所具有的主体间性则是和观察句一致的。只要同一语言共同体的任一成员理解了该理论句就会对这个句子表示赞成或反对，它的真值可以由作为说话人的处于事件发生场合的目击者对该事件的描述而使与说话者属于同一语言共同体但并非目击者的听话者来共同确认。

> "这些固定句与场合句的不同之处在于，一个说话者可以在未受当下刺激的情况下当人们后来重新问起时会重复原来的肯定或否定，而场合句则总是需要在当下刺激的激发才能被肯定或否定。"（*WO*, p. 36）

更为重要的是固定句超越了当下的时空环境，它所描述的不再是一个处于特定时空条件下的特殊经验事件，而使得经验储存于记忆中形成若干档案，当说话者在当下陈述一个发生在早前的事件时听话者能够调用关于那个事件的档案，于是作出肯定或否定，从一定程度上摆脱了时空条件的限制，它的真值也才能够保持相对的恒定并有资格作为科学陈述的真值载体。固定句有一种极端形式和特殊形式是永恒句，即无论如何它的真值是永远恒定不变的，这类句子指的是带有详细时空参数的对特定事件的报道，这样的句子描述的只是特殊事件，它虽具有诱人的恒定真值却不构成科学所需的语句类型。理论句为了消除语词的暗昧性和句子的歧义在形式上采取了一阶理论中的量词逻辑和谓词逻辑，形成了蒯因所谓的标准记法。它的好处从某些方面来说却是类似于维特根斯坦当初建立"语言图像论"时的初衷——最大限度地消除日常语言在表述科学命题时的不精确性和理解上的混乱，此外也是为了使理论得到简化。具体地运用于实际的例子时要对日常语言表述的固定句进行严格的规整化，步骤有二，其一，用"such that"的形式对原来的陈述进行改写（即蒯因所谓的"义释"），改写为"such that"形式的关系从句；其二，把已改写好了的"such that"关系从句转换为逻辑表达式。第二个步骤不是必需的，但若能这样做当然是更好的。消除歧义性和理解的混乱之同时义释的作用还以量词对变项的约束揭示出一个陈述中对于对象的本体论的承诺，是为蒯因所讲之"存在就是成为约束变相的值"。本体论的承诺学说虽是重要的，但对于正在讨论的自然化认识论的概念来说并不是必需的。义释的工作在细节上看来不过是技术性的，它为自然化认识论提供了良好的手段。

刺激意义是作为行为主义的意义理论中一个基础要素的概念，它的作用是直接地作为主体间肯定或否定一个观察句（对于独词句来说如果不囿于整体主义的观点的话，似乎也可以理解为是语词的意义）的根据，因为要知道促使我们对一个观察句作出回答的，并不是物理对象或事件本身而是它们对我们产生的刺激，就如蒯因所举的例子："当你问土著人'Gavagai？'时，促使他作出肯定回答的，是刺激而不是兔子。了解这一点非常重要。兔子即使被换成仿制的假兔子，而刺激可以保持不变。"（*WO*, p. 31）间接地肯定整体主义的要求是全部句子作为一个系统才是有意义的，但是观察句的意义亦是可以通过刺激意义来体现。使用刺激意义（stimulus meaning）而不是经验意义（empirical meaning）本身就是行为主义的宣言，它的好处我已多次提到，相较于指称论和观念论的语义学，把在现实中存在的物理对象或把不可观察的、主观的、个人心理的观念当作语词和句子意义的载体的做法所显现出来的缺陷已经谈到过，这两种语义学或者只是其中一种对于某些领域是有益的，但对于科学来说却没有起到积极的作用，科学毕竟是经验的、以人的感官能够感受到和作为感官之延伸的仪器可以检测到的事实作为研究范围的，超出这个范围便不是科学的领域了。行为主义也并不是完全区别于经验主义的，它不过是经验主义的一种形式。观念如何由隐性的变成显性的，在这里我所谓的"隐性"是指个人心理的观念具有的性质，"显性"是指这种观念或通过行为或通过语言的显现，观念必须显现出来才能够作为主体间可理解的，才能够成为确定语词和句子的根据，这是自然主义的一个革命性的主张和自然化认识论的明智之处。来自反面的意见是，一切以刺激意义为确定语词和句子意义的根据如何能够应用于分析命题，以及如何对数学和逻辑这样不依赖于经验高度抽象的学科发挥效用？这个意见针对的其实是刺激意义运用于确定固定句的意义时的情形。这里我要提醒诸位注意的是刺激意义的作用范围和行为主义语义学中意义理论的指向。诚然，刺激意义是可以运用于固定句的，但固定句的真值不随场合的变化而变化，它的真值是基于对刺激经验的记忆因而在时间上不局限于当下，因此它与刺激意义的关系不是直接的而是间接的，因而也是不紧密的。关于分析性和分析命题，正是将刺激意义运用于固定句后引出的一个概念，固定句的分析性体现为该句子的刺激意义能使主体在它出现时总能作出相同的反应，这样的句子就是诸如"2+3=5"，"单身汉都是没有结婚的男人"之类的分析命题。但要注意的是这样一来似乎又回到了经验论的两个教条，并且行为主义的意义理论指向的是确定语句的真值条件，而不是在场合句和固定句之间的运用中纠缠，特别要警惕的是切莫重蹈覆辙。

至此，认识论在概念方面就被自然化了，与传统认识论使用的诸如辩护、经验、观念、信念、真理等不同，自然化认识论提出了一些新的概念，并对旧有的概念赋予了新的含义。在基本立场上没有背离经验论，而是把经验的内化形式——观念——存在于心灵中的个人的、非公共的、非观察的、不具有主体间性的概念替换为经验的外化形式——行为——能被公共地观察的概念，这种替换为利用一切科学发现、研究成果和手段对认知活动进行研究提供了入口；行为主义和自然主义这两种思想之于传统经验论的发展和延伸本身就是一个自然化的过程，观念是心理的不可观察的，行为是人的活动是可观察的，把认识活动作为一种自然现象来研究是为自然主义之法，然后再把人的行为看作是认识活动中最为根本的一种，又把这种行为归于以掌握理论语言为目标的语言学习过程，这一系列的转换在概念方面完成了对认识论的自然化。但是自然化认识论不仅需要行为主义，在探索人的心理的一面也需要通过心理学——行为主义心理学（实验心理学）来完成，这将是下一节讨论的内容。在规范性一面我所关心的是这种替换是否是以不带有规范性的概念来替代规范性的概念，这取决于对传统认识论概念和自然化认识论概念的定性。在上一节中我们已经看到自然主义并非是去规范的和反规范的，那么基于这个立场发展起来的认识论思想是否也具有这样的特征。我的看法是说如果自然化认识论的概念是不具有规范性的，那么传统认识论使用的概念就更不具有规范性，那些传统认识论中使用的所谓的规范性概念不过是从基础主义的迷思中演绎而来的假象，自然化认识论在放弃了基础主义后也就消除了那种假象。如果说对作为假象的规范性的坚持是正确的，那么自然化认识论宁可放弃这种坚持，而专注于"贫乏的输入与汹涌的输出"这件纯粹的事情。

第三节　语言学习和认知

认识活动就是语言学习活动，认识论的自然化以行为主义的语言学和心理学研究方式的加入而变得如一门自然科学，认识论就通过这样的方式被自然化了，这是蒯因的一个哲学认识论理想。实现这个理想所需做的工作是纷繁复杂的，有论者认为需要一套能够解释观察与理论话语之间的关系问题，以及科学理论是如何从我们的感觉证据中产生出来的问题的理论，自然化认识论的两大经验任务是对从感觉输入到观察句的学习机制提供详尽的神经生理学和心理学的解释，以及对从观察句到理论句习得的许多不同的类比步骤提供详尽的说明。① 我才将自然化认识论的主要论题简化为，首先确立一种语义理论，包括意义和指称两方面，这一点已在上一节中说明；其次说明为什么自然化认识论所认为的认识活动就是语言学习活动；最后说明语言学习的过程是如何开展的，这其中包括如何习得观察句和如何从观察句过渡到理论句。第二和第三点是本节要说明的。

认识活动在什么意义上可以归结为对语言的学习？很明显，在自然主义的意义上，蒯因浓重的科学主义情怀使得他在潜意识中认为即使认识论不能作为科学，那么它也要用自然科学的态度和方法来看待和研究，这样听起来似乎蒯因是把自然主义和科学主义相等同的，其实不然，其中自有微妙的区别，自然主义只是自然科学之精神一个方面的体现，而自然主义的立场最终是要为科学服务、以获得科学知识为目的的，所以它并不是科学精神全部之彰显，而毋宁说是科学的前哨站。科学主义的标签贴于蒯因的做法也是颇为欠妥的，传统地对科学主义的理解似乎由于"主义"二字使得科学主义等同于一切思考均唯科学马首是瞻，如果那样的话科学主义倒不如叫作唯科学主义，事实是科学主义如我多次强调的那样只是作为科学精神的彰显，因此我不把科学主义理解为一个贬义词，反而要对其保有一些正面的考量，对蒯因所谓的强科学主义的批评也就随着新的理解而消散了。当然，这距离语言学习的讨论

① 参见陈波：《奎因哲学研究：从逻辑和语言的观点看》，三联书店 1998 年版，第二章。

有一点远了，却也不是没有必要的，常言道：佛由心生，魔亦由心生，态度决定了思考和行事的倾向，蒯因正是在这样的态度之下展开论证的。这个论证是这样的：

首先，观察何以重要？

"观察之所以在理论支持和语言学习中起到基础性作用，是因为它们具有主体间的直接性。它们是观察者当即可一致公认的。一旦产生分歧，大家就可以回到它们上面来，把它们当作进行商议的基础。于是便有了它们在理论支持方面的基础性作用。而且，它们以其主体间的直接性也在语言学习中成为基本的，因为我们在共同的环境下从他人那里学会语言。"(*RR*, p. 37)

其次，观察是什么？

"它们是视觉的、听觉的、触觉的、嗅觉的。它们明显是感觉的，因此是主观的。……它们是社会共享的。那么我们是不是应该说，观察毕竟不是感觉而是共享的社会背景呢？不是的。因为同样不存在关于周围环境的主体间的共识；有两个人便会有两种对它的不同评断。"(*RR*, p. 38)

观察成了认识活动的核心，但这还远远不够，因为观察不是主体间的，单个人的观察得到的只是个体具有的观念，观念不仅不能被确证也不构成证据，反而是自然化的认识论要反对的东西。这就需要一种手段来沟通单个个体的观察。所以：

"有一种办法可用于克服这种笼罩在观察概念之上的困难。这便是，既不谈论感觉也不谈论周围环境，而只谈论语言：观察者一边与理论那一边一样地谈论语言。我并未暗示观察本身是某种语言文字的东西，但我确实主张放弃谈论观察，而代之以谈论观察句，亦即那些据称是对观察进行报道的句子……就算感觉是私人的，就算人们对周围环境会持完全不同的看法，观察句也总可以很好地区辨出观察者可以达成一致的东西来。"（*RR*, p. 39）

观察句也还不是科学知识的表述形式，习得了观察句也还不意味着就掌握了科学知识，还需进一步学习理论句，因为理论句就是科学知识的表述形式。观察句与科学理论的关系体现为观察句的两层作用：

"观察句的两个关键性作用：证据方面的和语义方面的。观察句就是当科学家们试图调和他们的理论时可以基于它们而达成一致的那些句子，他们也就是在我们掌握了一种语言的情况下可以对照着说出它们的情景而对他们进行社会地检验的句子。……观察句不仅是通往科学的入口，也是通往语言的入口。"（*RR*, p. 40）

这个论证就完成了，认识活动就转换成语言学习的活动，所以结论是：

"因此，我们可以看到在对观察与科学理论之间的证据支持关系的研究中存在着一个策略。我们可以采纳一种发生学的策略，即研究理论语言是怎样被习得的。对于证据关系事实上似乎是通过学习而被制定的。发生学策略是具有吸引力的，因为语言学习在世界中持续进行着并且对科学研究而言它是开放的。它是一个对科学方法和证据的科学研究的策略。在这里我们有好的理由把语言理论视为对知识论而言是极其重要的。"（*NNK*, pp. 74-75）

论证的完成也意味着认识论的自然化就完成了。

"认识论，或者某种与之类似的东西，简单地落入了作为心理学的因而也是作为自然科学的一章的地位。它研究一种自然现象，即一种物理的人类主体。这种人类主体被赋予某种实验控制的输入（例如，具有适当频率的某种形式的辐照），并且在适当的时候，他又提供了关于三维外部世界及其历史的描述作为输出。贫乏的输入和汹涌的输出之间的关系，正是我们要加以研究的。"（*OR*, pp. 82-83）

接下来的问题就变成如何学习观察句和理论句？这个问题我将其分为两种情况，一种情况是在学习者所处的语言共同体内学习；另一种情况是在两个或多个语言共同体之间学习。后者要比前者复杂得多，涉及蒯因著名的"翻译的不确定性"论题，当然相较于后者，前者又更为基础和简单。观察句的学习首先是从实指学习开始的。实指学习又分为直接实指和延迟实指，直接实指的一种最典型的形式就是实指点。"这一情景由于一根手指赫然侵入一选定对象的突出部分，或者由于动用一根手指画出了一个选定区域的轮廓而被有选择地激活了。"（*RR*, p. 44）在儿童实际学习语言的过程中这是一种十分常见的动作，在儿童有限的智力发展程度、语言的掌握程度、熟练运用程度和知识的储备程度下，这一动作构成了儿童学习第一批观察句的充分条件。延迟实指是一种有中介的间接实指，它通常不伴随手指指向的动作，这一特点恰好作为直接实指的重要补充，因为直接实指的适用范围只局限于个别的、具体的实体性对象，对于像诸如"8"、"红"和"猫"这样抽象的单称和普遍词项的学习是通过延迟实指的方式以一个个别具体的实体性对象为中介学会的，之所谓延迟实指。观察句的学习过程中有三点值得注意：其一，以上所述的两种方式只是对于简单观察句的学习，很多时候是一些更为简单独词句，对于符合观察句是否也可以通过实指的方式学会，蒯因给出了两个答案，稍早前蒯因认为可以复合观察句也可以通过实指学会，后来蒯因又认为不可以通过实指学会，原因是符合观察句涉及真值函项的问题，譬如一个符合观察句中的两个子语句作为两个合取支，观察句的真值就取决于各合取支的真值，但更为困难的是认识活动并非形式逻辑那样可以在纸上进行天衣无缝的精准演算，也不可能如其真即假般的泾渭分明。在实践中人们对搞不清楚的事情往往采取不置可否的态度，复合观察句就有真和假之外的第三种情况，因此，一个由两个简单观察句组成的复合观察句中两个简单观察句的关系被假定为有合取和析取两种关系，表决态度有真、假和不置可否三种，表决函项中就会出现表决值无法确定的情况。其二，在直接实指的时候，手指的指向行为也不是精确的，指向的动作不可能如激光定位般之精确，而且世界上也没有真正的彻底纯粹的实体性对象，某一具体的个体实体性对象总是包含了诸多可被指称的性质，大人指一个奇异果时，是指其色——褐，还是指其表——毛，抑或是指其味——甜，儿童在未能开口讲话之时面对大人的动作和口中说出的语词就会产生困惑，蒯因一方面构想出一种全方位实指来弥补这种不足，另一方面也通过归纳多次重复的直接实指来修正可能造成的错误，从而导致儿童能够获得正确的认识，但无论如何尽管可以弥补，却无法遮盖实指的不确定性这一事实，直接实指的这种特性也将会在语言学习的后一种情况——不同语言共同体之间的学习中出现，并成为"翻译的不确定性"论题的一个构成要素。其三，学习的过程中有两个起作用的原理，愉快和直觉相似性。知觉相似性要通过痕迹和显征来解释，这个原理的作用是经验的度量单位的痕迹和显征。

从观察句到理论句的学习主要依靠类比综合的方式，从实际的例子来看它表现为：

"旧材料是如何可以构成新句子，而新句子又如何可在适当的场合仅借助类比即自行生产。当一个儿童学会了在一个句子中适当地使用'脚'，如'这是我的脚'，同时又学会了使用'手'以及把'我的脚疼'作为整体使用，那么在适当的场合，即使没有先前使用这个句子的实际经验，也可以想象他会说出'我的手疼'。"（WO, p. 9）

该例子体现的原理，简单地说就是儿童根据已掌握的语词和句子举一反三构造出新的句子，句子中往往带有关系谓词；详细地说就是蒯因所说的指称的第四个阶段，类比和外推。孩子造出的新句子中原来学会的句子我的脚疼中的脚就被另一个之前学会的词手替换了，并且该语句的一般形式 F（ab）也可以表示谓述的形式，在我的脚疼中，脚被定语我的修饰从而成为特称词项，疼则是表示属性的普遍词项，儿童通过替换学会了谓述，即把一个单称词项和一个普遍词项联结在一起构成一个或真或假的句子。接下来在这个阶段要学会的还有全称直言句、关系从句和真值函项，这其实是在说如何把一个谓述的真值固定下来。在本章第二节中曾加以详细讨论的观察句是一种场合句，科学知识的载体是理论句，是固定句，谓述的形式可以为观察句所使用也可为理论句所使用，如何把观察句的真值固定下来只是它成为理论句的一个条件，其余的条件还包括理论语言的指称部分——指称装置和一种规整化了的理论语言——标准记法。儿童从观察句的理论句的过渡看似经过了一系列的类比跳跃等纷繁复杂的过程，蒯因的论述以及兴趣几乎只是在语言的层面上大做文章，而这却既不是本书所要阐释的重点和旨趣，实际生活中也鲜有一般民众和专家去追逐。现在以蒯因所举的例子（a）"雪是白的"和（b）"斐多是条狗"来说明。从形式上看，这两个句子前者是全称直言句，后者是谓述；从真值上看，前者为假，后者为真；从类型上看，两者都可算作观察句。但孰者可资作为理论句之候选，从形式上看是前者，因为它所断言的是普遍的状况，后者断言的是特殊的情况，斐多是当下所见之狗的名称，它是一个专名，这不是科学理论所需要的；从内容上看是后者，前者尽管与常识相符却明显与已知的经验现象相悖，雪在大多数时候是白的却不总是白的。① （a）、（b）两个句子均可转为一种"such that"结构的关系从句：（a）转换为：Everything$x$ such that Fx；（b）转换为：Something a such that Ga；（c）斐多比加姆博大，改写为：Something a and b such that Fab。真值固定的全称直言句也还需要在形式上进行转换，即蒯因所说的义释，改写为包含量词和谓词的逻辑表达式。（d）"狗是动物"改写为：(x) F (x)；"这雪是白的"改写为：(x) G (x)。到达这个程度，儿童就掌握了理论语言，从而也就意味着习得了科学知识。

第二种情况是在不同语言共同体之间的学习，学习者被假设为只会母语，那么他在学习时就要遇到翻译的问题，并且蒯因设想的是当学习者面对某种他闻所未闻的土著语言的情况，其用意大概是想强调英语较之差异甚大，而这便是蒯因所设想的原始翻译。将原始翻译需看作是熟练掌握母语的成年人（实践者最好是被设想为一位相关知识丰富的语言学家）而不是儿童，当他面对陌生的环境和语言时本质上要如儿童学习观察句一般，但他可资利用的知识储备和方法则是儿童所不具有的。"Gavagai"是蒯因在论述原始翻译时所设想的例子，它在 20 世纪下半叶的分析哲学界得到关注几乎成了翻译不确定性论题的铭牌，牌子背后的故事是说语言学家和一位土著人同处某一场景，这时"一只兔子跑过，土著人说'Gavagai'，语言学家便记下句子：'兔子'或'瞧，一只兔子'，

---

① 严重的环境污染可能改变降雪的颜色，重金属污染物及粉尘污染可致使雪的颜色变为黄色和黑色。此外，在冰雪覆盖的北极地区存在一种由单细胞藻类所致的、被称作"西瓜雪"的粉红色雪团，详情可参见俞冰：《"谜"漫两千年的"西瓜雪"》，载《科学与文化》2010 年第 4 期。

作为一种尝试性的翻译，以待其他事例的检验"。(*WO*, p. 29)在这个例子中还有些值得推敲的地方，例子只是假设语言学家是学习者，土著人不是；语言学家和土著人相互不具有对方母语的任何知识，也就是说语言学家和土著人在广义和狭义上均处于两个语言共同体，当然也不必得出此例暗含某种对于土著人的文化矮化之意，"Gavagai"只是相对于一个场合语言学家从土著人嘴里听到的声音，所以它暂时只能被视作一个场合句，能否成为观察句要看语言学家和土著人能否对这一奇妙的语音所表示的含义达成共识。因此，使"Gavagai"成为观察句的过程就是翻译的过程，从而也是认识的过程。语言学家不得不像第一种情况中的儿童一样通过实指来学习"Gavagai"。首先要等兔子再次出现时指着兔子并模仿土著人的发音对土著人说出"Gavagai"，然后再去搞明白土著人是如何表达赞成和反对的，这一步虽不容易但也并非没有可能，困难在于下一步对土著人进行询问时，土著人的回答能否与语言学家达成共识的问题上就有无限多种假设使他们达成共识或是相反，譬如，土著人没看清而随便搪塞语言学家，土著人蓄意撒谎，土著人嗑了某种部落的秘制药物导致神志不清如此等无论多荒诞的假设都不是不可能的，而且就算在第一种情况中也是同样的，第一种情况中的实指的不确定性不仅在这里也依旧存在，无论如何语言学家还是通过一些难以言表的、对多次询问的归纳最终学会了"Gavagai"的意思，而且又进一步指出了指称的不可测知性(inscrutability)。为了尝试着能够进入并理解土著人的语言模式(毋宁说是思维模式)，一只兔子被分解为"兔性"(rabbit hood)、兔子的未分离部分和兔子的时间段之"设想出来的、违反常情的例子"，这些兔子的组成部分作为以期能够契合土著人的语言模式中对 Gavagai 的指称而被使用。通过实指，语言学家得到的结果可能是土著人对 Gavagai 的理解与语言学家自己假设出来的以上三者中的任意一者相等同，因此实指学习中指称是不可测知的；通过语言，语言学家

"发展了一套办法，以便我们的复数词尾、代词、数词、同一及相关的装置依据语境翻译成土著语的习语。……从被观察的土著语句子中抽象出土著语小品词和构造，并以不同的方式试着将它们分别与英语小品词和构造相关联"。（OR, p. 33）通过这个方法是要构造一个比之前更为复杂的分析假设，这里蒯因及他所设想的这位语言学家未免显得过于乐观了一点，因为我根本不认为土著人完全能够理解语言学家以英语小品词与 Gavagai 结合的方式作出的询问，因为我们完全有理由假设土著人的语言模式和思维模式中没有这种方式的构造，并且这个例子的前提中也并没有规定土著人要主动地去理解语言学家的话，除非这位语言学家刚好遇到了一位土著人语言学家。这种方法是否奏效呢？

"但是，尽管这种方法在实践上是值得称道的，并且也是我们所能希求的最好方法，但在原则上它似乎仍不能解决在'兔子'、'兔子的未分离部分'、'兔子的时间段'之间的不确定性。因为，加入一个可行的、全面的分析假设系统规定把一给定的土著语表达式译为'与……同一'，也许另一个同样可行但却完全不同的系统宁愿把那个土著语表达式译为某种像'与……有关'那样的东西。"（OR, p. 33）

Gavagai 的意思还是无法确定。语言学家还犯有一个错误是他构造出并自行遵守的一个准则："一个持存的且相对同质的对象，在作为一个整体相对于参照背景而运动着，它可能就是一个短的表达式的指称。"问题就在于"这个准则是他自己强加上去的，以确定客观上不确定的东西"。（OR, p. 34）这是将自己的认知模式强加给了土著人。这样看来实指的不确定性就是指称的不可测知性的一种具体的表现形式。

下一步语言学家还得继续通过这种方式把学到的语词系统化，根据刺激意义判断观察句，通过分析假设建立土著语与母语的对应关系，最终形成一本翻译手册。其中刺激意义是语言学家在无法用语言与土著人沟通的情况下判断土著人的反应并确定 Gavagai 含义的唯一依据，即兔子给土著人的刺激意义是否在多个场合中都是一致的，并且是否与一只兔子给自己的刺激意义相同。但要知道刺激意义本身就是一个内涵不确定的概念，刺激意义归根结底是心理的体验，主观的东西，非具主体间性、无法度量和定量分析，语言学家只能通过所谓的移情（empathy）的方法来揣摩土著人的心理，这又是一种不确定性。在复合观察句方面，最先通过分析假设的方法，"他把听到的句子分割成一些简单方便的组成部分；并由此编纂一个土著语'词汇'表"。（WO, p. 68）各个能够作为独词句的语词就拿出来单独确定含义，单独判断对复合句中的子语句的真值，再分析整个复合句的真值函项，此外还要对土著语的语法，即词在句子中位置不同所导致的意义差别。

在两个不同的语言共同体之间学习语言的情况表现出翻译的不确定性，这个原始翻译的例子最终得出的并非是一个不可知论的结论，某一语言共同体的所有成员若绝不能了解另一语言共同体内所发生的事情与今日之全球化、世界平面化的后果矛盾，相对的确定性是有的，要达到绝对的确定性是办不到的。

"他们在这种意义上是不确定的，即两个语言学家可以编纂相互独立的翻译手册，这两部手册都与所有的言语行为和所有的言语行为倾向相容，但其中一部手册会提供理另一位语言学家将拒绝的翻译。我的立场是：两部手册都可以是有用的，但至于哪一部是正确的，哪一部是错误的，不存在任何事实问题。"（FM, p. 167）

以上所述的种种不确定性尤其是翻译的不确定性貌似给认识活动增加了困难，而诸位如果因此而感到些许沮丧，认为知识之路的艰难险阻在学理上就有如此这般的表现，在实际的生活中要获取确定的翻译、确定的知识将会是一个遥不可及的梦想的话，那就大可不必了。这终究是哲学、语言学、逻辑学在理论舞台上对一小部分观众的表演，至于我们的生活实际：

> "翻译的不确定性不大可能干预实践，甚至干预原始翻译。……语言学家假定，在没有反证的范围，土著人的态度和思维方式与他自己的相似。因此，只要与土著人的语言和其他行为相容，他就把自己的本体论和语言模式硬套给土著人。……翻译的不确定性论题想说明的是，原始翻译者发现多少，必然就要硬套给土著人多少。"（*PT*, pp. 48-49）

此乃蒯因所谓的"各尽理解"，戴维森把这一做法叫作"最大宽容原则"或"怜悯原则"，并且语言学家预先具有的语言模式也并不是"硬套给"土著人，而是他不得不这样做，在论述指称的不可测知性时语言学家凭什么认为以他所具有的语言模式依据土著人的词汇、语法造出询问土著人的句子，土著人能够理解并且能够回答这个问题？这时候他绝不可能完全抽离自身预先具有的语言模式而完全融入土著人的语言模式，因为他绝不可能完完全全理解土著人的语言模式，只能生搬硬套了。这是他心问题在一个个案上的放大并由之获得的效应。而这一点在我看来乃是指称的不确定性之典型同时也应了蒯因后来认为的："指称的不可测知性叫作指称的不确定性更好些。"（*PT*, p. 50）

如果存在着一个所谓唯一正确的翻译，那么这个翻译就会成为一个判断与同一事实相关的各种翻译的标准，而事实上，根本就不存在一个所谓唯一正确的翻译，如果无法提供判断翻译正误的绝对标准，那么自然也就无法断定哪一个翻译是唯一正确的。这自然是很好地为自然化认识论的总诉求做了注脚。由于翻译的不确定性论题在蒯因的学说中是构成认识论的一个部分，传统认识论一直在规范性问题上与自然化认识论相持，而规范性与不确定性刚好是相对的，作为本书的主旨之一自然化认识论的规范性问题就在翻译中体现为翻译的过程中是否遵循了一个规范，或是否体现了规范性。如果要把一种唯一正确的翻译看作是规范性的体现的话，那么自然化认识论构成部分之一的翻译理论就被传统认识论的规范性拥护者们逮到了尾巴，但如果还记得翻译不确定性论建构在自然主义这一与传统认识论所植根的基础主义立场有着本质的差别并且前者较之后者是革命性的，那么人们要么得出翻译不确定性论题要表述的观点与自然主义的诉求相一致；要么就是自然化认识论从一开始就错了。语言学家和土著人在学习观察句时，尽管有诸如移情之类的一些非语言认识形式在发挥作用，但他最主要的依据还是刺激意义，刺激意义的等同即是判断兔子飞奔而过的刹那间对二者的刺激意义是否大致上是等同进而确定 Gavagai 意思的重要依据，依传统认识论者和当今一些认识论者的观点，刺激意义须是一个确定的、内涵固定的概念方可担此大任，实际的情况恰恰相反。再者，语言学家制定的分析假设中"兔性"、"兔子未分离的部分"和"兔子的时间段"何者与土著人所说的 Gavagai 相匹配，是否有辨别的标准，这实际上是质疑制定分析假设的方式是否是规范的，或者制定的过程是否遵循了规范的步骤，而选择哪一种分析假设同样需要一个标准，选择一种分析假设间接地是选择了一本翻译手册，在蒯因看来这还意味着选择了一种本体论，如何选择都依赖于一个规范性的东西。回溯前文，目前暂时的结论就是要么自然化认识论没有规范性可言，要么是它遵守一种"弹性的"（flexible）、自行设立的规范，而问题的实质就聚焦于规范性这一概念之上，以及如何理解"规范性"和"规范的"。

第三章 规范与描述之辩

规范性在我看来首先是一个伦理学范畴，它进入认识论的讨论长久以来不是由于其带有的伦理学特质而是基础主义的余风使然，但近来也有论者认为认识活动的价值和评价问题是构成认识论的一个部分，而价值判断和评价必然需要一个标准，这样一来即使不是和规范性有所联系，也拉近了认识论和伦理学的距离而使前者具有某种让人欣喜却又多少有些古怪的特质。自然化认识论遭其诟病之处在于它消除了规范变成了纯然描述的理论，当然这只是来自批评者们的一面之词，蒯因从来不认为自然化认识论消除了规范。在下文中我将要谈到姑且就算是自然化认识论消除了规范以及它是纯然描述的，那么它何以要受到批评？部分批评者们显然预设了"规范是好的，描述是不好的"这一荒谬绝伦的前提。来自这一方面的批评对于自然化认识论之有失公允的情况下，批评要坚决予以反驳。但恩斯特·索萨在新近的著作中表达的对于认识论的新看法确实值得不仅是自然化认识论而且是全部的认识论思想认真反思。诚然，人类无时不呼唤着公平、正义、善良等长久以来就被普遍肯定和追求的价值观，历史的长河中它们无数次地被践行着和践踏着，人类的活动把它们从心灵深处的景仰变成了实际的行动，这个行动必然要包括认识活动在内，认识活动也要接受道德的评判。从这个意义上看，认识活动就不仅仅是求真的活动，求真的同时还需体现道德的价值并谋求真与善的统一。这样的论调吾辈除了赞成并奉其为宗旨而行之外丝毫不可能找到反对它的理由。但在特殊的领域中它未必显得是合适的。我们最终关心的仍是自然化认识论与描述和规范的关系，以及这二者各自的性质如何，来源何处。令人称道的规范性究竟是何方神圣，在其光环下竟对认识论研究产生了何种的影响等问题将在本章中加以详细讨论。

第一节　认知规范的概念及其来源：
一种理想模型理论

　　规范性首先是一个伦理学的范畴。单纯地看，"规范性概念之所以存在乃是因为人类有规范性问题。我们有规范性问题，乃是因为我们是能对自身应该相信什么、应该做什么进行反思的具有自我意识的理性动物。规范性问题之所以一开始就被提出来，这是因为，即使在我们愿意相信某事是正当的并且在某种程度上感觉到自己被推动去做它时，我们常常仍然可以问：难道这是真的吗？我真的必须做这件事吗？"① 规范性与认识论相联系并在最近五十余年来与认识论常常同时出现在一个讨论中，其原因不难发现是蒯因提出的自然化认识论思想。自然化认识论也被推上了口诛笔伐与树碑立传的风口浪尖，批评之声与赞誉之辞纷沓而至，对规范和认识论事业的不同理解造成了关注自然化认识论的认识论家们相当多样的观点，自然化认识论这一革命性的理论之毁誉参半的状况也就不足为奇了。只不过规范性问题并不新鲜，诸位不必认为自然化

---

① Korsgaard, C. M. (1996). *The Sources of Normativity*. Cambridge, New York: Cambridge University Press. p. 46.

认识论与传统认识论的差异可被当作一种由于抛弃了传统认识论所具有的规范性而受到指责的原因，也不必将把这种差异当作认识论领域中规范性讨论热闹起来的唯一原因，我宁愿单纯地来考察规范性这一概念本身以及它与认识论的关系。当我们清楚地记得在生活中的无数片段中出现过一些我们遵从于某些规定，或是受自己的良知所驱使而去作出选择抑或是从事某一活动的时候，我们可曾反思什么东西被遵从了？驱使我们去这样做而不那样做的理由何在？它们来自何方？认识活动不可避免地要牵涉到类似这样的问题，因为它也是人类活动之一种，并且是最主要的一种。但是，单纯地讨论规范性的来源的话，毋宁说是讨论道德的起源，而这样做就把本不必包括在作为认知规范性讨论之己任的关于道德规范性来源的解释作为一个要加以说明的部分而包括在这样工作中，后者最好是交给伦理学来处理，在此就仅以认知规范性来作为考察的对象。在考察认知规范之前先看看认识论在不同人眼中的理解。在门外汉看来，他似乎只关心认识论能够带给他什么，至于过程则是不吸引人的，对普罗大众而言常识远比认识论来得重要，常识的重要恰恰意味着实际生活及其给人类心灵造成的经验之重要，这种重要性将在下面的阐述中体现为一种对实在论观点的重视。朴素的好奇是认识论最重要的问题，认真反思"认识论究竟告诉了我们什么？"这一问题可知，认识论家们对传统地认识论的理解基本上可归纳为众所周知的 What、How以及在一些论者看来还应该加上的 Why。因此，认识论告诉我们的是：第一，什么是知识或什么样的东西有资格作为知识；第二，怎样获取知识；第三，我们有什么理由去追求某一种知识、什么样的知识是我们应该去追求的，以及为了获取某一种知识我们为什么要这样做而不是那样做。自然化认识论告诉我们的仅仅是关于 How 的后验的问题：在已存在的科学知识体系和感觉经验之间有怎样的关系以使得前者成为可能。前一种认识论是否真正具有规范性，后一种认识论由于其处理的问题它是否需要显示和提供规范性，前一方面的思考是本节探讨的重点，后一方面的思考将作为下一节的内容。问题的关键是规范性的概念，探究的工作可从其概念和来源入手作出一些有意义的尝试。

　　认知规范性（epistemic normativity）概念的核心我将其视作一种"理想模型"（ideal stereotype）。它是某个体或某群体在从事某一活动前预先肯定并接受的一个观念集合。这个观念集合构成了他之所以这样行动的理由和判断事物以及他人行动的标准。粗略地看，理想模型主要有三种表现形式，第一，认知规范性是一种确定性，是认识论家们对于认识论的确定性诉求。确定性诉求又可分为一个本体论诉求和一个方法论诉求。笛卡尔的认识论学说非常典型地代表了这两种诉求。规范性被笛卡尔理解为对知识之基础和获得那种清楚明白的认识所必须坚持的方法。在他的学说中规范性既是对认识活动本身的要求也是对知识性质的断定，本体论上要求以清楚明白的观念作为最具确定性的、也最能体现规范性的、有待被一个系统化方法去组织起来的东西；方法论上，要以普遍怀疑来获得这样的观念，整个认识活动须按照严格的步骤来演绎出知识。笛卡尔的学说奠定了近代西方哲学认识论中的基础主义思想，经由这条轨道滑向终点必然是由某种超越认识论的东西从外部赋予知识和认识论的确定性，在《规范性的来源》一书的作者科尔斯戈德教授看来这是一种唯意志论的观点。唯意志论者们不会主动地意识到上帝是理性的假设，就如同确定性的赋予一样。弥漫着基础主义的气氛成了确定性的思想是生根发芽的土壤，对认识论和知识的主张正是基础主义长期灌输给认识论家们的，科学所昭示的事实是：没有具有绝对确定性的知识，通过超验实体赋予知识之基础的绝对确定性的方法不被科学所接受。确定性的诉求一直是西方哲学从古代到近代的一个传统，如胡克所说：

　　"哲学作为理论的地位以及我们关于它们的可错性的历史经验支持

如下的猜测，即在一个目的指向的表象中，规范地位的断定并不比理论适当性的断定多什么东西。规范断定分裂成两个部分，一部分是功能的，一部分是有关地位的。功能部分把对象（推理、方法论等）分为规范上允许的和规范上排斥的。没有这种功能，人们就完全用不到规范断定了。地位部分要求规范原理应该被遵循，因为有某些相关的理由，例如，它是理性的真理。西方哲学的特征一直是试图通过给予规范断定某种特权的地位来为规范断定辩护。"①

　　所谓的规范性乃是本体论上由上帝作出保证的清楚明白的观念和方法论上的普遍怀疑，规范性的最终来源还是全知全能全善的上帝。唯意志论视野加之神学的加持，认识论植根于这片土壤不能不是具有绝对确定性的，而也不得不是规范的，具有绝对确定性的知识和得出它的方法就构成了一个理想模型。

　　更久远一些，确定性的诉求之体现为柏拉图的《泰阿泰德》中肇始的知识三元定义。它是从知识的三元定义派生出来的外在标准。这种标准的作用是用来引导认识论和规定真信念能够成为知识的形式。知识的三元定义本身是一种逻辑在先的预设，是一种人为构造物。认识论研究的方向则在很大程度上是由这一定义来引导的，具体表现为旧的认识论以研究辩护证据与真信念之间的支持关系，按照知识的三元定义预设的模式来寻找可为真信念提供支持的证据，换言之，知识的三元定义的预设赋予了认识论研究的一种固定的模式，认识论似乎就成了一种辩护理论。三元定义不仅是认知辩护的方法论依据，而且还是知识的标准，它本身构建了一个关于知识的理想模型。这是规范性的确定性诉求的一种

---

　　① 〔澳〕C. A. 胡克著，范岱年译：《自然主义实在论：纲要和研究纲领》，载《自然辩证法通讯》1996 年第 2 期，第 4 页。

具体化，规范性俨然就是一种应然状态、形态、样式和人的愿景。三元定义如同尺子和筛子，用以丈量和筛选经验中尚未得到辩护的信念，信念只有符合那个形式、满足它规定的那些条件才是知识。推而广之，这个模型的运用使其成了判别知识与非知识，规范与非规范的标准，经验杂多必须成为某个规定好了的样式才是知识，方法论上的要求是获取知识的具体步骤、程序必须严格依照范型才是符合规范，才能叫作规范的，也才体现了规范性。在认识活动中应时时处处以该范型为参照物，比对认识对象在思维中的映现与规范的差别从而发现和评判是否认识了该对象。我把这一种对知识的基础和获得知识的方法的绝对确定性诉求称为形而上学规范。

第二，规范性是一种行为的规定性，是认识论家们对认识论的伦理诉求，或曰价值诉求。自然化认识论被与规范性相联系并由此产生了大量的争论的原因多半在于此，这种诉求要求认识论回答什么样的知识是我们应该去追求的并且之所以这样做而不是那样的原因何在，它的理想模型是认知伦理学（epistemic ethics）。持此诉求的认识论家们设想认识论的每一个概念和学说都符合道德的规范，认识论除了告诉人们"What"和"How"之外，也告诉人们"Why"以及一条认知命令（epistemic imperative）——告诉人们应该怎样做才是道德的，怎样在获得知识的道路上小心地避让道德的陷阱。认识论的功能中就因此被加上了教化人心的作用，理想模型进一步昭示的就是与蒯因把认识论作为心理学的一章，从而也属于自然科学的一章之企图相类似的，他们企图把认识论合并进伦理学，成为伦理学之一章。这种认识论的关键词是"应该"（ought），既然是"应该"就总要被问及为什么，特别是为什么要这样而不是那样"为什么"就与"理由"（reason）相关，"理由"是选择的理由，只要是非随机地、蓄意地作出选择就需要一个有依据，这个依据就是"价值"（value），整个关于"应该"的陈述就成了一个"规定性"

（prescriptive）的陈述，亦即一个"命令式的"（imperative）的陈述，或曰祈使陈述，这个陈述中的价值判断构成了认识论的"评价"（evaluate）功能，人在认识活动中的选择过程中是否承担了"认知义务"（cognitive obligation）也被认为是这种认识论要处理的问题。规范性在认识活动中体现为行动的规定性通常在道德上是受到普遍肯定的约束力量，但每个人也有选择不按这种方式不接受这个理想模型，乃至违背它的自由。认知者在从事所有的认知活动中这个理想模型均被置于其心智之中，理想模型的进一步的表现形式就是认知者在作出选择、判断时所依据的标准。毫无疑问，这种带有了浓重的伦理学色彩的认识论能够带给我们某种道德上的满足感，而与真正在认识世界中发挥作用的科学理性则是要审慎地加以防范的。值得肯定的是，对认识论的作用和地位的理解不失为认识论在过去、现在或未来的一种合理的存在形态。从这种规范的本质来看，我仍把这种规范称为伦理规范，因为它仍是伦理学中关于人的行为道德与否的思考。同时不可否认的是，人的认知行为不能免于伦理学的反思，因此，伦理规范的约束效力范围包括认知活动这一点在逻辑上完全是合理的，但这不等于说伦理规范可以顺理成章地成为一种真正意义上的认知规范，因为它毕竟不是朝向获得知识与真理的，"道德的"、"善的"、"好的"、"幸福"等是这种规范构成的学说的关键词。

第三，规范性是因果必然性和行动的必要性，它的理想模型就是带有相对普遍有效性和因果必然性的科学理论本身，以及工具理性中所包含的工具之于目的的有用性，并因此而使得手段与既定目的之间的相对稳定的匹配关系。因此任何一种科学理论都能凭借其因果必然性来充当规范，工具理性对于手段之于目的如何达到最优化的思考，也提供了认识活动中我们如果想要顺利获得预期的结果那么最好去遵守的规范，科学通过其准确的预测性满足人们的预期所带来的认知价值为工具理性在认知活动中对手段与目的间的关系的思考提供了驱动力；反过来，工具理性思考的成果又作用于科学。科学本身所具有的因果必然性就体现了规范性是科学本身的发现并植根于科学发现本身，科学规律所描述的正是事实中因与果的恒常伴随关系，即便这种关系是无上帝作为其普遍有效性保障的归纳得来的，即便是仅仅作为习惯、生活常识和生活经验的本质，它对于普罗大众也是最具指导性的，间接地，常识在精致的方法论指导之下被提炼为科学理论，科学理论就正好体现了人们在日常生活中通过习惯和常识构造出的理想模型，诚然，这个理想模型是一种对于因果必然性在未经证实基础上的盲目信从，故此，我们才需要科学，科学才是因果必然性之最好的理想模型。反观道德规范，如若以此观点来解释，道德的规范性似乎不适合以其本身的因果必然性来解释其来源，因为基于这种解释道的反倒成为不具有规范性的了，善因未必有善果，善行未必有善报，恶行未必有恶报。道德规范的理想模型是对于道德规范的绝对确定性的诉求，它的表现形式是一个道德规范普遍有效的理想社会，这个社会中每一个人都严格遵守所有的道德规范，因而每一个人都是道德楷模。可以进一步假设，这个理想社会中起作用的只有价值理性的话，可能产生的后果就是科学无容身之地，改造自然成为不道德的行为，这种卢梭式的原始契约社会或许可以作为道德规范性的沃土，而无不是科学与知识的坟墓。行动的必要性而绝不是必然性提醒我们必须重视它来自认知实践，因而是一项后验的事业，必须接受经验的检验并且是可错的和可修正的；它绝不是绝对的、命令的，它并不对人们进行说教，而只是告诉人们为了实现一个既定的认知目的，行为倘若如此这般便是较好的。我把这一种目的与手段之间最优的、稳定的匹配关系称为认知规范。

在其来源方面粗略地看，规范或是先验地获得的，或是来自经验。先有两个需要思考的问题：其一，当认知规范作何种理解时它是先验的？其二，认识论在本质上究竟是一项先验的事业还是后验的事业？如果对第二个问题的回答是认识论与科学一样都是一项后验的事业，那么我们就完全有理由对第一个问题给予否定的回答，认知规范无论如何都不会是先验的。但倘若我们承认在认识论中存在有先验的因素的话，那么对一个问题的回答就必须给予保留，保留我们的某些先天能力在传统的信念—辩护式的认识论看来这是理所当然的，然而这样做的重要后果并不在于我们将人的这些能力先验地预设出来，恰恰在于先验的预设行为盖因后验的行为所获之结果所致，且是以信念—辩护的传统认识论为温床的，也就是说，传统认识论的规范性诉求主要是基于它的主要概念的规范性，这种先验的规范性被后验地预设出来从而也具有某种优越地位。规范概念的以上三种意义上是否有其中一种或多种能够来自先验的王国或是先验地获得它，是接下来要分析的一个问题。第一种形而上学的规范，其来源于它的定义，源自西方哲学中的形而上学传统和上帝观念，正如笛卡尔论证到的上帝那样，在一种从古希腊奠定起来的、贯穿于整个欧洲思想史中的分析的科学理性背景下，对事物的思考往往在到达了最根本的问题上却陷入了在那个时代乃至现在也无法解决的困境中。水、火、土、气究竟是否真的是构成世界和宇宙的始基，这个问题是不要紧的，重要的在于为什么先哲们要将世界和宇宙的构成看作是由基本元素构成的。这种模式在欧洲近现代演义出新的思考则类似于人是由类人猿进化而来的还是亚当和夏娃的后代？宇宙是由大爆炸产生的还是上帝的杰作？如果没有第一推动力，牛顿的惯性定律如何成立？之类的问题。有趣的是科学与形而上学这两条路线在历史上也常常出现交叉，牛顿晚年致力于宗教，爱因斯坦提出的统一场论都寻求对科学之最基本问题给予一种终极的解释。体现为为知识提供绝对确定性的、最可靠的形而上学规范要完成它的使命就只能够来自一个先验的王国，一切的经验科学只有建立在这个基础之上才是可靠的，相反的情况只能够适用于对于这种规范的来源的预设，无论上帝还是某种泛神论中的神都是后验地、依据人在各个不同方面的需要预设出来的，规范本身则要保持其先验的性质。

当规范作为道德规范的理解时，要分别从先验的和经验的两个层面上解释其来源是一项不折不扣的浩大工程，道德规范的某些概念的溯源工作涉及一些复杂的连锁反应。援引 C.科尔斯戈德教授的观点，现代的哲学家对规范性问题给出了四种成功的回答，即唯意志论、实在论、反思性认同和自律。[①] 主要观点概括如下：首先，唯意志论的观点认为：规范性起源于立法者的意志，代表人物有普芬多夫和霍布斯。其次，实在论的观点认为：如果道德要求是真实的，它们就是规范性的，如果存在着他们正确地描述的内在地具有规范性的实体或者事实，那么道德要求也就是真的。实在论者通过论证价值、义务或理由的真实存在，或者更通常地，通过反驳各种类型的怀疑论，来确立伦理学的规范性，主要代表人物有普里查德、摩尔和罗斯。再次，持反思性认同的论者要解释的是：人类本性中的什么因素成了道德的来源，并说明我们为什么要使用这些道德概念并且认为自己受制于它们，关键的问题是要表明道德对我们而言是好的，主要代表人物有哈奇森、休谟和密尔。最后，持自律观点的论者认为：规范性来源必须在行为者的意志中寻找，并且行为者对于自身行动的具有自我意识的反思能力，赋予我们对自身的权威，正是这种权威给予道德要求以规范性，主要代表人物是康德和罗尔斯。从进一步的分析中可得知，每一种解释中都可以找到其来源上的先验性质。唯意志论与实体论在许多地方具有共同的性质，上帝就是以一个被设想出来的超验实体来作为最高立法者的，其中奇妙的地方是，所谓的

---

① Cf. Korsgaard, C. M. (1996). *The Sources of Normativity*. Cambridge, New York: Cambridge University Press. pp. 18-20.

上帝确立的道德法则明显地是人为自身确立的道德规范，显然只有这样才能够最大限度地加强道德规范的约束效力，此外，它的约束效力或许也可以通过一个强有力的人来充当的统治者并将这些规范维系下去，然而这样的规范实际上就不具有先验的性质而在来源上就成了经验的产物并且也背离了道德规范的非强制性特点了。第二种方式往往行不通，"如果我们试图从权力的自然来源中派生出道德的权威来，那么它就会在我们的手中蒸发。如果我们试图从某些假定的规范性考虑，比如感恩和契约之中派生出道德的权威来，我们还得解释为什么这些考虑是规范性的，或者说，它们的权威来自何处。"① 反观人们的预设行为还有值得关注的是，人们何以要去预设一个最高的超验实体来保障道德规范的存在并保有其效力，也就是说本应是人们对自身行为反思后得到的经验如何要通过这种方式来具有普遍的效力。在反思性认同和自律方面的解释必然要牵涉人的本性问题，因而将规范的来源推导至人的先天倾向上去，在这类问题一直追溯下去就将到达了道德的起源以及人性本善、本恶，这并非是本书的主旨。相反，自然化认识论据前文所介绍之其具有的特质来看，我还将谈及它不接受形而上学的规范；而乍看具有先验性质的道德规范实则是一项后验的反思活动的成果，如果我们已经承认认识论是一项经验的事业，那么属于披着先验外表的那一部分道德规范对于认识论研究来说则须审慎地、有选择地遵守；它真正要践行的规范乃是来自其自身的认知规范，这才是我们要讨论的重点。

自然化认识论何以只践行认知规范，理由在于首先它不承认第一哲学，不接受来自科学之外的任何学说的指导，仅从这一点来看就可以排

---

① Cf. Korsgaard, C. M. (1996). *The Sources of Normativity*. Cambridge, New York: Cambridge University Press. p. 30.

除形而上学规范和道德规范①。蒯因在评论卡尔纳普对世界的逻辑构造时一方面弃绝了卡尔纳普的还原企图并系统地将其论述为经验论的两个教条之一，其中合理的部分则被坚持下来，"然而，经验论的两个基本信条仍是无懈可击的，而且至今如此。一个信条是：对于科学来说，一切证据就是感觉证据；另一个信条是：所有关于语词意义的传授，最终都必定依赖于感觉证据（这一信条，我后面还将重提）"（*OR*, p. 75），简言之，蒯因不接受来自第一哲学的外援。其次，自然化认识论的理论基础是自然主义，即对经验论的实用主义改造和开明坚持，因此，它放弃了知识的绝对确定性问题（包括定义：三元定义和方法：内省、直观、怀疑等两方面），从而放弃了第一哲学同时也就放弃了形而上学规范；最后，自然化认识论转变了认识论的研究范式，它是关于人们如何通过语言学习从而获得科学理论的发生学研究，与以辩护为中心的传统认识论有显著的区别，它只接受来自科学内部所形成的规范的指导，由于科学是至今人类最成功的知识典范，这种规范就是认知规范。

认知规范如果有其先验的来源的话，那么当且仅当这种认知规范对于认识论来说是分析的。要注意的是，如果我们已经对认识论是否是一项后验的事业这个问题给予了肯定的回答的话，那么说一种先验的或非经验的并且是认识论必须具有的规范性，是来自一项后验的事业就将是矛盾的。实际上，这个问题还有一个例外，包括数学和逻辑在内的全部科学中并非全部是经验科学，数学和逻辑命题可以为认知规范在认识论这项后验的事业中的来源上打开一扇方便之门，这要求除了数学和逻辑

---

①　这一点颇易产生混淆，即认识论研究和认知实践活动与道德规范的关系，认识论研究作为反思活动面对道德规范的渗透要在道德规范和认知规范中加以审慎地甄别，尤其要防止由于二者的混淆而误把道德规范当成了认知规范的情况发生。道德规范所具有的效力范围包括了人的一切活动，这其中当然也包括认知实践活动，因此，对于一切有德性的认知者来说，当然要遵守道德规范。自然化认识论只践行认知规范和认知活动要审慎地遵守道德规范，二者并不矛盾。

能够演绎出认知规范来。这首先需要考虑的是规范在何种意义上是一个命题？第二和第三种意义上的规范都有可能形成一个命题，譬如："欺骗是恶的行为"、"实验室制取氧气最好的方法是高锰酸钾加热"。第一个命题属于道德规范，这两个命题都是综合命题，它们的共同之处还包括都带有一个价值判断，"恶的"是对欺骗这种行为的鉴别，"最好的"则是在一个特定的条件下，即"实验室中"，比对手段和目的后作出的判断，两者的差别是后者相较于前者具有较窄的适用范围，前者几乎可以适用于人的全部行为，而后者则必须有一定的条件加以限定①，手段对于目的在一定条件下的最优化稳定匹配关系既是后者所体现的认知规范也是判别这种规范的标准。然而，如果这样的命题是一个分析命题，那么就变成了类似的"欺骗或者是恶的行为，或者不是恶的行为"、"实验室制取氧气最好的方法或是高锰酸钾加热，或不是高锰酸钾加热"，这样的命题由于其非经验性故而可使真值得以固定，但却成了一种纯粹的叙述（narration），而非描述（description），前者属于艾耶尔所说"当一个命题的效准仅依据于它所包括的那些符号的定义"②的那类命题，它与"或者有些蚂蚁是寄生的，或者没有蚂蚁是寄生的"这样的命题如出一辙，"因为人们不需要通过观察去发现或者有或者没有蚂蚁是寄生的。"③它没有言说任何与我们认知实践有关的事实，或者说它所叙述的情况是不言而喻的，因此它甚至不构成一个认知规范，由此也可以得出的结论是认知规范不能由分析命题所呈现，而只能是综合命题。到此为止，我们该听一听蒯因的意见了，要知道，蒯因所批判的两个教条中的一个讲的就是关于分析命题和综合命题的区分，于是接下来需要

① 实际的工业生产中并不一定通过该方式制造大量氧气，尤其是如果加上了成本及就地取材等各种因素的考量的话。

② Ayer, A. J. (1952). *Language, Truth and Logic*. New York: Dover Publications. p. 78.

③ Ayer, A. J. (1952). *Language, Truth and Logic*. New York: Dover Publications. p. 79.

思考的是：若此二种命题没有绝对的区分，或者说本来就只存在着一种命题，那么我们如何在无绝对区分的情况下或者在这样一种命题中去寻找认知规范？可以肯定的一点是，以康德为典型的分析命题和综合命题的区分绝不是无源之见，蒯因也并非要竭力弥合这二者的界限，而只是从逻辑上表明没有区分二者的标准。若我们接受了蒯因的观点，得到的结果就是"正像我们将要见到的，抛弃它们的一个后果是模糊了思辨形而上学与自然科学之间的假定分界线。另一个后果就是转向实用主义。"（*FLPV*, p. 20）这耐人寻味的话联系到认知规范，我的建议是不把认知规范当作一种命题，而是作为一个对于经验事实的陈述（statement），因而避免了它被划分为不同阵营的厄运，同时也赋予了它具有了由于它能够作为一种陈述同时又能够作为认知规范因而赋予认知规范的那种必须面对感觉经验之检验的特点，感觉经验的来源则是认知实践，认知实践的最终目的使我们获得真知、获得成功，因而认知规范终究是实用主义的，手段和目的的最优化匹配不仅要依照科学理论的说明也必须得视实际情况来运用。世界上每天都新发生着，或重复发生着无数的认知实践活动，它们不断检验着认知规范的效准同时也在不断增添着形成新的认知规范所需的材料，这样的规范面对着经验的法庭无一不是可错的和可修正的。

规范性来源于经验，同样也有三种解释。解释一：来自人的后验的反思性认同。这种解释有其后验的成分——对后天经验的反思，也有其先验的成分——对于人先天地具有反思的思维能力的先验预设，这也是将其归之于规范的经验来源的原因，因为先验预设的只是获得规范的能力而不是规范本身，这种能力发挥效用的领域仍是经验。建立在这二者之上的混合理论是康德主义者的方案，理性必将遵守自己确立的法则，因为"人们不可能设想一种理性，它就其判断而言凭借自己的意识从别的什么地方接受指导；因为那样的话主体就不会把对判断力的规定归于它的理性，而是归于一种冲动"。① 理性的反思性被设定为一种能够赋予思维规范性的实体，或者说反思根本就是规范性的来源，因为反思产生了价值，价值构成了规范的核心，"除非我们把价值赋予自身，否则，没有什么能够成为规范性的。反思向我们揭示了价值的规范性来源于我们是某种特殊的动物，即自律的道德动物这一事实。"② 并且"反思具有迫使我们服从的权力，同时也有惩罚我们不服从的权利。……思想自身与行动自身之间的关系是合法的权威关系。也就是说，凭借反思，行动的必要性使得我们成为支配自己的权威。就我们具有对自身的权威而言，我们能为自身立法，这些法将是规范性的"。③ 反思能力的先验预设得到了索萨的德性认识论中关于理智德性（intellectual virtue）学说的支持。这种理智德性若植根于认识论本身，那么认识论就能够被解释为提供了规范的，这就是作为认知规范来源于认识论本身的解释二的观点。

解释二：来自经验事实本身。这里首先要遇到的就是认知实践的经验以及科学理论中能否得出义务陈述（mandatory statement），这涉及一个旧有的问题，即"Hume 'is-ought' Thesis"，如何能从描述的事实和科学理论中得出规范的义务陈述。这个论题指的就是休谟在《人性论》中对提出来的一个关于道德是否是凭借我们的理性和知性所发现的事实中就能够得到的所做的推论④，"is-ought"中的"is"表示的是描述的事实，"ought"表示带有规定性的义务陈述或结论，整个论证引起了不小的争论，休谟最终要说明的是很多人常常会由一个"what is"形式的描述的

---

① 康德著，李秋零译：《道德形而上学的基础》，载《康德著作全集》（第4卷），中国人民大学出版社 2005 年版，第 456 页。

② Korsgaard, C. M. (1996). *The Sources of Normativity*. Cambridge, New York: Cambridge University Press. p. 165.

③ Korsgaard, C. M. (1996). *The Sources of Normativity*. Cambridge, New York: Cambridge University Press. p. 165.

④ 参见休谟著，关文运译：《人性论》，商务印书馆 1980 年版，第 507—508 页。

陈述为前提作出一个"ought to"形式的带有规定性的陈述，这在休谟看来是不合理的：

"因为这个应该或不应该既然表示一种新的关系或肯定，所以就必须加以论述和证明；同时对于这种似乎完全不可思议的事情，即这个新关系如何能由完全不同的另外一些关系推出来的，也应当举出理由加以说明。不过作者们通常既然不是这样谨慎从事，所以我倒想向读者们建议要留神提防；而且我相信，这样一点点的注意就会推翻一切通俗的道德学体系，并使我们看到，恶和德的区别不是单单建立在对象的关系上，也不是被理性所察知的。"①

"桥原理"（Bridge Principle）适合用来说明这个结论，桥原理关涉的主要问题是是否有可能把一个描述真实性的陈述绑定在一个关于义务的规范陈述上。以符号 p 表示一个事实陈述，○作为一个表示"应该"（ought to）的情态算子，桥原理的内容是：一个公理系统 X 是一个桥原理，当且仅当 X 至少包含一个系统字符，该字符至少在○算子的辖域内和外各出现一次。休谟的"is-ought"论题表述为：

$$p \to \bigcirc p$$

休谟提出这个论题是为了得出从实然的事实中分离出应然之道德陈述是不可能的结论。这个结论并不支持我们关于认知规范性来源于经验事实本身的观点，相反的结论在 1960 年时由普莱尔（A. N. Prior）作出了。普莱尔要论证的是一个人可以从非具道德特征的、描述的前提中得

① 休谟著，关文运译：《人性论》，商务印书馆 1980 年版，第 509 页。

出具有到的特征的规范性结论。① 以 d 表示"喝茶在英格兰是普遍的",以 s 表示"所有新西兰人被射杀",○依然作为一个表示"应该"的情态算子。接着有：

（1）$d \vdash d \vee \bigcirc s$

（喝茶在英格兰是普遍的，所以或者喝茶在英格兰是普遍的，或者所有的新西兰人都应该被射杀。）

（2）$d \vee \bigcirc s, d \vdash \bigcirc s$

（喝茶在英格兰是普遍的，或者所有的新西兰人都应该被射杀；喝茶在英格兰不是普遍的，所以所有的新西兰人都应该被射杀。）

根据桥原理，混合句 $d \vee \bigcirc s$ 如果是规范的，那么命题（1）就是"is-ought"论题的一个推理；如果它是非规范的，那么命题（2）就是"is-ought"论题的一个推理。（1）和（2）的区分恰好说明休谟关于"is-ought"论题的否定性结论不能成立。规范性的道德陈述可以来自描述的、非具道德特征的前提，从而证明休谟的"is-ought"论题为假。确实，无论是"is-ought"还是桥原理都没有解决关于认知规范的任何实质性的问题，但却提供了进一步阐释认知规范来源于经验事实的两种新思路。其一，假设休谟关于"is-ought"论题的否定性结论是成立的，那么认知规范的来源就回到了上文已作讨论的先验领域；其二，假设普莱尔关于"is-ought"的肯定性结论是成立的，那么就必须进一步论证认知规范来自经验事实的哪些部分，解释一和解释二已经给出了答案外，还有一种社会历史的解释路径。科尔斯戈德提到过一个例子：

---

① Cf. Prior, A. N.（1960）. The Autonomy of Ethics. *Australasian Journal of Philosophy, 38*（3）, pp. 199-206.

　　"假如某人一直受到严格教义的教育，并且从孩提时代就一直被教导说跳舞是错的。伴随着更严酷的训练，他的教育给他灌输了跳舞这种行为是可怕的死喜爱那个，于是他'把跳舞看作是不能为之的行为而远离它'。当他长大时，他自然而然地开始反思，当他和其他没有这种观念的人共处时，则更有助于他的反思，这致使他看是怀疑这种观点及支持它的动机。"①

　　这种严格教义的教育之下形成的行动的必要性——总是规定了行为必须以这样的方式而不是以别的方式行事与道德规范的实在论解释刚好是吻合的——它们都是我们自己构造出来并加载于人类自身的规定。教育与个人的成长密切相关，个人的成长中与蒯因认为的认知过程——语言学习又可以说是重合的，因此，从社会历史地看，在这一过程中教育的灌输、包括传统的价值观和文化的传承对于个体的影响在认知规范性的考察中有必要作出充分的考虑。就以跳舞的例子来说，受到如此那般教育的儿童在成长的过程中他孩提时代所接受的一个与同伴们相当不同的规范会随着他的成长和同伴之间的交流而受到修正，"跳舞是一个不能为之的行为"是明显地与生活实践相悖的，不具有合理的可接受性的。合理的可接受性概念是普特南在论述事实与价值时给出的，认知规范性来源于经验事实本身的社会历史解释路径可能会受到来自这一启示的影响。普特南认为："我们使用合理的可接受性标准来建立一幅'经验世界'的理论图景，然后，由于这幅图景的发展，我们根据这幅图景来修正我们的合理可接受标准本身，如此不断，以至无穷。"② 这个主张的一

---

① Korsgaard, C. M. (1996). *The Sources of Normativity*. Cambridge, New York: Cambridge University Press. p.83.

② Putnam, H. (1981). *Reason, Truth and History*. New York: Cambridge University Press. p. 134.

个推论就是：标准本身是可修正的，认知规范也会随着认知深入和其取得的成果的逐步累积而受到修正，那么对事实的判断在不同的历史时期就会不同。最初的那个标准是从何而来？

"事实是这样的，如果我们考虑到通过考察科学家和普通百姓把接受什么理论看作是合理的而解释出来的合理可接受性的理想，那么，我们便可以看到我们在科学中正竭力从事的工作是构造一个具有工具性效能的、融贯的、全面的和功能上简单的等特性的世界表象。但为什么呢？

我的回答是，我们之所以需要这类表象，……其理由是，拥有这类表象系统是我们人类认知能力兴盛发达的观念的一个组成部分，因而是我们整个人类兴盛、幸福的观念的一个组成部分。"①

人类在社会历史中持续地演进展现给我们的是人类自身兴盛和幸福的观念的薪火相传并为之前赴后继的奋斗，认知规范作为其中一个组成部分包含在人类的总体目标——巨大的理想模型里面了。普特南的主张代表的这种认知规范的社会历史的解释路径本质上是经验的，经验的不断累积恰恰是文化传承最重要、也是最浅显的形式，人类的宏大愿景以及幸福这一高贵而神圣的字眼，几乎没有人要否认它们植根于我们心灵深处，唯有静下心来，品味它们与现实的交错，体会着高山仰止，虽不能至，心向往之的心绪。

解释三：来自认识论本身。倘若认识论被理解为以辩护为中心的传统基础主义认识论的话，认知规范性则被认为是认识论固有的评价功

---

① Putnam, H. (1981). *Reason, Truth and History*. New York: Cambridge University Press. p. 134.

能，这些为人熟知的陈词滥调中多次宣称的认知规范性并非如其所说的那样是来自传统认识论的辩护策略和信念概念，或者说即便是来自此二者，此二者所具有的规范性也是来自道德规范的让渡，是道德规范在认知活动中的呈现。如果说认知规范的确定性诉求使其规范性被理解为关于知识的确定性性质的先验地预设，这种唯意志论的观点的话，那么认知规范的伦理诉求使其规范性被理解为后验的被假设出来的功能。通常我们学到的是"知识是什么？"的问题缘于柏拉图《泰阿泰德》，并得出三元定义之知识的理想模型，"在什么意义上知识优于仅仅为真的信念？"的问题则来源于柏拉图的《美诺》，这个问题在索萨新近的著作中被注意到了。"知识的价值总体上体现为使人类生活的兴盛，但这还不是解释知识总比与其相对应的真信念更好的一个方式。也不是解释知识必然地好于作为一种我们与之相关的目的的手段的一种方式。这就是《美诺》要告诉我们的。"[1] 知识比仅仅是正确的意见拥有更多的价值，其价值体现在真正掌握了知识的人能够彰显其能够胜任的能力（competence），而仅仅是拥有正确意见的人走对了路凭借的可能仅仅是运气。如果我们在宽泛的意义上把知识视为一种表现，这将有助于我们理解知识享有优先性的明确主张。考虑以下两个表述的规范性：

成功好于失败。

通过自身能力取得的成功好于通过运气取得的成功。[2]

索萨的循循善诱明显地想让我们赞同后者，让我们心怀对德性的渴

---

[1] Sosa, E. (2011). *Knowing Full Well*. Princeton, Oxford: Princeton University Press. p. 62.

[2] Sosa, E. (2011). *Knowing Full Well*. Princeton, Oxford: Princeton University Press. p. 63.

望的同时又必须坚持追求知识的理想，因此，总体上说，索萨的主张能够作为规范性来源于认识论本身的解释乃是由于他通过德性认识论的建立，为"辩护"概念增加了新的内涵，辩护的实质是能够确认真信念之具有来自认知者的德性而非运气，来自反思而非本能，既要表现认知者在一特定的环境和条件下传递真理的倾向（disposition）和能够完成这一行动的胜任力（competence），又要使知识是得到理智德性的辩护，知识就是区别于动物性的反思的知识，就是德性的真信念。需要指出的是这种解释仍是通过预设了人的反思能力、德性以及最重要的人性本善来实现的，强大的预设构造出的是（在他看来）人应该具有的一种完美的理性能力的理想模型，工具理性、科学理性以及理智德性在这个模型中达到了完美的统一，过于理想化的设定受到不少论者的批评①。总体看来，认知规范来源于理智德性的观点在本质上仍旧是肯定了认知规范来源于道德规范的让渡，归根结底，认知规范仍旧是道德规范，而认知规范的伦理诉求以理智德性植根于认识论本身的观点来表现的话，就必须仍然保持以辩护为中心的认识论，绝不能放弃辩护的概念，而辩护的概念及其方法的危险性在前文中已经阐明，所以它是合理的仅当其基于传统以辩护为中心的认识论，这种认识论正是自然化认识论要反对和消灭的。倘若认识论被理解为并非是以辩护为中心的基础主义学说的话，那么包含在认识论内的工具理性思想或许可以为规范性的来源提供一个较为合理的说法。工具理性即是一种主观的、目的导向的理性，在实现目的时尽可能地使手段达到最优化。工具理性之所以能为认识论提供规

---

① Cf. Bonjour, L.（2003）. *Epistemic Justification: Internalism vs. Externalism, Foundations vs. Virtues*. Malden, MA: Blackwell Publishing Ltd. p. 174; Foley, R.（1994）. The Epistemology of Sosa. *Philosophical Issues, 5:* 1-14; Fumerton, R.（1994）. Sosa's Epistemology. *Philosophical Issues, 5:* 15-27. 尤见格雷科对索萨之设定过于理想化的批评，Greco, J.（1993）. "Virtues and Vices of Epistemology". In E. Sosa, J. Kim, J. Fantl & M. McGrath（Eds.）, *Epistemology: An Anthology*（2008, 2nd ed., Vol. 11, pp. 454-461）. Malden, MA: Blackwell. p. 456.

范性在于，工具理性要考虑的本质上是对于工具对于某一既定目的的达成的有用性，这种多少掺杂了一些实用主义的考量的对认知规范来源的解释得到了一些论者的认同。劳丹在讲到科学方法论的规则和目的的时候提到了目的充当了一个确定手段时所须遵守的规范，即"一种关于通过最佳手段去实现目的的可能的主张，"① 这种主张的一种解释是"手段对于目的可能的适切性以及要求在人类寻找目的的合适语境中保有规范的力量"。② 手段要适应于一个既定的目的要受到这个目的的规定，因此目的本身充当了实现这个目的的行为所要遵循的规范。"认识论凭借其在满足我们各种各样的可能的目的方面的工具有用性从而在我们的生活中起到了重要的规范性作用。"③ 这里需要注意的是目的对于手段的规定性并不构成一个关于手段理想模型，也就是说目的对于手段的规定仅仅表现在达成这一目的的过程中要尽可能地使手段达到最优化，用最佳的手段来达成目的。对于相同的、可多次形成和达成的目的会使一种相对最优的手段相对地在一段时间内固定下来，这时的规范就表现为这种工具理性本身对于满足目的所提供的有用性，这个关于一个既定目的与其关联的最优手段相匹配的理想模型是由工具理性提供的，因而为了认知实践的成功我们会倾向于遵守这个规范，但这个规范是有条件的，而不是绝对的、命令的，随着认知活动的不断开展和取得成果的不断累积，目的与最优手段之间的匹配关系是可被经验修正的，新的、更优的手段代替了旧的手段并在一段时间内保持相对稳定的匹配关系，形成新的理想模型，确立新的认知规范。工具理性提供的认知规范中也不乏来

---

① Laudan, L. (1987). "Relativism, Naturalism and Reticulation". *Synthese, 71* (3), 221-234. p. 225.

② Maffie, J. (1990). "Recent Work on Naturalized Epistemology". *American Philosophical Quarterly, 27* (4), 281-293. p. 287.

③ Maffie, J. (1990). "Recent Work on Naturalized Epistemology". *American Philosophical Quarterly, 27* (4), 281-293. p. 287.

自道德规范的让渡，关于达成某一既定目的的手段的最优化必须是有限度的，必须以人类的道德和法律为最基本的底线，在日常生活中如我们所知药物试验、汽车安全性检测的碰撞试验之所以要用小白鼠和假人而不用活人的原因，便是工具理性中来自道德规范的让渡的结果使然。规范性来自某种经验中手段与目的之间恒常出现的稳定伴随关系，并且在相当长的时间内没有出现过类似的伴随关系优于该伴随关系，这种关系通常能够是我们的认知实践获得成功，即以到目前为止所知的、最少的步骤和时间达到预定的认知目的。毫无疑问的是，在实际的认知实践中我们所需要的和自然化认识论所要肯定和包含的正是最后一种规范，也正是由于这种相对稳定的手段与目的之间的匹配关系体现了自然化认识论的规范性，这一切都基于我们将道德规范和认知规范的区分以及对规范做行动的必要性的理解。这一点启示我思考下一个与此相关的问题，即科学理论本身是否包含了这种规范？要得出这一问题的答案，首先要回答科学是否体现了一种行动的必要性，而这种必要性则是科学理论体现出的因果必然性的衍生物。坦白地说，答案是否定的，但作为对于通向科学真理的求知活动的反思的认识论，并且是一种植根于自然主义立场之上的认识论思想来说，答案则是肯定的。我们必须知道，科学知识自己安静地躺在书本里是不会自己去产生作用的，当它被用于指导人们的认知实践时它才能够从冰冷的符号转变成为鲜活的成果，这一点同时也作为了人们发现和创造它的目的，这两个过程是同一个过程，而人们总是希望通过自己的实践获得的成果能够在某一时刻，哪怕是很少的时候能够发挥作用。反面的意见是为什么我们要遵守科学理论所揭示的相对必然性及作为其衍生物的行动的必要性，换言之，科学理论体现的因果必然性何以衍生出行动的必要性？这一问题把焦点集中在了我们如何看待知与行关系的态度上。从历史的角度看来，如果怀疑主义和虚无主义是一种诱人的、能够带给人类以无限光明的前途的理论，那么它为何不大行其道在人类普遍给予肯定的价值体系中占有重要的位置呢？如果说这是后果主义的论调，那么造成知与行的分裂从而在其中任何一个领域内蓄意设想出人为构造物并赋予其特权的做法又该如何解释？传统认识论家们及其当代的信徒们一直宣称要让认识论具有评价的功能，如果我们不去实践科学理论，忽视科学理论的因果必然性施加在将要指导我们的行为的观念上的必然性的影响，那么他们究竟还需要怎样的认知规范呢？莫非他们归根结底都只是在道德的领土上呼唤着崇高或在神学的国度里呼唤着神的恩典？我宁愿相信是后者。认知规范与道德规范的巨大分殊就是，或许道德规范先天地拥有了规范性的力量，而认知规范的规范性力量则必须体现于持有着科学的精神和背负着科学的使命的科学理论践行者们辛勤的劳作上。如此，关键的要点也就很明显了，科学理论具有的因果必然性能够衍生出行动的必要性的论题关乎的乃是人们的态度问题，最终的决胜点乃是一个任何人和任何理论也无法否认的事实：面对充满着未知的未来，希望与危险并存，人们只有做好充分的准备才有可能消除不安全感并从容应对，能够使我们看到尽管有些许模糊但足以使我们作出准确判断从而为做好相应准备争取到足够的时间的东西正是科学。

最后让我们回到本节开篇提到的胡克的话，如果认识论本身不具备断定某一行动的必要性的功能——不预设道德上的或是确定性的理想模型，也不具备其因为具有规范性而高于具体的经验科学的地位，那么规范性对于认识论就不是必需的，认知规范只有来自一种基于科学的发现、研究成果和手段的认识论本身才是认识论需要遵守的，相对某一既定目的的相对最优化手段的相对固定体现的是实用性的价值尺度在选择手段时所发挥的效用，科学研究中它务必是不可或缺的，认识论本身的研究同样需要遵守这个规范，手段与目的之间的相对固定匹配仍然作为一种理性模型而存在，与之前提到的所有理想模型不同的是它是现实的，是经验的。获得最优的手段的过程本身就是在各种能够达成某一既定目的的手段中不断尝试的过程，这样一种规范同认识论一样完全是一项后验的事业，完全是可错的和可修正的，而此结论的合理性是建立在放弃西方哲学一直是试图通过给予规范断定某种特权的地位来为规范断定辩护的特征，改变认识论的主题的前提之上的，基于传统认识论"信念—辩护"策略的、尤以道德为代表的规范性诉求在这个前提之下最好被视为一种"令人愉悦的武断"。

第二节　描述还是规范：自然化认识论与二者之关系

自然化认识论自其诞生之日起就从不缺乏关于它是规范的还是描述的争论，自然化认识论谋求认识论与科学之间的连续性，蒯因从未声称自然化认识论是非规范的和纯然描述的，也没有声称在任何方面放弃了规范，在上节说到自然化认识论处理的只是传统认识论中"How"的问题，因而它既不必对知识的定义有所断定，也不必对认识论的评价功能有所继承，自然化认识论的批评者们对此不大满意，要求认识论必须具有规范性，必须保有认识论应该具有的评价功能，否则就变成了大逆不道了，不但是一种精神上的自杀也是涌入认识论领域的一股毒流。① 这些批评的另一层意思是自然化认识论甚至不是一种合法的认识论学说，放弃"What"的问题，等于没有回答什么是知识的问题，认识论的研究的对象和目的何在呢？以基础主义的观点看来，确实是这样的；以自然主义的观点看来，以对蒯因持有的强科学主义立场理解看来我们尽可

---

① 　这一方面的批评可参见 Putnam, H. (1982). "Why Reason Can't Be Natural-ized". *Synthese* (52), pp.3-23。

以认为他潜在地回答了这个问题，不言而喻，知识就是科学。蒯因的著作中对于知识的看法主要是：

"在我看来，就科学和哲学的目的而言，我们所能采取的最好办法是把知识这个概念作为一个坏东西抛弃掉，而设法利用它的那些分离的成分。

……

也许，这些想法就其基本方式而言属于那个被称为认识论或知识论的哲学部门。因此，抛弃知识这个概念本身，就尤其具有一种奇特的讽刺意味。

……

我们所得出的结论毋宁是，这个词不能满足科学和哲学关于融贯性和精确性的标准。"（*PD*, p. 109）

蒯因在这里倾向于要消除知识的定义以科学取代之，一旦消除了知识概念直接带来的后果就是传统认识论由于对象的消除从而也就不复存在了，取而代之的是新的、革命的自然化认识论，蒯因虽未言明，但这一切乃是他希望看到的。知识和科学在批评者们看来是两个不同的概念，能被称作为知识者乃是规范的，而科学仅仅描述了实在，自然化认识论向科学靠拢的企图就正好处在了他们的眼皮底下，成了他们口诛笔伐的目标。传统认识论及其当代的信徒们的信念中除了认为传统的认识论以及知识概念是具有规范性的，认识论是一门规范的学科之外，他们也把自然化等同于"去规范化"或"描述化"，这种等同就使得原本能够容忍认识论的自然化（如果自然化不等于也不包含去规范化的功能要件的话），但以上蒯因的表述以及诸如此类的容易让人产生困惑的表达都进一步加深了传统认识论的当代信徒们对自然化认识论的误解从而不能容忍自然化的去规范化，我们甚至可以认为传统认识论的形象已经牢固印在信徒们的心中了，他们只能接受一种形式的认识论。他们对自然化和认识论的看法的底线在于一种小心和保守的规范的自然化认识论。实际上，蒯因倡导的对认识论的自然化改造并没有消除认识论规范性的企图，并且信徒们认为自然化认识论是纯然描述的、其本身是非规范的（non-normative）的以及去规范的（de-normative）的是基于我曾在第二章第三节中提到的蒯因的如下论述：

> "认识论，或者某种与之类似的东西，简单地落入了作为心理学的因而也是作为自然科学的一章的地位。它研究一种自然现象，即一种物理的人类主体。这种人类主体被赋予某种实验控制的输入（例如，具有适当频率的某种形式的辐照），并且在适当的时候，他又提供了关于三维外部世界及其历史的描述作为输出。贫乏的输入和汹涌的输出之间的关系，正是我们要加以研究的。"（*OR*, pp. 82-83）

批评者们的前提之一是经验科学均是纯然描述的，心理学是经验科学之一，自然化认识论既然成为心理学的一章，那么它就是描述的。批评者们的前提之二是描述的经验科学与规范的认识论是截然不同的，它们不可能融贯地处于一种学说和理论之中，因此一种认识论学说要么是描述的要么是规范的，自然化认识论选择了将人类的认识活动作为一种自然现象采用经验科学的方法手段加以研究，也就选择了与描述为伍与规范为敌。批评者们的前提之三是认识论理所应当具有规范的特征和功能，规范性是作为认识论的一个充分条件，自然化认识论要解决的问题和使用的方法和传统的基础主义的、以辩护为中心的所谓规范的认识论相比甚至不能作为一种合法的认识论思想，自然化认识论由于放弃了辩护、定义、好的理由等规范的概念从而理应受到批评。最后，前提之四是认识论与科学，尤其是经验科学是相互独立的。他们反对自然化的论证就是：

"(1) 认识论在特征上必须是规范的。

(2) 相反，科学是描述的。

(3) 自然化的观点是认识论应该并入自然科学并相应地采纳它的方法。

(4) 引理：这样，自然化使认识论丧失了一个必不可少的构成要素。

(5) 结论：所以，认识论不能被自然化。"①

基于这种论断，自然化认识论受到的批评中最具代表性的要数金在权和普特南。先看误解一，金在权的批评是：

"认识论成为心理学的一章，成为一种基于预测—解释的经验科学内的理论，它的主要工作是看看人类认知者是如何从观察（'感官接受器所受到的刺激'）发展出理论（他们的'世界图景'）的。认识论不再是一件辩护的事情。回想我们前面刻画的那种本质上是规范的传统认识论，可以看到蒯因想让我们拒斥它，并促使我们以一种描述的科学替代规范的认识论。"②

这种所谓的替代论的批评之声得到了著名的蒯因研究学者希拉

① Janvid, M. (2004). "Epistemological Naturalism and the Normativity Objection or from Normativity to Constitutivity". *Erkenntnis* (1975-), *60* (1), 35-49, p. 36.

② Kim, J. (1988). "What Is 'Naturalized Epistemology'?" *Philosophical Perspectives, 2*, 381-405, p. 389.

里·科恩布里斯的附议。同样是基于蒯因上述的对自然化认识论的刻画，科恩布里斯把蒯因以心理学问题替代了认识论问题的做法说成是一种替代论题（replacement thesis）。① 并且他将替代论题分为强和弱两个版本。强的版本指不仅认识论问题可能被心理学问题所替代，而且这种替代是必定要发生的。这个观点得到唐纳德·坎贝尔的进一步阐述。② 弱的版本则认为对于达到我们的信念而言心理学和认识论各自提出的方法最终会殊途同归，即心理学家之达到我们的信念的过程会与认识论家之达到我们的信念的过程一致③，史提芬·斯蒂奇对这一版本做了细致的考察。④ 中国台湾东吴大学的米建国教授也认为："金在权把自然化的认识论视为了以建构的实践心理学方法对建构的规范的认识论的理性建构方法的替代，并最终会以描述的经验心理学替代规范的辩护认识论。"⑤ 要注意的是自然化认识论之所以是一种革命的认识论在于它改变了认识论的主题、思考问题的方式和研究方法，它与传统认识论同

① Cf. Kornblith, H. (Ed.). (1985). *Naturalizing Epistemology*. Cambridge, Mass: The MIT Press. p. 3.

② Cf. Campbell, D. T. (1966). "Pattern Matching as an Essential in Distal Knowing". In H. Kornblith (Ed.), *Naturalizing Epistemology* (pp. 49-70). Cambridge, Mass: The MIT Press.

③ 我对科恩布里斯提到的这一观点的理解是：他认为认识论家企图建立某种规范、人为的程序和过程，并将其视为是人类实际上获得信念的过程，也就是企图用第一个问题的回答掩盖第二个问题的回答，同时也给予第三个问题肯定的回答。他所说的第一个问题是："我们应该怎样获得我们的信念？"第二个问题是："我们怎样获得我们的信念？"第三个问题是："我们获得我们的信念的过程是否是我们应该获得我们的信念的过程？" Cf. Kornblith, H. (Ed.). (1985). *Naturalizing Epistemology*. Cambridge, Mass: The MIT Press. p. 1.

④ Cf. Stich, S. P. (1985). "Could Man Be an Irrational Animal? Some Notes on the Epistemology of Rationality". *Synthese, 64* (1), 115-135.

⑤ Mi, C. (2007). "What is Naturalized Epistemology? Quinean Project". In C. M. Mi & R.-l. Chen (Eds.), *Naturalized Epistemology and Philosophy of Science* (Vol. 7, pp. 105-127). Amsterdam, New York: Rodopi. p. 115.

处认识论的名目之下不意味着它们需要遵守共同的规则，因为自然化认识论已不处于传统认识论的规则所约束的范围之内，金在权的理解是正确的，自然化认识论不再是一件辩护的事情，而传统认识论也确实是以辩护为中心的一件事情，并且如同以往的认识论家一样，金在权也认为辩护是认识论理所应当包含于其中的重要组成部分，甚至是认识论的核心，这样一来辩护就成了认识论的特征。自然化认识论是对传统的认识论的革命而非改良，抛弃了辩护的同时投向了科学的怀抱。这些批评的背后是对那些传统认识论以辩护为中心的策略的坚持者、认识论的确定性诉求者、伦理诉求者们恰恰是以此为由，挟认识论之名而号令天下。劳丹对此情况总结道：

"但是所有认识论的自然主义者，无论是像蒯因那样的严格的经验主义者还是其他一些较为宽容的多元论者，都面对一个实际上是来自非自然主义者的挑战。后者指出，并且也是很正确地指出，知识论传统地保有规范的和规定的作用；的确，许多先哲们都富有成效地讨论过认识论家的作用。像笛卡尔、莱布尼茨和康德会热衷于说我们应该怎样形成我们的信念以及我们应该怎样去检验我们的关于世界的主张。相反，科学似乎不与规范的命令来往：它描述和解释世界而不是去教说它。"①

传统认识论所谓的具有教人行事、教化人心的功能我们姑且不论，再来看误解二，来自普特南的批评：

"从表面上看，蒯因的立场是纯粹的认识论的消除主义的：我们应该完全抛弃辩护、好的理由、有根据的断言等概念等，以及对'证据'

_____

① Laudan, L. (1990). "Normative Naturalism". *Philosophy of Science, 57* (1), 44-59. p. 45.

概念的再说明（以致'证据'成为使我们具有我们所具有的科学信念的感觉刺激）。

……

不仅如此，'自然化认识论'的表达在今天被一些清楚地认识到自己是在从事规范的认识论，或者至少在方法论上是规范的哲学家们使用。但《自然化的认识论》这篇论文却真正地消除了规则。所以它是极其令人困惑的。"①

这种"极其令人困惑的"理论带来的后果就是：

"如果认知的和（形而上的）实在的正确性观念被消除了，那么我们的陈述除了是些噪声还能是什么？我们的思想除了是默读又能是什么？规范性的消除就是企图在精神上自杀。"②

他反对自然化认识论消除规范性的理由是：

"我们为什么要耗费精力令我们自己相信我们不是思考者，为什么要让我们的思想成为不是真正关于任何本体的或现象的，任何思想或是对的或是错的（也包括没有任何思想是对的或错的这种思想本身）都是没有意义的以致超越其作为哪怕是片刻的意见或是别的什么东西呢？

……

如果确有这样一种事业，那么这将是一项自我否定的事业。"③

---

① Putnam, H.（1982）."Why Reason Can't Be Naturalized". *Synthese*（52）, 3-23. p. 19.

② Putnam, H.（1982）."Why Reason Can't Be Naturalized". *Synthese*（52）, 3-23. p. 21.

③ Putnam, H.（1982）."Why Reason Can't Be Naturalized". *Synthese*（52）, 3-23. p. 21.

普特南认为蒯因的立场是纯粹的消除主义的，我倾向于把这一论断考虑为对自然化认识论何以是一种革命性的认识论的询问，在作出回答的时候我们最好清楚地知道自然化认识论究竟革了谁的命？毫无疑问，当伽利略把望远镜对准天空时，他可曾想到知识由什么构成，我要如何对它辩护，因此我们今天看到的不是一种伽利略式的认识论，而是由这位天文学先驱奠定的现代天文学的蓬勃发展。反对的意见是伽利略不是哲学家没有必要对认识活动作出反思，认识论家们自认为有资格也有责任对科学知识作出反思，哲学家们却依旧捍卫着规范性的特权继续为西方哲学的这一特征不断"增光添彩"并把来自规范性的评判凌驾于让全人类都无比惊讶的科学发现上。普特南的困惑恰好是其归属于那个群体的宣言。自然化认识论之所以受到批评，它自然是革了传统的、以信念—辩护为中心、以基础主义为基本立场的认识论的命，当自然化认识论抛弃了信念—辩护的策略和基础主义立场时，以认识论具有规范性的主张自居的那些认识论家们不得不为了捍卫认识论的规范性而保留信念—辩护的策略，而那种所谓的认识论的规范性在第三章第二节中我便已经阐释了其真正的来源是道德规范性的让渡，认识论需要遵守的规范只是来自工具理性的实用主义考量，这一点在稍后的章节中还将再论。现在我们被告知的是以往以认识论具有规范性的主张自居的认识论家们一直持有一种混淆，就是将道德的规范性混同于认识论的规范性，并将前者归之于后者而认为是后者本身所具有的。这种粗鄙的混淆造成了许多类似于上面的那种相当严重的误解，接下来要做的就是澄清这种误解。

首先，蒯因从未声称自然化认识论放弃了认知规范，从蒯因为数不多的谈论规范性的言语中不能得出这样的结论。丹·德克森的论文进一步阐明了这一观点并与普特南的两种指控——"谋杀者"指控：认识论成为描述的从而谋杀了传统哲学问题的旨趣；"自杀者"指控：它颠覆了自然主义认识论家的理性的地位，形成了针锋相对的情势。反对"谋杀者"指控的理由是蒯因在研究认知系统功能的时候提出了规范的、评价的问题，"功能是一个评价的、规范的词项"。① 我们且看蒯因自己怎么说：

> "自然主义并没有抛弃认识论，但把它同化于经验心理学。科学本身告诉我们，我们关于世界所获得的信息仅仅限于我们表面的刺激，于是认识论问题就转变为科学内部的问题，即我们人类如何能够从那样一些有限的信息出发设法达到科学这样一个问题。"(*TT*, p. 72)

蒯因回避了传统认识论自认为具有的规范性问题，这种回避是蓄意的却不是非法的，原因在于蒯因改变了认识论的主题，改变了"游戏规则"，所以自然化认识论也就不需要遵守传统认识论的规则。反面的意见是既然认识论的"游戏规则"被改变那么它又有什么理由与传统认识论同归于认识论的名目之下？"自杀者"的控诉滋生于这种意见，它是普特南在认为科学是描述的前提下作出的。科学是否是纯然描述的有待于后续进一步的考察，而所有持科学是纯然描述的论者均是如我在第三章第一节中分析指出的那样以对认识论的伦理诉求来要求、以道德规范来度量自然化认识论和自然科学的，那么我只能遗憾地说科学确实不具有他们所期望的那种功能，但同样令人遗憾的是他们所作出的武断。假使我们转变对规范性的理解，在规范性之内涵发生变化的前提下，科学是否是纯然描述的？作为一个能令人满意的结论就有可能与传统的观念有所不同，自然化认识论乐意看到这一点，蒯因的蓄意回避则是为了开拓认识论的新方向，新方向又是基于他的哲学观。

---

① Derksen, T. (2000). "Naturalistic Epistemology, Murder and Suicide? But What about the Promises!" In L. Decock & L. Horsten (Eds.), *Quine, Naturalized Epistemology, Perceptual Knowledge and Ontology* (Vol. 70). Amsterdam, Atlanta, GA: Rodopi. p. 21.

"有些哲学家把哲学理解为以某种方式从科学中分离出来，并提供一种建立科学的牢固基础的学问，但我认为这是一种空想。大多数科学都比哲学'坚实'，甚至比'最坚实的'哲学还要'坚实'。我认为哲学与科学是相连续的，甚至是科学的一部分。从最广义上说，科学是包括从历史学、工程学和纯数学的一个幅度很大的连续体。"①

从经验主义到自然主义，从凌驾于自然科学之上的传统认识论到成为自然科学之一章的自然化认识论，在蒯因看来是经验论发展的一个结果：

"第五个转折带来了自然主义，即放弃第一哲学的目标。自然主义把自然科学看作一种对实在的探索，这种探索是可错的和可纠正的，但它不对任何超科学的裁判负责，也不需要在观察和假设——演绎方法之外做任何辩护。"（*TT*, p. 72）

在这里蒯因认定了传统认识论表达的那种企图是徒劳的，经验论的第五个里程碑来到了自然主义的路线图是符合蒯因对经验论和认识论的发展历程作出的思考的。在第二章第一节中我谈到的是认识论从近代到现当代的发展历程，这里有必要再次回忆这一漫长的过程，以便厘清蒯因的逻辑。简单地说，经验论如何需要走到第五个里程碑之自然主义的问题也就是认识论为何需要革命的问题。原因可以归结为以下四点：其一，第一哲学对近代理性论和经验论造成的巨大影响需要尽快摆脱，认识论中呈现的本体论要素必须要被限定在合理的范围内——人为构造物不能够进入和干预感觉经验的领域，只能作为一种承诺来体现。其二，

---

① 麦基编，周穗明、翁寒松译：《思想家》，三联书店1987年版，第242—243页。

语言作为认识的工具和主体间性的呈现载体，它的功能必须在语句乃至整个科学理论中来体现，即蒯因说的以往都把格子画得太细了，应该把格子画粗一些，作为认识活动之反思活动的认识论在证据方面需要主体间性，在实证方面需要整体主义，在证据和实证所用之理论的选择方面需要实用主义的考量，而这些都是以往的经验论和认识论中不具备的，旧的经验论需要向新的经验论——自然主义快速转变，这种立场的转变必然带来新的认识论思想。其三，立场的转变带来的还有对待知识和真理二者的观念的转变，以往对于这两个概念的外延的理解多半是尚未得到澄清的，它们或许看来是泾渭分明的，是因为似乎只有分析命题才能得出真理，数学和逻辑位列休谟所讲之观念的关系之中，因此具有这样的资格，依靠经验归纳得来的综合命题虽使"知道的东西"在范围和数量上有所增长，但是如果它们能够叫作知识的话那么相较于分析命题所提供的真理，它们依旧是可错的，这样一来得出的结论是真理是不可错的、绝对永恒的，而知识是可错的、相对变化的；它们看起来或许并非是泾渭分明的，原因是如果不把综合命题看作是知识的话，我们的知识领域会十分的狭小并且人类知识是在极其有限的空间内缓慢的增长，如若这样我们就未给予人与世界的互动关系足够慎重的思考，庆幸的是这番景象显然不是我们今天看到的这样。再者，这样做也是违背传统认识论的辩护策略的，如果我们辩护的对象不是知识，那么我们做的工作就是一件无意义的事情，其结果只能背离辩护的初衷。其四，当经验论到达第五个里程碑时，人类历史也进入了 20 世纪，新科学的发展和成就迫使认识论从内部作出改变以适应时代发展的脚步，认识论亦需要与时俱进，认识论作为哲学的一个重要部门，而哲学是一个民族世代精神的精华，不合时宜的思想如何能够体现现世代人类文明的光辉。此四点足以说明认识论需要革命，蒯因基于这样的理由认为经验论的前四个转折分别代表着人类认识自然在不同历史阶段中取得的进步，然而也展现出它们的弊端，至于理性主义，那则是从一开始就需要加以拒斥的。人的认识问题不应该在任何人类经验范围之外的领域里被解决，人类经验之最合理的总结、对人类形成新的经验并造成实际有益于全人类福祉的东西就是科学，因而认识论应该在科学的范围内被讨论和研究。假使我们冒着坠入基础主义之深渊的危险回答哲学的基础是什么，得到的可能是五花八门的答案，这时我们已经坠入了确定性迷思的幻象中了，而科学之基础却是于人类自身无比亲近与真实的经验，这种回答就很可能是一种蓄意的虚构和背离。使认识论自然化中重要的几点是，（1）放弃"认为存在着比科学更为坚实的第一哲学"的基础主义的空想，由此派生出来的一个观念是放弃对绝对确定性的追求；（2）既然科学是迄今为止人类认识世界的最好手段及其所得之成就，那么认识论作为考察我们从有限的感觉刺激何以得出科学之活动没有理由不使用科学的发现、手段和研究成果；（3）认识论的自然化所弃之物若是作为一种在传统观点看来是认识论本有之物的话，自然化认识论也宁可不必使其成为不必要之羁绊。信念是一个心理学概念，"一个人的信念总体在几乎每一个醒着的时刻都在变化。"（*WB*, p. 9）信与不信是一个心理状态，相信一个观念除非是无理由的，否则必然能够在经验中找到合理或不合理的理由，而辩护则被认识论家们附加了太多的来自伦理诉求所赋予的责任。"在说一个人相信一个句子为真时，我们所持的标准是什么呢？在大多数情况下有一个显然的标准：这个人在被问及时会同意这个句子。这个标准也会失效，如果这个人不懂我们的语言，或者他选择了欺骗我们。"（*WB*, pp. 11-12）辩护的伦理负载是自然化认识论受到的误解之根本原因，自然化认识论不仅放弃了让渡于道德规范的认识论所谓本有的规范性，同时也放弃了辩护。自然化认识论转变认识论之主题体现为视人类认知活动之既定事实于一种自然现象，传统认识论则是要证明这一既定事实的合目的性，既符合于事物之本体又符合人类的道德规范，并且由于基本的道德规范是为人类普遍认同的一种价值观，所以来自道德规范的让渡的认知规范在其光晕之下也成了所谓的认识论本有之物，它的体现就是辩护。"自然化的认识论是一种被用来拒绝那种声称在先天知识和经验知识之间有明显区分的观点。换言之，我相信自然化认识论的焦点应该被理解为对传统地被认为有一些特权和特殊的规范的力量的先天知识的拒绝，这些认识论的不同层面上的问题和规范的/描述的之区分仅仅是在拒绝先天知识和第一哲学的过程中遇到的。"① 传统地说，把规范性固定于认识论并作为它的一种固有属性的做法就成为一种先入为主的观念，那么自然化认识论在这副有色眼镜下会受到批评也就不足为奇了。但这种批评就其根据而言无论来自自身还是他处如果是合理的，那么我们也欣然接受，问题恰恰是它自身不能放弃自身高于科学的地位，否则即使它具有强大的规范性也奈何不了科学了，可以毫不避讳地讲，这种思维方式是相当糟糕的。"认识论（被视为一个科学的分支）的研究对象是对自然科学（被视为在自然世界中不断出现的一系列事件）本身的理解，这就是为什么自然科学和认识论要互相包含的原因。传统认识论企图寻找一种优于科学的研究方法来回避认识论与科学的相互包含。"② 我希望能从这一精辟的论断中得到一些启示，即如果说蒯因在回避传统认识论的问题，而这种回避如果能够被稍具科学精神的我们所理解并乐意看到的话，那么传统认识论则因惧怕失去特权地位而作出的一种无望的寻找使得我们受到了一种迫切想去纠正它的鼓舞——那种寻找是一种徒劳。传统认识论又为何要舍近求远地去寻找那种所谓的"优于科学的方法"呢，

① Mi, C. (2007). "What is Naturalized Epistemology? Quinean Project". In C. M. Mi & R.-l. Chen (Eds.), *Naturalized Epistemology and Philosophy of Science* (Vol. 7, pp. 105-127). Amsterdam, New York: Rodopi. p. 108.

② Mi, C. (2007). "What is Naturalized Epistemology? Quinean Project". In C. M. Mi & R.-l. Chen (Eds.), *Naturalized Epistemology and Philosophy of Science* (Vol. 7, pp. 105-127). Amsterdam, New York: Rodopi. p. 117.

这是因为一来传统认识论想要保住其至少在规范性上优于科学的地位，二来则是惧怕犯下一种无谓的循环论证的错误，在第二章第一节中我曾讲到过传统认识论恐陷入循环论证采用了基础主义的策略来终止循环，现在看来这虽算不上最好的方法，却也是一种有效的方法，它的有效恰恰是以武断地基础主义的设定物为根据，而更好的方法在于转换思考问题的方式。

"即使是想证实我们关于外间世界的知识，对循环论证的担忧也只是一种不必要的逻辑怯懦。关键的逻辑问题是：认识论者面临着一种来自自然科学内部的对自然科学的质疑。这种质疑如下。科学本身告诉我们，不存在超人的洞察力；……既然如此，人们又怎么能从如此贫乏的痕迹中获知外间世界的事情呢？简言之，如果我们的科学是真实的，我们是如何知道它的呢？显然，在面对这种质疑时，认识论者可以任意地使用所有的科学理论。他的问题是，如何找到这样一些方法，在保持与自然科学一致的情况下，人类这种动物借助这些方法得以从根据这种科学可以到达他的感觉信息中建构出同样一种科学来。"（*RR*, p. 2）

我们在以上引文中被告知在考察我们的感觉信息作为科学之来源时所使用的手段仍然是科学，这样做不构成循环论证或无须惧怕循环的原因是我们必须认定：（1）不存在超人的洞察力——在认识论和认知活动中不存在优于科学的方法；（2）接受由科学解释我们的经验何以构成科学的认识论研究乃是基于对人类对自身能力的反思的合理结果，传统认识论家所担心的问题也就不是问题了。

"经验论至关重要的洞见就是，任何科学证明的重点都在感觉中。……认识论家一直愿意假设感觉材料，把物理刺激隔绝开，因担心会有循环：把物理刺激而不是感觉材料作为科学证明的终点将使物理科学自身的证明依赖于物理科学。但如果与纽拉特一道，我们接受这个循环，径直承认科学的科学也是科学，那我们就能免除认识论设定感觉材料领域的动机。"（*WP*, pp. 225-226）

　　诚然，如果我们把认识论看作是对于认知活动的认识，也就是说认识论本身也是一种认知活动的话，这种认知活动如果是能够提供一点有用的知识的话，如果它选择了要避免循环，要因科学是纯然描述的而弃绝使用其发现、方法和研究成果的话，只能去无望地寻找一种优于科学的方法来避免这一切的发生。来自反面的意见是，这样的主张先肯定了科学及其方法的优越地位，似乎从传统认识论的一个极端倒向了它的对立面又一个极端。然而，我当然乐意看到有一种能够超越于规范的统认识论和被说成是描述的自然化认识论的方法，可实际的情况却是我们不仅尚未被告知存在着这么一种方法，而且传统认识论的努力陷入困境，而且它并没有对实践尤其是科学探索起到多大的作用，并且其本身的进程也缓慢得让一些据说是要依靠于认识论来为其辩护的心理学、脑科学、神经外科、解剖学等构成的认知科学渐渐形成取代传统认识论的趋势，到这个时候我们如果还要囿于传统认识论的正统思想所传授的谆谆教诲，那么我们是否应该扪心自问我们的进取心去哪了。来自反面的意见是如果说传统认识论企图寻找优于科学的方法是一种徒劳的话，那么科学方法何以优于传统认识论？对这一意见的回应，毋宁是在回答自然化认识论成为自然科学之一章的理由何在，上面我已描述了当下实际的情况，而在理论上我赞同这样做的原因在于科学理论具有的因果必然性及其普遍有效性是传统认识论所不具有的，反面意见这时就在原基础上增加为自然化认识论径直承认科学的科学也是科学这一重要的洞见而弃规范性于不顾。这是关于规范性的反对意见，其实质就是说赞同认识论的自然化及其包含于自然科学的境遇的理由是什么，理由就是我并不认为自然科学是纯然描述的，而一向以规范性自持的传统认识论我已在上一节阐明其最重要的规范并不是来自认识论自身而是来自对绝对确定性的渴求继而所做的先验预设以及来自道德的让渡，于是规范要么是先验的，要么干脆就是道德规范在认知领域的表现。自然化认识论之所以自然主义之立场对认识论自身进行改造，乃是与时俱进之举，规范性不仅可以表现为伦理诉求，当它仅仅局限于认识论本身的时候它就体现为蒯因在回复莫顿·怀特的《规范的伦理学、规范的认识和蒯因的整体主义》一文时所讲的那样：

"关于认识论价值的地位问题，我有话要说。认识论自然化没有放弃其规范方面，也没有满足于对持续进行过程的无选择的描述。对我而言，规范认识论是整个事情的一个侧面。它是求真的技术，或者，用更谨慎的认识论术语来说，是预测的技术。就像任何技术一样，它可以自由地利用无论什么样的科学发现，只要它适合其目的。……这里，就像在道德领域中一样，不存在有关终极价值的问题；它是对于一个远端目标，即真理或预测的有效性问题。这里，正如在工程的其他地方一样，当该终极参数已经被表述出来时，规范的认识论就变为描述的了。"①

其次，自然化认识论本身不是去规范的（de-normative），即认识论在被自然化的过程中不是蓄意地要消解规范。自然化认识论亦有其规范性，自然化认识论可以自由地利用自然科学，请注意这里蒯因提到了"预测的技术"即是指自然化认识论能够作为自然科学的一章，意味着

_____

① Hahn, L. E., & Schilpp, P. A. (Eds.). (1986). *The Philosophy of W. V. Quine* (Vol. XⅧ). La Salle, Illinois: Open Court. pp. 664-665.

自然化认识论将以一种科学的认识论存在从而区别于哲学的认识论，它所要体现的规范正好是科学向人们传达的规范，而这样的规范当然不能是道德上的或是对于知识之确定性的规范的诉求，这样的规范是"科学能够告诉我们 x 是否会、在什么情况下通常会导致 y。在此意义上，它能告诉我们对于相信 p 来说，想是否是一个好的理由。它也能告诉我们何时、多久一个认知系统是正常工作的。它还能告诉我们一个认知系统怎样工作以及它是否良好可靠地工作"。[①] 当一种因果必然性普遍存在于我们的认知领域的时候，科学的工作就是揭示它并加以系统化，即方法论上的精致化，这正是科学最重要的规范性所在。正像我们寻找一个好的理由去相信一种能够传递给我们以知识的认识论一样，我们现在找不到一个坏的理由去放弃认识论包含于自然科学的主张。约翰森注意到蒯因的两段论述：

"作为一个经验论者，我继续把科学的概念系统看作是根据过去经验来预测未来经验的工具。"（*FLPV*, p. 44）

"此外，自然化的认识论在其规范方面一般注重启发式的研究——注重构造科学假设过程中理性推测的整体策略。……一个句子要求得到科学地位，依赖于它对一个其检验点被预言的理论有什么贡献。"（*PT*, pp. 19-20）

"从上述引文来看，规范的认识论的确落入了科学并作为它的一部分；它特有的任务是去确认、阐述、评价以及可能修改最普遍的那些指导我们的科学理论化和评价我们的理论所依据的规范；甚至以新的外表

---

① Derksen, T.（2000）."Naturalistic Epistemology, Murder and Suicide? But What about the Promises!" In L. Decock & L. Horsten（Eds.）, *Quine, Naturalized Epistemology, Perceptual Knowledge and Ontology*（Vol. 70）. Amsterdam, Atlanta, GA: Rodopi. p. 23.

和背景出现，这与传统认识论的追求明显是一致的。"① 进一步追问何以与传统认识论的追求一致？自然化认识论不是先作为心理学的一章吗？让我们先看看信念这个概念，什么是信念，信念就是对某一特定经验持相信态度的一种心理状态，它是一个心理学词汇，科恩布里斯又认为，此君前后观点的变化甚是有趣，从一个侧面是否也反映了自然化认识论的主张逐渐被人们所接受了？

认识论被自然化何以不是被去规范化？如前所述，可见自然主义本质上是经验主义的，是一种比休谟还要彻底的经验主义，按蒯因的说法是经验论的第五个里程碑，与以往的经验主义不同的就是自然主义放弃了以往经验主义仍然持有的基础主义的迷思，有趣的是如果自然化认识论受到的批评本质上是由于将自然化等同于去规范化的话，那么这恰好证明了传统认识论的规范性是来基础主义迷思之下的人为构造物，因为他们认为自然化认识论舍弃了传统认识论具有的规范性，而自然化认识论放弃的不过只是基础主义，放弃了基础主义从而导致放弃了规范性，因此这个逻辑是成立的。自然化不等于去规范化，对认识论的自然化从未要主动地消灭规范性，而是要重新审度认知规范，澄清传统认识论所持有的规范并不是认识论自身真正保有的规范，用新的、自然化的认识论研究范式取代旧的、基础主义的认识论的研究范式，并以新的规范代替旧的规范。自然化认识论由于其包含于自然科学之中因而它自身的规范也是科学的规范，在科学中体现为因果必然性的普遍有效性，在认识论中则是对其反思后得到的关于工具理性的有用性的规范，蒯因在《信念之网》中具体化为选择一种假说需要考虑如下表所示的六点"长处"：②

① Johnsen, B. C. (2005). "How to Read 'Epistemology Naturalized'". *The Journal of Philosophy, 102* (2), 78-93. pp. 90-91.

② Cf. Quine, W. V., & Ullian, J. S. (1978). *The Web of Belief* (2nd ed.). New York: McGraw-Hill. pp. 66-79.

保守性 conservatism	我们为了解释某些事件而发明的假说，可能会与我们先前的某些信念相冲突；但这种冲突应该越少越好。接受一个假说和接受任何一个信念一样，要求摒弃与之相冲突的任何信念。在同等条件之下，对先前的摒弃越少，假说就越可信。
谦和性 modesty	一个假说如果在逻辑上比另一个假说弱，即如果它为另一个假说所蕴含但不同时蕴含另一个假说，那么它就比这另一个假说要谦和。……一个假说如果比另一个假说平凡，即根据它所要发生的时间更加寻常，因而期望值也更高，那么它也会比后者要谦和。
简单性 simplicity	同样的道理，越是复杂的假说，出错和失去控制的可能性也越大……简单性的策略会使我们一步步逼近正确的理论。
概括性 generality	一个假说的应用范围越广，其概括性就越强。
可证伪性 refutability	说一个假说具有可证伪性，其要点是，有一些可以想象到的时间，如果真的发生了，就应该足以证伪这个假说。否则这个假说就不预言任何事情，也不能被任何事情所确认，它除了可能给我们带来虚幻的精神上的安慰外，没有任何的实际好处。
精确性 precision	一个假说越是精确，根据它所作出的每一次成功的预言对它的确认也越有力，因为巧合相对说来是不大可能的。如果根据一个假说所作出的预言碰巧因为不相干的因素而得到应验，这种情况就是一种巧合；一个假说越精确，这种巧合的空间就越小。

在上一节中规范作为一种行动的必要性理解时，工具理性的思考能够使得手段与既定目的之间形成相对稳定的匹配关系，从而找到达成认知目的最优路径。当我们面对一系列假说时我们依据什么标准来判断和选择哪一种假说是好的，以上的六个优点就作为一种工具理性所带来的规范而在实际的过程中被遵守了。如果以上六个优点在把认知规范作为行为之必要性理解的基础上能够作为一种规范的话，那么我们就没有理由说自然化认识论是纯然规范的，以上六个优点只是自然化认识论规范

性的体现之一，科学对于规律的揭示以及作为一种预测的技术的规范性已在上文中交代过了，自然化认识论至高无上的规范就是经验主义本身。

最后，规范性不是认识论之所以是认识论的充分条件，描述对于认识论来说与规范同等重要，它们在认识论中发挥着不同的作用，对认识论是规范的还是描述的价值判断也存在着迷误。这里有两个观点需要澄清。一方面，一种学说之所以被称为认识论并不意味着它必然包含规范性的思考，规范性不是认识论的出生证明。另一方面，我们也需要知道自然化认识论不是反规范的，它要反的只是基础主义的观念，认识论的自然化不是要革规范性的命，而是要革传统认识论中企图以超验或先验的方式赋予认识论以特权地位、把信念—辩护的策略以及认为认识论能够为知识提供绝对确定性人为地构造出来并强加给认识论的做法、以从道德规范让渡于认识论并认为是认识论自身所有的规范性以及认为认识论具有教化人心之功能的主张的命。诚然，认识论无法回避规范性问题，自然化认识论作为一种革命的认识论也无可幸免，但这不能等同于认识论全都是规范的这一全称命题。自然化认识论对自身的自然主义立场和描述的做法毫不讳言，这种做法必然维持在一个可接受的限度内。

在第二章第一节中我曾提到过基础主义迷思之下人们偏爱于具有确定性的东西，时至今日之发展构成了"确定性—基础主义—规范性"的路线，在规范性的偏爱和对描述的拒斥甚至是厌恶的背后是人性本性的流露，但我接下来将要说明如果人类的本性是爱确定性、爱规范性的，那么他们就更应该爱科学、爱自然主义，因为那才是一种以铁铮铮的事实呈现出的规范性。我立论的前提是科学是迄今为止人类最引以为豪、最优秀的认识活动之成果，这一无可辩驳的事实又为自然化认识论的合法性、合理性和规范性提供了强有力的辩护。从流变的世界中把握永恒，从相对中把握绝对，从有限中把握无限，这是从巴门尼德开启的意见之路和真理之路的区分和柏拉图时代以来就奠定了认识活动的目标，因此能够把握一种能以不变应万变的知识，对相较于自然而是弱小者的人类来说既是他们所期望的也是值得庆幸的，毕竟没有谁想用一种同样是流变的东西去判断流变的现象，当然人类也凭借自身优秀的智力能力和较为有限的感觉能力发现自然界中存在着一些重复出现、在空间上接近在时间上接续的现象，依据两个现象的恒常伴随出现而被叫作规律，规律构成了被我们称为科学的那种东西的主体。带来的是一种预测的强大的稳定性，即蒯因所说的预测的技术有了科学规律也就有了能够确切把握尚未发生之事的能力，继而也是科学强大确定性的表现。因此，科学本身就是一种强大的规范的思想，所以我们可以发现自然化认识论不但没有消除规范，反而是顺应了科学的发展。

再从人的生命和能力的有限性和自然—宇宙之无限性的本原性矛盾谈起，设想我们使用流变的东西去判断流变的现象，人类永远停留在现象的范围内，这是一幅悲惨而可怕的画面，带给人以浓重的不安全感，为了消除这种不安全感，人类的思维方式恰好选择了从流变中把握不变以获取一种相对稳定的东西，具以应对自然界中对生命的威胁；再进一步假设对人类来说每天都是一个全新的世界，每天都需要去认识世界中的每一件事物，那么我们似乎会简单地生存下去，或者消亡，这种假设的不合理恰好证明了人类对于规范的偏爱的合理。从这个意义上说科学知识也成了一种规范，科学的规范性上表现了适度的力量，这一点是它优于旧认识论的地方，也是蒯因要抛弃旧认识论的原因，科学不赋予任何学说以优先地位和特权，也不要求自身获得这种地位，它向人们如实地反映这个世界：事物就是如此这般。而这也正是传统认识论的拥护者们将它看成是纯然描述的之原因，并就此认为自然化认识论如蒯因所述成了自然科学的一章的话就变成了无规范的了。只要把科学放到整个人类的历史中就会发现原来科学才是人类必需的和偏爱的规范并且以描述的方式体现着规范的力量，自然化认识论作为自然科学的一章与科学共享规范，它们共同的至高无上的规范就是经验主义本身——心灵中没有任何东西是以前感觉中没有的。

经验主义返回自身思考时也不免要受到考察，毕竟自然主义不承认存在着任何超越经验的观念具有相较于科学的特权地位，对经验主义自身的考察就被唐纳德·戴维森发现了一个问题：

"我极力主张：关于图式和内容（即起组织作用的概念体系和某种有待组织的事物）的第二种二元论是无法理解的和无法辩护的。这种二元论本身是经验主义的一个教条，即第三个教条。这第三个教条或许是经验主义的最后一个教条，因为倘若我们放弃这个教条，那么就搞不清是否还会剩下什么别具特色的东西可称为经验主义。"①

蒯因明确地肯定了戴维森谈到的经验论的第三个教条取代分析与综合的概念图式与经验内容的二元论，也表达了对经验主义的立场持坚定不移的态度：

"如果把经验主义理解为一种真理论，那么戴维森作为第三个教条归咎于经验主义的那种东西，是被正确地归咎了，也被正确地否定了。这样一来就摆脱了作为一种真理论的经验主义，而且摆脱得很好。不过，经验主义作为一种证据理论，在排除那两个旧教条之后，仍然与我们在一起。现在被理解为与真理无关而与有根据的信念相关的所谓第三个教条，仍然完整无损。它既具有描述的方面，也具有规范的方面，无论在其

---

① Davidson, D. (1984). *Inquiries into Truth and Interpretation*. Oxford: Clarendon Press. p. 189.

中哪一个方面，我的确都没有把它看作一个教条。正是它使得科学方法部分说来是经验的，而不仅仅是一种对内在连贯性的追求。"(*TT*, p. 39)

在本节中我们密集地关注于自然化认识论的规范和描述的性质，蒯因在回应戴维森的论述中明确地提到了经验主义的描述的方面和规范的方面必然要给予足够的关注，所谓经验主义仍然与我们在一起，就是说自然化认识论终究是建立在经验主义基础上的，彻底的经验主义是自然化认识论的根基，而其规范的方面依然是作为自然化认识论和科学理论至高无上的规范，并且自然化认识论和自然科学不需要也不遵守来自经验之外的规范；其描述的方面集中于自然化认识论的任务——不在于考察知识是什么，而在于科学是如何可能的；以及方法——观察人类如果由经验构建出科学理论及其中的证据支持关系，这种发生学的方法区别于人类知识的建筑术——构造的方法，即从我们业已具有的知识回溯到经验的推理，在这过程中凡经验成为知识所欠缺之物均以人力构造出来并借以构造物之所能来与经验发生种种作用继而能够说明知识。自然化认识论刚好与这一过程相逆，从经验出发通过观察儿童对语言的学习过程来发现人们是怎样到达科学知识的。

通过上面的分析可见人们对于规范的偏爱和对于描述的厌恶乃是有根据但没有道理的，这种有根据、没道理的偏见影响了不少论者，那些为传统认识论辩护的论者自然是不必说，他们必定是为规范性摇旗呐喊；支持自然化认识论的论者在为自然化认识论辩护时通常所做的是自然化认识论有规范性的辩护，而不是自然化认识论即便是纯然描述的它也是合理的、应该被追求的。所以，他们当中大部分是坚持一种规范的自然主义，譬如劳丹，如果这里不把这种主张理解为一种折中主义的话那么最好是理解为一种对规范的经验化或"去先天化"，即自然化规范（naturalized norm），只有这样谈论规范才是与自然化认识论相容的。但即便是这样也还是在对自然化认识论做有规范性的辩护，我所期乃是凡有理性之人只消理解了科学的精神便能理解自然化认识论的意旨，从而摆脱基础主义迷思下的蒙昧不要一味地执着于规范性带来的安慰。蒯因的自然化认识论没有把经验主义当作一个教条，反而是传统认识论把基础主义当作一个信奉的真理以此来区分规范的和描述的，并由此形成了一个新的教条——相信在认识论中规范和描述有着泾渭分明的区分。

第三节　一个新的教条

把认识论区分为规范和描述的是一个新的教条，这个教条的形成是建立在我们具有一个区分的标准之基础上的。在一开始需把什么是教条稍微厘清一下，教条本身是一种学说或主张，当某种学说或主张得到了坚持并造成了一系列相应的后果，而这种学说或主张的内容是缘于某种不可证明或非自洽的理由时，教条就形成了。再来我们还必须谈到区分，使用某一标准对两种理论作出区分有可能出现的三种情况是：第一，在 A 和 B 两种理论中，A 理论具有性质 Q 而 B 理论不具有，这是在质上的区分，也是最明确的区分；第二，A 理论和 B 理论都具有性质 Q，那么必然要在量上来区分，要形成明确的区分，除非性质 Q 是可以定量分析的；第三，A 理论和 B 理论都不具有性质 Q，那么就无法作出区分并间接地表明包含性质 Q 的这一标准中不适用于对 A 和 B 两种理论。本节我将考察如果这个教条是合理的，那么必然存在着一个区分的标准，这个标准是什么？如果这个标准真实存在的话那么认识论就可以被分为规范的认识论和描述的认识论，传统认识论归入规范的认识论中，自然化认识论归入描述的认识论中。如果这个教条如其名曰为教条，它又为什么是不合理的？如果没有这样一个标准，那么认识论被分为规范的和描述的就是不合理的。不仅戴维森所说的第三个教条与第一、第二个教条有关，这个新的教条部分地也是源于它们。接下来我们将会看到如果分析命题与综合命题的区分是不成功的，如果没有那片先验的沃土，传统认识论的规范就难以建立起来。

以规范性自恃的传统认识论家们区分认识论是规范的还是描述通常有这样几种：

甲，认识论的任务中是否包括了定义的方法、辩护的手段、信念为内容；

乙，认识论是否为知识提供辩护，提供一个确定的、可靠的基础；

丙，认识论是否提供了认知规范，即认识论对于认识活动是否具有普遍有效的规定和导向作用。

无论从哪一种标准进行区分，我们都需要考察这个标准本身是否合理，源于何处。可以明显地看出从以上三种标准均是有利于传统认识论的规范性特征的，对于自然化认识论而言似乎有失公允，但我们也姑且先不予计较，只需先回忆我曾提到的"传统认识论企图寻找一种优于自然化认识论的研究方式而回避认识论与科学的相互包含"这一论断，这三个标准正是这一论断的典型表现。这里有一个较为模糊的问题是一种认识论是规范的或是描述的是否需要满足以上三个标准，还是只需满足其中一个或两个？对自然化认识论的替代论批评似乎针对的是标准，而评价功能的批评针对的是标准丙，标准乙是基础主义的一个衍生物。标准甲是成立的，当且仅当我们在从事认识论研究之前已经清楚地知道认识论的定义，认识论是以信念为对象、以辩护为手段、以真为目标的对于人类的知识系统和认知活动的分析和反思。这个粗略的定义把我们带入了元认识论的思考，这里出现一个矛盾：以定义来区分这首先要求我们在区分之前有一种或是描述的或是规范的认识论的定义，即或是在现实中或是在观念中建立一种描述的或规范的认识论的理想模型，以此可以判断认识论是规范的还是描述的，鉴于传统认识论与自然化认识论在产生上时间在先，于是成了一种先入为主的观念，这就是说以规范认识论为正确价值取向来判断的话，那么似乎我们一开始就做对了事情，自然化认识论是偏离了正确的价值取向的。有两个问题，其一，传统认识论作为一种先入为主的观念并在这种观点之下，既然我们一开始就做对了事情，这意味着传统认识论自己确立区分的标准自己遵守，这与自然化认识论有何相干？如下表所示，它们根本就是在从事着不同的工作：

	传统认识论	自然化认识论
任务	奠基：为知识提供可靠的基础 范导：以认知规范规定和引导认识活动 评价：对认知活动进行价值判断	考察贫乏的输入如何产生出汹涌的输出
方法手段	辩护 人为构造物 反思与建构（construction）	观察：语言学习的发生学考察 经验心理学及一切可利用的自然科学研究成果 反思和重思 （reflection & reconsideration）
目的	定义：给出知识之定义 真理：从知识中区别 价值判断：寻找好的理由、为人的认知活动确立方向	尽显我们的认知活动及其结果之本相

其二，这个区分的标准如果不是把标准的确立者自身作为标准的话，那么在我们尚未从事认识论研究之前我们是如何获得这个标准的？如果这个定义是来自我们从事了大量的认知活动之后，那么一来它有可能是经验的，二来在定义产生之前我们都不曾晓得是否获得了知识或者那些储存于记忆中的经验能否叫作知识。若以定义来区分，定义就要么

只能来自以传统认识论自身所从事的工作作为定义，要么如果我们没有知识，那么我们又如何知道认识论的定义，以至于我们如何知道什么是认识论。这一点如果是无法确认的，那么我们在开始与世界的互动之前就具有了认识论的思想，那么我们就会按照认识论的思想来对信念进行辩护以资成为知识，但这样一来认识论便不是反思，也不是后验的了。如果是后验的那么它如何能够保证其普遍有效性，即何以能够成为评价一切对于知识之考察反思活动。并且如果以这种定义的第一种来源（即以传统认识论自身所从事的工作作为认识论之定义）来看的话，自然化认识论甚至根本没有资格被叫作认识论，既然如此又为何要被区分为描述的呢？需要思考的是自然化认识论和传统认识论共处于认识论的名下，必定是有一些它们共同具有的特质。这不仅是与常识相悖的，也与实际的认知活动的过程不符。于是我们需牢记，认识论是反思，不能是先天只能是后验的，认识论的定义是被假设出来的。认识论的定义要求满足逻辑在先，实际上认识论本身是时间在先的，这就意味着如果以定义来区分规范和描述的认识论，这个定义能够作为一个公允的标准的话被预设出来，或者就只能是以实际上时间在先的传统认识论作为逻辑在先的定义来使用，那么自然化认识论是完全有权拒绝这种评判的，于是这种区分也就是没有根据的，并且把传统认识论把自身所从事的工作视为一种区分的标准本身就是一个教条，是传统认识论的一种独裁。认识论作为形而上学的一章。

标准乙中关于确定性（certainty）的理解有决定性（determinacy）、不可错性（irrefutability）、不可修正性、普遍有效性。试想如果我们要完全地在经验中建立这样一种认识论来会有多么巨大的困难，然而传统认识论家们担忧自然化认识论家所面临的非规范性的批评和循环论证之评判的同时却不担忧在自然主义者看来他们真正所面临的一个巨大的危险，他们并没有想要宣称认识论一定要在经验的限度内来建立和运行。

作为保障其规范性的措施传统认识论可以不必将认识论研究局限于经验的限度内，这对传统的认识论及其视野下的科学来说无妨，但对科学和自然化认识论而言则是致命的，如康德认为的那样："支配科学的规范必要超越于科学评价，如果科学根本是可能的话，那么这些原则应当作为先验组织的一个必要部分。"① 科学要接受来自经验之外的观念的组织和引导，哲学家们成为发号施令者，通过认识论给科学家们制定规范，科学家们沦为了规范的践行者，那么我们就要怀疑我们企图尽显我们所知领域之本相的梦想是否会沦为一种奢谈，而中世纪时那些尽管在文学和审美方面有着巨大价值的神话甚至是封建迷信又是否会飞升为真理的裙下之臣。自然化认识论遭受批评其中一点就是描述不是一种朝向决定论的认知努力，如果科学之本质乃是如实地报道所观测到的东西，人类本能地追求一种决定论的经验总结，孰更加合理也是明显的了。不可否认的是，人类迄今为止的认知实践及其愿景都是朝向一种决定论的（deterministic）努力，最典型的就是因果决定关系，事出必有因，不仅是因为有的事情我们看到的往往只是结果，我们想要了解原因是什么的求知欲和好奇心成了打开通往我们所能知之本相领域之门的钥匙。自然化认识论是否具有规范性，此处同问的是科学是否有规范性，在我看来答案不言而喻地是肯定的。但此科学的规范与传统认识论的规范在性质上是不同的，接下来我将表明尽管传统认识论企图建立的那种并非源自认识论本身的规范是可能的，但自然化认识论表明真正源自认识论本身的规范则不能够具有传统认识论家们所梦寐以求的那些特性，科学史中的一些经典例子就作为我们打开了这扇门所看到的东西：

---

① Brown, H. I. (1988). "Normative Epistemology and Naturalized Epistemology". *Inquiry, 31* (1), 53-78. p. 69.

"欧氏几何学和因果论在科学中扮演了规范的角色：如果测量给出的结果与欧氏几何的计算结果不一致，那么错一定在测量；相似地，如果科学家没有找出一些时间的原因，那么错就在科学家。……这两个众所周知的具有超越经验之地位的原则在当代受到了挑战，……欧氏几何学在宇宙中不再是规范的，因果性在基本粒子物理学中也不再是规范的，但这些理论对大部分科学研究来说仍然保持着规范的地位。"①

此外，牛顿经典力学在物质的微观高速运动条件下也不适用，但在当今我们现实生活中从架桥修路到火箭发射依然是精确适用的。布朗还提到一个更加专精的例子：当代物理学总体上要求物理理论作为洛伦兹不变量（Lorentz-invariant）。这个要求被接受是由于狭义相对论的成功以及如果狭义相对论受到质疑便要对它进行重新考虑，但是这并不意味着提供了一个用以评价其他理论的规范。另一方面，物理学家们一旦要求物理理论宇称守恒（converse parity），那么他们将无法区别左右。宇称守恒是一个为评价低阶理论提供基础的高阶原则。尽管如此，物理学自身的发展表明这个原则是经验地可检验的，并且这个原则并不适用于弱相互作用。这个例子要告诉我们的就是科学家们评价理论和观察是基于有力的命令，但是这些规范是科学的一部分。新的规范可以被提出，旧的规范也可能由于科学的发展而被拒绝，科学推动自身发展的驱动力正是来源于这个过程。② 我们从这些例子中得到的启示是并非科学史上所有的理论之间都是完全融贯的，它们在不同的科学时期或不同的领域发挥不同的规范作用是完全可能的，并且规范自身也会新旧更替，因为

---

① Brown, H. I. (1988). "Normative Epistemology and Naturalized Epistemology". *Inquiry, 31*（1），53-78. p. 69.

② Cf. Brown, H. I. (1988). "Normative Epistemology and Naturalized Epistemology". *Inquiry, 31*（1），53-78. p. 70.

规范也可以经验地检验的以及可错的和可修正的。关于规范：

"重要的问题是如何使一个理论诚然是经验的又能作为规范？答案是：规范无须是超越经验的。恰恰相反，规范就其科学的目的和方法论的命令的形式而言，以相同的方式作为理论假设、实验设计、新的数学理论和其他所谓的科学的满足的特征来运作和评价的。"①

传统认识论认为的标准乙中所包含的因果决定性、不可错和不可修正的特性在实际的认知过程中并不存在，那么传统认识论中认知规范的来源就只能有一种合理的解释，这种规范是先验的。只有先验地预设出来的规范才能作为绝对的和普遍有效的真理。进一步我们还需要知道规范的先验设定是基于什么样的需要，如果是作为蕴含于分析命题中的概念的真理的话，那么认知规范由之演绎得出的那个命题就与经验世界无关，又怎么会作用于经验的认知实践？并且我们从蒯因那里得知分析命题和综合命题之间没有区分的标准，如果这是对的话，传统认识论所谓的认知规范为了摆脱思维的任意性与臆断相区别、作为包含于分析命题中的概念的真理的主张。这似乎又退回了康德的知识学，先验的规范对后验的感性直观的杂多进行辩护从而得出知识。

传统认识论是通过辩护的手段来使知识具有这样的特性的吗？如果是的话，自然化认识论确实不能作为传统认识论家眼中具有规范性的认识论。两种认识论对于规范的范导功能理解是根本不同的，传统认识论家眼里的规范是对于经验朝向知识的范导（format），而自然主义者眼里的规范是对于人类行为获得成功的范导（guide），前者类似亚里士多

---

① Brown, H. I. (1988). Normative Epistemology and Naturalized Epistemology. *Inquiry, 31* (1), 53-78. p. 69.

德的形式以及康德的知性十二范畴，遵守这个规范才是通往知识之路；自然主义理解的规范仅仅是作为理论假设而存在的行为必要性，即为了达成预定的认知目标我们有必要以这样的而不是那样的方式来行事以最大化真理和最小化错误，增加成功的概率，规避失败的风险。范导功能不仅自然化认识论不具有传统认识论也不具有。但徐向东先生认为：

> "不管哲学家们如何设想'辩护'这个概念，他们基本上同意，辩护是一个知识主张有资格成为知识的第三个条件。……传统上，知识论主要关心的是认知辩护（epistemic justification）问题，而不是一般而论的知识问题。说一个信念是一个得到辩护的信念，就是说持有那个信念是认知上可允许的。不过，我们需要注意的是，认知辩护的概念是一个规范的概念：认知辩护关系到认知主体应该或不应该相信什么东西？……认识论的主要任务，就是要阐明在什么条件下我们应该相信或者不应该相信某个东西。"①

我并不赞同这个观点，而是认为认识论应该关心的不是我们能够知道什么，这是认知科学的任务；也不是我们应该相信什么或知道什么，这是一个没有意义的问题。"相信"在第一种意义上，即我们由认知活动所得之经验的哪一种或哪一部分是应该受到肯定的？在第二种意义上，概括地，我们应该相信真理；具体地，凡是能使认知活动的成功的概率最大化，失败的风险最小化的东西我们都应该相信，但前提是在不违背道德规范（而不是认知规范，因为认知规范是可随之改变的）的情况下，要知道认知规范绝不是从目的上来范导认知活动的，什么东西我们应该知道以及什么东西是值得我们去知道的诸如此类的问题，对于认

---

① 徐向东：《怀疑论、知识与辩护》，北京大学出版社 2006 年版，第 8—9 页。

知来说是没有意义的，一切我们尚未知道的东西我们都应该去知道，一切我们尚未知道的东西都值得我们去知道，因此目的的选择是道德规范的效力范围而不是认知规范的效力范围。掌握一种知识不附带使用它的目的，就如知道氰化物可以致命并不等于要用它去杀人，知道核裂变和核聚变的原理也不等于要用来使生灵涂炭。认识论真正应该关心的是我们是如何知道我们已经知道的东西的。辩护的内涵也极为模糊，以归纳问题来看，无论知识还是常识，我们都不可避免地是通过对经验的归纳而得出的，通过归纳我们得出的只是真信念，在此辩护似乎是只要说明归纳推理是合理的，那么便从源头上解决了关乎全部人类知识的一大难题。传统认识论是怎样说明我们通过对经验的归纳得到的如是合理的，即真信念是如何得到辩护的？传统认识论的框架下存在有一些无法辩护的假定，这些假定必定是有一些与其他信念相比更为基础的信念所依赖，这才会萌生了基础主义的思想，而如果我们放弃这些假定，也就放弃了基础主义的思想。非经验的知识以数学为代表，但仅仅通过数学知识的演绎并不能得到关于这个万千世界的知识，它根本与经验无关，以数学知识为代表的所有非经验的知识中也不能演绎出归纳推理的合理性来，那么归纳推理的合理性就必须要先于经验设定出来，自然化认识论则是通过对认知活动的实际结果的描述来说明这一问题的，自然化认识论在阐述如何获得知识的过程的时候是通过分析语言习得的过程，即从观察句到理论句的学习过程，传统认识论把对这一过程的分析看作是描述的，并以此作为一个反面的范例来区分描述的和规范的认识论。除非传统认识论不承认经验的、归纳的知识，否则它也必须对这一类知识作出合理的说明，它们自己却只能通过对归纳推理的合理性的预设来辩护真信念，这样做只不过是为了我们通过归纳推理形成的知识编造出一个理由，不过在这个意义上传统认识论确实达到了辩护的目的，但自然化认识论认为在这一方面不必过于深究。

"我认为，归纳问题的一部分，即为什么在自然界中竟存在着规律，可以抛弃掉。无论出于什么原因，存在着或者已经存在着一些规则，这一点是科学已经确认了的事实。而且，我们不能要求比这更好的回答了。……具有清楚意义的是归纳问题的另一部分：为什么我们天生的主观的性质划分与自然界中功能上相关的分类是如此的协调一致，以至于使我们的归纳倾向于是正确的？"（*OR*, p. 126）

很明显传统认识论企图通过辩护来说明第一个问题：为什么自然界中存在着规则，以及为什么我们有关于规律的知识？问题是我们如何能够相信自己能够仅仅依靠自身的理性能力在经验的范围内来解决这个问题，分开来看，我们有限的理性能力如何能够解决这一问题？再者，局限在由我们贫乏的感觉输入所获得的经验中又如何解决得了这个问题，解决方案的产生必须同时满足两个条件，只满足于第一个条件的话被称为理性的独断，只满足第二个条件的话不是循环论证就是什么也没有说明。自然化认识论对第一个问题的态度与其说是抛弃不如说是搁置，把精力集中于解决第二个问题。以达尔文的进化论思想来说明归纳推理的有效性问题在传统认识论那里又成了循环论证，在我看来这是说明归纳推理的合理性最为合理的方式之一，在不依靠外在人为构造物的情况下仅仅从人自身的进化过程来说明在这一过程中人是如何建立知识体系的，同时这也是自然化认识论的诉求，这也正好说明了他们是基础主义的忠实代言人，蒯因就此重申了自然化认识论的立场和观点：

"在这里我不太会在意下述指责：我正在使用达尔文或其他人的归纳概括去为归纳辩护，因此我是在进行一种循环论证。我不太在意这类指责的理由是：我的立场是自然主义的；我不把哲学看作是自然科学的先验的预备的知识或基础，而认为它是与科学向连续的。我认为，哲学和科学处在同一条船上——回到纽拉特的比喻（如我经常所做的那样），我们只能在海上漂流时待在船中重修这条船。没有第一哲学。"（*OR*, pp. 126-127）

　　之所以不厌其烦地引述这段话，目的在于使我们看到传统认识论与自然化认识论的主要的分歧在于是否接受这种循环，从结果来看，传统认识论不接受循环，如前文提到的，他们企图寻找一种优于科学的方法来避免认识论与科学的相互包含，并且使认识论的地位高于科学，所以使用基础主义的策略来替代接受循环对于归纳推理的合理性解释。所以关于归纳，自然化认识论的结论就是："相似性的观念是人类的动物性遗存之一。它与自然规则相吻合，以至于在我们初始的归纳和预期方面为我们提供了合理的成功。就此而言，它可能是自然选择的一种进化的产物。"（*OR*, p. 134）我们再次看到以标准乙来对规范和描述的区分是把规范建立在第一哲学之上，通过归纳来建构一个规范即便是可能的它的普遍有效性也要受到质疑，传统认识论先验地预设规范（用传统认识论的话来说）又是如何得到辩护的？也就是说，我们如何能够先验地建立规范？规范的建立是从经验上升到先验的，当通过对经验的归纳遇到普遍性的诘问时规范就从经验变成先验了，这似乎就成了规范来源于经验但在性质上却是先验的。我已表明规范如果是先验的必须是作为蕴含在分析命题中的感念的真理；如果是后验的就必须通过对经验的归纳而得出，而现在的问题就是前者虽解决了规范的普遍有效性的问题，但却将自己封闭于一个与经验无关的世界中；后者虽源自经验世界但又无法解决其自身的普遍有效性问题更无法为归纳推理的合理性辩护，于是现在的情况就变成了类似于近代西方哲学晚期休谟使经验论和理性论两边都陷入困境的情况，解决的办法就是径直承认规范是先天的、是源自人的理性本身的能力，先天的理性的规范能力对经验进行辩护从而形成知识，这又重演了康德的知识学。既然是先验的无论如何都不在经验之中，辩护方案被接受是因为它与迄今我们所掌握的知识不相悖并且为一切经验科学所需要，以及从经验外部得到证明。科学史上有一些家喻户晓的例子表明实际上科学知识不具有标准乙提供的那种确定性，换一种说法也就是标准乙没有提供科学本身所包含的那种确定性，这一点在三次物理学危机及其解决就是最好的说明。因此，总的来说，标准乙及其具有这种标准所要求之特性的传统认识论既不能提供科学知识实际所具有的确定性，也无力解决经验科学所倚之归纳推理的合理性，依据标准乙判断认识论是描述的还是规范的就是不成功的，尽管如此它还是成了传统认识论判定自然化认识论是描述的而非规范的所依据的标准，这个标准促使了认识论的描述和规范的二分形成了一个教条，认识论的研究勾勒了些许形而上学图画的线条，并且要求把认识论作为形而上学的一章。

标准丙以认知规范来区分，其核心在于以认识论中是否包含"应该"这一情态算子的命题。以"是"（is）和"应该"（ought）来做区分，讨论的主题又回到了我在本章第一节中提到的休谟论题，普莱尔的论证已经表明从描述的陈述中演绎出规范的陈述是不可能的，并且这种企图是一种非法企图，这里不再赘述。现在考虑的是为了使其合法化，可以作出两个改变，即把演绎改为归纳，把关于"应该"的陈述由命令、规定和说教的理解改为工具理性的实用主义价值判断的理解。这样倒是可以使认识论保留其评价的功能，但范导功能由于规范的"后验化"又不得已保全，能对一切经验的认识活动和科学知识进行范导的理论必定是一个普遍有效的理论，而普遍有效几乎是和先验画等号的，就如同休谟论题的否定说明了如果认识论中存在着规范的话，那么这种规范既不可能是来源于经验认识论本身也不可能来源于经验的自然科学一样。传统认识论家对自然化认识论提出的"评价功能"控诉和"范导功能"控诉时所凭借的规范均是来自道德规范的让渡，对道德规范的来源的解释则不必局限于经验的限度。我们现在转而考虑来自经验的认知规范是否能够通过经验的归纳来得出？这个问题在两种意义上会有不同的回答。如果说区分认识论规范与描述的标准是能否对认知行为进行规定认知者在认知活动中也必须去伪存真、从良行善并能够把认知者的经验加工为具有确定性（即我曾经提到的那种确定性）的知识的话，那么恐怕是行不通的；如果仅仅是去伪存真的话倒是值得试一试。认识论仅仅是能够去伪存真的话在传统认识论家看来是不足以表现其规范性的，这也就是他们为什么不满足于描述，不满足于心理学，反对自然化认识论的原因。传统认识论对认知行为所要求的从良行善我曾指出是来自道德规范的要求，并且现在我还要指出并不构成对认识论之规范与描述的区分标准，因为它仅仅是作为对认知手段的约束。试想在医学实验中如果抛弃人类现有的道德规范并且企图最有效地方式开展认知活动，最好的实验活体对象就不是小白鼠、兔子和猴子而是人，尤其在药学试验中用人来实验最有成效，但是我们能够用那些被判处死刑并立即执行的死囚来作为实验对象吗，显然不行，这是违背道德规范的。传统认识论所谓的评价和范导功能之一就是一种对认知手段的约束，我们当然乐意看到这一切，但请仔细思考，道德规范约束着人的全部活动，既然认知活动作为人类活动的一种，那么认知者没有理由不遵守道德规范，所以这个例子中科学家选择了小白鼠、兔子和猴子而不是人到底是遵从了道德规范还是所谓的认知规范，我想答案是显而易见的，当然，既然是道德规范人们也有选择违背它的权利，历史上也不无丧心病狂者行此惨绝人寰之举，这种行为就被评价为否定的。从工具理性的角度我们也可以认为自然化认识论具有规范性，在实际的生活中常识教导我们在为了达成某一既定目标的认知活动中"我应该这样而不是那样做"，这实际上体现的就是一种工具理性的规范，"这样做"比"那样做"更不容易出错以导致失败，更容易去做或更可能获得成功，做评价时我们通常以结果是否符合预期来判断，绝大多数人来说都喜欢成功不喜欢失败，这是工具理性中包含的实用主义的基本价值判断，再进一步说这是人性使然，因此在对认知实践的价值判断中体现了对"符合"的肯定。从上面的分析中我们看到了，"认知评价在标准上是规范的，但是二者在内部没有关联。认识论的规范性不意味着它本身是规范的。认知评价是描述的，而且它要成为规范的只有依靠它被用于影响、指导、褒奖认知态度或行为。"① 以标准丙来区分认识论是规范的还是描述的是徒劳的，我们并没有看见以规范性自恃的传统认识论和被说成是纯然描述的自然化认识论两者是泾渭分明的，因为根据标准丙我们根本就无法作出区分，标准丙的要求是使认识论成为伦理学的一章。

在本节的末尾我想对自然化认识论究竟需要遵守什么样的规范作出总结，标准乙和标准丙在来源问题上现在就聚焦于区分规范和描述的标准是否必须是一个经验的标准，自然化认识论是否必须遵守外部的规范，科学是否需要遵守来自科学之外的先验的规范再加上胡克威在总结性陈述中提出的几个问题：

"如我们所见，关于哪些规范应该被我们接受存在着一些问题，劳丹和蒯因都主张规范的选择取决于关于手段的可靠性和探究策略的有效性的经验信息。所有认识论规范是否为真在此都可能受到怀疑。是否有真正认识的'应该'陈述，它们的真不能追溯到关于自然的作为手段的事实？我们假设有存在着归纳逻辑的基本原理，它们拥有规范的地位，但除非循环，它们不能被经验地处理。其次，假设我们可以使用规范来

---

① Maffie, J. (1990). "Naturalism and the Normativity of Epistemology". *Philosophical Studies: An International Journal for Philosophy in the Analytic Tradition, 59* (3), 333-349. p. 347.

详细阐述怎样最好地实现我们的认知目标，仅当我们已经识别那些告诉了我们认识目标应该是什么的规范。最后，即使一个自然主义者能够理解主导科学探究的规范的内容，她也不能令人满意地解答关于我们应该如何在伦理方面或是数学中开展研究的问题。"①

　　我的回答均是否定的，科学是从系统内部来说明自身的，因此科学不需要超越科学的规范，自然化认识论也不需要遵循来自外部的规范。科学只有用科学来解释才是科学的，解释科学的科学也是科学，正如自然化认识论能够作为自然科学的一章一样。蒯因把认知规范定性为一种求真的技术无论对于自然化认识论还是科学来说，在经验的限度内都是自洽的，退一步考虑如果能在经验限度内说明规范的来源，那么我们又何必诉诸先验的领域，在这其中重点就是是否承认支配科学认识活动的规范来自科学实践并受科学实践的检验和评价、随科学实践的发展而发展的，放弃那些对于绝对确定性、普遍性的迷思才能使一种后验的、可错的规范得以可能。先验设定的认知规范即便是可以通过理性的构造得出并得到说明，也无法通过经验来得到合理的说明，从这个意义上说，以经验为家的自然科学不需要超越科学的规范，自然化认识论作为自然科学的一章同样也不需要超越于经验的规范。从认识论的定义、是否提供辩护和确定性即是否具有范导功能、是否包含"应该"即是否具有评价功能来区分描述的和规范的认识论都无法如愿以偿使我们始终不要忘记哲学和科学、认识论和科学知识、哲学家和科学家同处一条船上。

　　最后，我想再总结一下这个新的教条对认识论产生的影响。认识论的描述／规范的二分所形成的一个新的教条，这个问题有两个值得注意

---

① Hookway, C. (2000). "Naturalism and Rationality". In L. Decock & L. Horsten (Eds.), *Quine, Naturalized Epistemology, Perceptual Knowledge and Ontology* (Vol. 70). Amsterdam, Atlanta, GA: Rodopi. p. 40.

的地方，一是我们为何会被这种二分法所吸引；二是这个教条对认知实践产生了什么样的影响。这种二分得以被继承下来的原因乃是近代西方哲学认识论转向以来，无论在经验论还是理性论中都难以破除对绝对确定性的迷思；再者，传统认识论的影响。二分中的一个不好的结果是，基于这种二分，无论哪一种认识论的属性被肯定，那么被肯定的这一种属性必然成为评判另一属性的标准，就如同为什么我们接受了规范的，却对描述的嗤之以鼻，因为一个描述毕竟没有表达出人们对确定性的诉求来。这种长久以来的情势很容易让人认为描述的是不重要的，甚至产生道德高于科学的幻觉。于是这种道德中让渡来的规范性的要求蔓延到了认识论中，让认识论与道德产生了千丝万缕的联系，一旦新的认识论产生同时放弃了旧的传统，那么这种认识论就要受到不公正的待遇，新的思想在被广泛接受的过程中总是会经历些坎坷的。辩护概念本身也带着价值判断，然而这里的价值通常被认为是道德上的价值，而非来自认知本身的价值，一旦辩护被抛弃了，那么似乎这种被传统认识论及其当代信徒们所肯定的价值观也就不复存在了。还有一个重要的影响是规范与描述的划分背后隐藏着的是事实与价值的二分、理论与实践的二分、知与行的二分。

换一个角度来说，为何我们不能重新理解辩护概念、重新理解整体主义，以至于重新理解认识论呢？如果把知与行视作是统一的，那么认知价值也就伴随着道德价值，现在的问题是我们并没有一门学科能够同时处理认知价值与道德价值，唯有在实际的活动中能够同时体现此二者。于是认识论呈现了两种态势，自然化的认识论和德性认识论，前者作为自然科学的一章，后者作为伦理学的一章，无论哪一种都是合理的。然而，仔细审视人类对于自然和世界的认知活动会发现这样一个矛盾，认识活动在原则上是无目的的，一切无知的东西都应该知道和值得去弄清楚，知识本身亦是如此，没有好坏、道德与否之分；但实际上在这其中处于中心地位的人却是有目的地去选择认识活动的对象运用知识的对象。但是这一情势并非永恒的，并且没有绝对的普遍性，科学家们加大对基础学科的研究力度至少表明了，现在所开展的某些研究或许对于人类当下的实际生活并无什么影响，但现在没有用并不意味着将来没有用，理论物理学家对宇宙的研究很难说对普罗大众的日常生活会有什么显著的影响，但是如果在未来当技术手段发展到一定的程度时，人类亲身验证了黑洞和暗物质等，或许我们的时空观和世界观就不得不改变了，那么我们还能否认这种影响吗？最后还是得回到一种科学的精神，一切未知事物都是应该去弄明白的，我们在处理刚才提到的这个矛盾时就必须对认识论的性质——规范／描述作出新的解释，并且摒弃传统的对二者的价值判断，自然化认识论与德性认识论同样具有描述和规范的特质，原因就在于它们有着共同的研究对象——人类的认识活动和知识。

第四节　超越描述与规范

在本节中我们首先需要思考一个问题：把认识论区分为规范的和描述的意义是什么？从认识论的性质和功能来理解，在性质方面，把认识论定性为在多大程度上是一项规范的或描述的事业要依据的显然不能是上节中的不合理标准，我们需要新的标准；在功能方面，认识论究竟是只具有对认知过程的描述功能还是只具有对于认知过程的范导功能，抑或是二者皆有？无论在哪一方面我都没有把描述和规范看作是两种不同的认识论，并且依然不能够在任何纯粹的意义上对认识论作出以上划分，否则教条又出现了。要打破上一节中提出的对认识论做规范的和描述的区分之教条，目前看来有两种策略，一种是消除，即完全不考虑认识论研究中关于规范的反思，并且完全消除规范和描述的区分，这是一种企图把认识论研究彻底地科学化，并且变成纯粹描述的，极端自然主义路线，要指出的是这种主张实际上在其内部是自相矛盾的，对规范的不同理解不能够使得在任何一种理解下都认为科学是毫无规范可言的，因此彻底科学化和变成纯粹描述的这两点主张之间存在矛盾。此外，传统认识论对规范和描述的区分的教条并不能表明认识论中规范和描述的区分是不存在的，对这种区分所形成的教条的批判仅仅是表明这种区分的根据是不合理的，也并不是消除规范和描述之间的区分。另一种是超越，将描述和规范有区别地包含于一个系统当中，并使规范性和描述性达到和解。自然化认识论显然不是某些论者认为的第一种策略，相反，在本节中我将指出自然化认识论是如何克服教条并超越规范与描述区分的。预先的提醒是，对整体主义的理解要基于这样两个层面，其一是哲学和自然科学是连续的，其二是哲学和自然科学一样都要面临经验法庭的裁决，都不可避免地是可修正的。在本章第一节中对认知规范概念的界定为讨论提供了重要的内容。蒯因在《经验论的两个教条》一文的第六部分就提出了整体主义的知识观：

> "我们所谓的知识或信念的整体，从地理和历史的最偶然的事件到原子物理学甚至纯数学和逻辑的最深刻的规律，是一个人工织造物。……整个科学是一个力场，它的边界条件就是经验。在场的周围同经验的冲突引起内部的再调整。……但边界条件即经验对整个场的限定是如此不充分，以至在根据任何单一的相反经验要给哪些陈述以再评价的问题上是有很大选择自由的。
>
> ……
>
> 在任何情况下任何陈述都可以认为是真的，如果我们在系统的其他部分作出足够剧烈的调整的话，即使一个很靠近外围的陈述面对着顽强

不屈的经验，也可以借口发生幻觉或者修改被称为逻辑规律的那一类的某些陈述而被认为是真的。反之，由于同样的原因，没有任何陈述是免受修改的。"（*FLPV*, pp. 42-43）

如果我对于认识论在性质和功能上的理解是正确的，那么则需要蒯因所论述的这样一种整体主义的观点来支持。简言之，认识论既是规范的又是描述的；既有规范的功能又有描述的功能。前提是规范和描述不是对立的，这个前提必须是逻辑在先的，但它又是来源于认识论本身的研究，承认它们能够同处于一个系统的内部又各司其职对于认识论来说是无害的。如果这个想法是合理的，那么我们就乐于承认认识论之所以在科学日新月异之今日仍能保留其名号与科学相区别的原因，在较大程度上是由于其规范性，而这种规范性来自认识论研究的反思，反思的重点就是对各种认知过程手段之于目的如何达到最优化的思考。从这一点上来看，这样的认识论无论在其规范性还是描述上都区别与传统的认识论，因为它一不追求纯粹性，二不追求普遍性，三不固执于认识论规范描述二分的教条以及认识论在性质上能够保持纯粹性的谬见，因此少了许多形而上学气质的同时，却多了几分实事求是的精神。为了表明我并没有偏离蒯因对其认识论性质和功能的解释，上面所引关于整体主义的论述是为了表明如果认知规范也作为知识系统的一部分，在这样的观点看来它也是不可避免地要受到修正的。理论鉴于实践的需要，什么时候作为以规范的命令式陈述出现较好或作为描述的陈述较好完全取决于对实践效果的评估。施泰格缪勒对整体主义的理解是：

"蒯因的整体论包含有两种主要成分：

（1）我们不可能举出任何一个可避免经验反驳的句子。（拒斥先验认识）

（2）但是在理论和预言矛盾的情况下我们绝不可能指出某些引起这些矛盾的句子（拒斥孤立主义）；相反，始终是作为整体的系统，要么是被怀疑，要么是又被调整好。"①

整体主义的观点认为哲学和科学、认识论和科学理论之间存在着连续性，这一方面要求把哲学从它实际上不配拥有的特权地位上赶下来，另一方面则要求认知规范不能够从科学理论的系统外部来对科学理论和认知活动起范导作用，并与此同时自身又免于包含在这个系统中。因为在整体主义的立场下如果承认任何学说或主张具有特权地位的话就意味着这一学说或主张独立于或超越了整体，在整体之外，所以即使承认某主张有特殊地位也必须是在整体主义的框架下，蒯因对经验的地位的定性就是这样的，对观察句地位的定性也是这样的，它们均未超越于整体之内一切。从蒯因的整体主义知识观所强调的认知规范的可修正性来看，是与传统认识论对认知规范所要求的不可修正性相冲突的，之所以要赋予科学知识乃至规范可修正性的特质不仅仅是为了反对先验认识论，而是自然主义本来的要求，因为自然主义从尊重人的感觉经验的立场出发，发现在实际的认知过程中我们并不具备从贫乏的感觉刺激得出具有绝对确定性且不可修正的认知规范，因为尊重经验的同时就意味着必须尊重归纳推理，归纳法推理的合理性证明不诉诸先验领域仅在经验领域的话目前能够合理地说明的方式也就是自然主义诉诸进化论的证明方式，一句话，为什么我们通过归纳得出哪怕不是科学理论而只是常识也在相当长的时间内保证了它的正确性？也就是说，人类千百万年累积下来的认知能力的发展水平至今还不足以确定人类能够有从经验中获取

---

① 施泰格缪勒著，王炳文等译：《当代哲学主流》（下卷），商务印书馆 1992 年版，第 241 页。

具有永恒的真理，即使是数学也不例外，在第五章第一节中我还就这一问题进行了更进一步的讨论。认为科学理论和认知规范是可修正的，并非是赋予了它一种新的性质而仅仅只拂去了其身上被认为加盖的神秘面纱——它不可修正的特性不过是人为的、先验的构造物。还有一点值得注意的是处于一个系统内的规范与规范之间是否需要保持融贯，主张认识论具有规范性的论者看来，答案是显而易见的，倘若一种规范的认识论中所包含的诸规范间部分地是矛盾的，那么这种认识论就难以体现出它的规范性来，因为假如当某一行为受两个规范所约束，且这两个规范是相互矛盾的，那么我们在不违背排中律的情况下如何作出选择？即便我们能够作出选择，那么我们依照的标准是什么？这一系列的问题都把那种纯然规范的认识论推向了不可错的、绝对的处境上，从而也就将其理想化了，认识实践是多样复杂的，显然不如论者们所愿。

在性质和功能上规范和描述能够同处一个系统之内除非二者能够达到和解，和解的要诀就在于把规范的性质作工具主义的理解，即"在某一域 D 用一个理论 T（功能上）规范地来追求理想 I，就是要接受：在 D 中 T 是我们通向 I 的当今最好的向导（用 I 的一些代理者的某种功能来衡量。）并且应用 T 来区分哪些其他的接受行为也是正当的。"[①] 工具主义的和解方案中值得注意的是 I 可以是理想或某一特定的认知目的，它可以是相对于 D 的特殊目的，也可以是具有相对普遍性的认知目的，即真理，即便这样 T 的效用范围仍是受认知目的 I 和域 D 所约束的，对另一认知目的 K 或处于另一域 E 中理论 T 未必是最佳向导。再有，理论 T 作为最佳向导意味着理论 T 被人为地附加了价值，这种价值是实用主义的。最后，理论 T 可以用以衡量和区分在域 D 中通向认知目

---

① 〔澳〕C. A. 胡克著，范岱年译：《自然主义实在论：纲要和研究纲领》，载《自然辩证法通讯》1996 年第 2 期，第 5 页。

的 I 的其他理论，即证明为何理论 T 自身有资格作为最佳向导。这个证明过程恰恰是传统认识论的规范不具备的或不能完成的，理论 T 即使能够在域 D 中证明自身是最佳向导也不意味着它自身能够作为一个永久的规范，不仅不需要受到其他理论的批判反而成为批判其他理论的标准，域 D 的存在就是要表明，理论 T 须融贯地处于系统内，而整个系统并接受经验的检验。形成了这样的解释后，胡克认为：

"这样，规范与描述之间的鸿沟就消除了——它们是同一硬币的两面——虽然规范功能还是保留了下来。正如没有一个理论可以还原为它的数据资料域，可以为它的经验预测所替代（实证论已死亡了），所以，没有一个规范理论可以还原为它的描述对象，或可以为它的描述对象所取代。因此，哲学理论保留它们的规范地位是与自然主义一致的。而这种观点是反身地自洽的，因为现在的这种说明本身也是一种可错的关于规范的理论，它规范地起作用，而之所以能保证做到这一点，是因为它合理地说明了规范的属性。"①

这个方案通过对认知规范的属性的说明来使得规范与描述和解，在我看来是与蒯因的整体主义相一致的，也是与自然化认识论的主旨相一致的。

在工具主义方面，我们只需理解蒯因的对认识论的规范性的一个核心——规范作为"求真之技"的观点就足以理解自然化认识论的规范性了。这里不得不提到的一位学者是拉里·劳丹。尽管劳丹部分地反对蒯因关于自然化的观点，但自己又提出了著名的规范的自然主义之新方案

---

① 〔澳〕C. A. 胡克著，范岱年译：《自然主义实在论：纲要和研究纲领》，载《自然辩证法通讯》1996 年第 2 期，第 5 页。

来支持和推动自然主义的发展，并且在较为明显的意义上劳丹是蒯因自然化认识论包含的规范性主张的发扬者和践行者，他把自己提出的新思想概括为以下六点：

"(1) 认识论的规范的规则最好被构建为联结手段和目的的假设的命令。(2) 这些谨慎的命令的含义依靠于关于在目的和手段之间的联结的确定的经验主张。(3) 相应地，对决定认知规则的正确性来说，关于各种认知手段可能推动各种认知目的的相对频率的经验信息是非常重要的和必不可少的。(4) 认知规范和规则就奠基于关于如何实施探究活动的理论之上，并且这种理论在方法的精确性上也如其他理论那样在知识系统内从功能上约束着行为。(5) 强调认知规则和科学理论的平行关系的同时，我也主张在自然科学如其他科学面对新证据时所作出的改变一样在面对新信息时也须以相同之方式作出改变。(6) 这样，认识论的学说和规则就如科学知识的其他要素一样是可错的。"①

我之所以以劳丹的规范的自然主义来说明自然化认识论的规范性，是因为这个理论很好地把蒯因在自然化认识论中潜藏的主张表达了出来，并且有着更进一步的发展。在劳丹理解的自然主义以及他所主张的"规范的自然主义"中自然主义的规范性主要体现为一种"假设的命令"（hypothetical imperatives），蒯因所说的求真之技实则一种使认知实践导向成功的建议，劳丹无疑使建议变成了命令，从而更加强调科学方法论在认知上的重要性。这种"假设的命令"之所以是假设的，是要凸显"假设的命令"作为自然主义要体现的规范，亦即作为认知规范是来自科学，更具体地，来自对实际的认知过程的反思。它之所以是重要的，是因为

---

① Laudan, L. (1990). "Normative Naturalism". *Philosophy of Science, 57* (1), 44-59. p. 46.

"运用这些规则比排斥这些规则，对于实现特定的认知目的来说具有更高的频率"。[①]

蒯因一言以蔽之，自然化认识论的规范就是"求真之技"，在上文提到的蒯因对莫顿·怀特的回复中已经详细地阐述了规范的认识论是怎样变成描述的，重点是我们如何理解作为"求真之技"的认识论的规范，理解这一点的要义就在于工具主义，这一要义恰好被劳丹注意到并发扬光大了。求真之技，即求得认知实践获得成功的一种最好的方法，是手段对于目的最佳实现方式，即最小化失败风险，最大化成功几率，最小化错误最大化真理的方法来达到手段之于目的的最优化配置。自然化认识论下工具主义的认知规范是通过对描述的经验陈述的归纳得出的，而不是先验地设定的，因此这种规范不是规定的、命令的，而是作为一种建议。传统认识论的规范不但不能通过描述的认知陈述来得出，反而必须逻辑在先地先验地设定出来，从而能够保证对认知实践起到普遍有效地范导作用，辩护才是可能的。区别于传统认识论的是，自然化认识论放弃了基础主义，放弃了辩护，不谋求规范的确定性和绝对的普遍有效性，仅仅是对于认知过程的描述的研究，并且在描述的同时通过归纳推理得出实现某一特定认知目的的最佳手段。自然化认识论对传统的以规范性自居的认识论最大的改造就是把规定的、命令的、作为祈使陈述的规范代之以方法论的描述的方式，规范就作为来自认识论本身对认知活动所做的反思而得出的达到目的之最好的方法，这一规范仅仅是描述了达到目的的最好的方法，从这个意义上说，规范与描述之间根本不是互相排斥的，反而是相辅相成的，规范和描述是同等重要的。

---

① Laudan, L. (1987). "Progress or Rationality? The Prospects for Normative Naturalism". *American Philosophical Quarterly, 24* (1), 19-31. p. 24.

吉尔认为:

"自然主义反之则相信,不存在独立的认识论领域。这不是要否认存在更好或更坏的科学探索途径,或者拒绝对怎样更好进行研究提出意见的可能性。相应的合理性原则只是工具性的,或者是有条件的。他们把研究策略与目标相联系。并且,建立这些联系本身需要科学的调查。"①

在实用主义方面,蒯因讲道:

"每个人都被给予一份科学遗产,加上感官刺激的不断的袭击;在修改他的科学遗产以便适合于他的不断的感觉提示时,给他以知道的那些考虑凡属合理的,都是实用的。"(*FLPV*, p. 46)

科恩布里斯说道:"蒯因的认知规范是作为以评价真理为条件的祈使句而被构建的,它给广大的人民带来了规范的力量。"② 如果科恩布里斯正确的话,正是实用主义原因使得真理在认识论评价中具有重要的作用。科恩布里斯还对真理的重要作用进一步做了说明,他说:在这里,真理起到重要的作用,但并不是说,认识论评价是由促进真理,而不是其他的事情来决定的,而只是说,忽略真理的核心作用的认识论评价的论述是不充分的。真理就是真理,知识如实地报道事实就是如此这般。对认识论规范性资源的解释还是建立在其工具主义规范的基础之上,即把规范看作达到特定目标的特定方法的有效性,而他的规范性力量,即

① Giere, R. N. (1989). "Scientific Rationality as Instrumental Rationality". *Studies in History and Philosophy of Science, 20* (3), 377-384. p. 380.

② Kornblith, H. (1993). "Epistemic Normativity". *Synthese, 94* (3), 357-376. p. 365.

认识论评价的普遍性则是来自人们对达到特定目标中所重视的事情的愿望。

　　描述与规范二分的背后隐藏着的是事实与价值的二分（dichotomy）。事实与价值的二分的成因是对于知行关系的忽视。科学对事物性质的描述提供给了人类自身的理智判断的对象，同时不能忘记的是科学对于事物性质的揭示以及人类对这些性质以自身的需要为标准进行的价值判断都包括于认识活动之中。例如，燃烧是一种剧烈的氧化反应，事物在一定的条件下就会发生这样的反应。拉瓦锡揭示的这一学说在早期人类所处的原始社会中尽管当时的人类完全没有意识到这一点，但基本的价值判断是已经作出了的，火的存在有益于满足自我保存的需要，因此科学对事物的这一性质作出的描述是经过了价值评判的；在人类进入文明时代以来，火的运用伴随着人类走向文明时代，在日常条件下，某事物是否具有可燃的特性是由火的运用这一人类对于古老事物的认知，对于古老工具的运用的经验中衍生出来的。于人而言，可燃与否代表着某种材料是否具有在日常条件下会发生剧烈氧化的性质，这一点能够影响到我们的生活。这个例子中我们看到，事实上理论与实践、价值与事实的二分是相当不明智的，杜威想要强调的是理论和价值是随着人类行为的发生而产生的，也就是说，实践构成了认识论的描述功能和评价功能共同的呈现形式，而"实践活动所涉及的乃是一些个别的和独特的情景而这些情景永不确切重复，因而对它们也不可能完全加以确定"。① 蒯因无疑是理解杜威的，但他必然也有自己所坚持的原则——自然科学，因此蒯因的自然化认识论就不能够看作是杜威认识论思想的一种发展。规范和描述二分的背后出现了一种不诱人的图景，认识论和伦理学的过于亲密的关系，即价值问题和事

————
　　① 约翰·杜威著，傅统先译：《确定性的寻求》，上海人民出版社2005年版，第4页。

实问题绝不是没有区别地融合在一起的，我们需要避免的是事实和价值被区分为两个独立的王国，它们以各自特有的性质自居，仅仅在一个事件、一种学说中作出功能上的区分，事实方面和价值方面且它们相互发生作用。传统认识论对规范和描述的不合理区分并不表明认识论中规范和描述的区分是不存在的，对传统认识论关于描述和规范的区分的批判仅是表明他们所做的区分所依靠的根据是合理的，并不是消除规范和描述之间的区分，那么就必须先消除事实与价值的区分，胡克主张：

"我们所具有的是一个来自经验论观点的循环的逻辑形式；实际上，这是一种以历史时间为轴心的螺旋式扩张：认识论评价科学方法，科学发现又影响着认识论。……采纳这一路线的后果，就是拒斥那些处于对科学理论的抽象的哲学辩护标准和对个别科学家们构想和捍卫着的那些理论的心理学解释之间的陈旧的经验主义二元论。……另一个后果，就是具有经验意义的单位现在将不仅作为整个科学和形而上学，而且也作为整个哲学和科学来被加以考虑。"①

波义德认为在认识论和科学之间存在着一种相互依靠的辩证关系：它们相互适应，相互调整，受制于来自相互间的批评的反馈。②并且他认为用确切的真理或可靠信念的产生（或在每次得到的辩护）来精确地定义知识是错误的，因为知识中显露的是自然现象。

蒯因哲学的著名研究学者希拉里·科恩布里斯则认为：

---

① Hooker, C. A. (1974). "Systematic Realism". *Synthese, 26* (3/4), 409-497. pp. 415-416.

② Cf. Boyd, R. N. (1980). "Scientific Realism and Naturalistic Epistemology". *PSA: Proceedings of the Biennial Meeting of the Philosophy of Science Association, 2*, pp.613-662.

"蒯因曾经提出'认识论，或者某种与之类似的东西，简单地落入了作为心理学的因而也是作为自然科学的一章的地位（1969，p. 82）'。一些人曾经将这一非常重要的蒯因论题解释为一种对认识论研究的规范维度的拒斥；基于这一点，蒯因的认识论是纯然描述的（古德曼 1986，p. 2；基姆 1988）。我几乎没有任何理由在这个意义上来解释蒯因。"[1]

通过以上学者们的论述，再结合蒯因的整体主义思想和实用主义的态度，可以得出以下的理解：各个科学理论是统一的，构成了整个科学；认识论的描述功能和规范功能是统一的，统一于研究人如何从贫乏的感觉刺激得到丰富的科学知识的活动中；事实与价值是统一的；最后，知与行是统一的。作为求真之技的规范仍然具有相对性、可修正性等传统认识论家们所厌恶的性质，最重要的一点是在此意义上规范成了实用主义的，我们甚至可以说实用主义就是一种规范，实用主义的价值判断是植根于人性本身的，人们可以暂时地摆脱这种价值取向除非是由于道德、审美、感情等方面的理由，仅在认知领域来说我们没有理由摆脱实用主义的考量。

蒯因在《经验论的两个教条》中所做的批判直接导致的结果就是：无论是道德规范还是认知规范都不能作为分析命题或综合命题，因为在没有任何可用的标准来把这两类命题完全区分开来的情况下，我们只能来到了整体主义，认知规范就不再作为命题而是作为陈述。作为陈述的认知规范表达的乃是科学知识的发现，它体现为"现有 x、y、z 三种学说，若想要达成目的 T，那么最好按照 y 去做，或者最好去做 y，而不是 x 和 z"的形式，陈述中不带有情态算子（ought to, obligated to），不

---

[1]　Kornblith, H. (1993). *Inductive Inference and Its Natural Ground*. Cambridge, Mass: The MIT Press. p. 3.

附加任何形式的义务。就这个神奇的"y"来看，历史上曾有不计其数五花八门的学说可以充当它，科学在近代的欧洲产生之后，就一直占据着 y 的位置。T 与 y 的稳定匹配关系则是人为地附加上去的，其根据是当做了 y 时 T 实现的成功几率足够大，大到了普遍地取信于人的程度。因此，蒯因关于这种求真之技的学说是关于是否信赖手段—目的最优化匹配关系的学说，本质上也就是是否信赖归纳推理的问题。信赖与否所依据的标准是心理学的标准。心理学的标准之所以在其尽管包含令人感到危险的模糊性的情况下还能够成为一种标准，又要归功于蒯因的实用主义态度。很显然的问题是，怎样才算作几率足够大？有的事情成功一次就够了，就能够取信于人；有的事情只消失败一次，就失信于人，但必须要说的是依据心理学标准的做法是在所难免的。不仅在这个方面是如此，在道德哲学家那里也一样，譬如依据一个人的行为来判断他是好人还是坏人，某君一辈子做好事，只做过一件坏事，我们应该说他是坏人吗？有人说应该看他做的这件坏事有多坏，这亦是在行使心理学的标准。经验科学所依据之归纳法中亦含有心理的成分，想要摆脱掉这种属人的性质，毋宁说就是具有形而上学倾向的认识论家著述与布道的历史。

如此概括起来看，自然化认识论的整体主义学说把知识、认识活动和对认识活动的反思载入了科学的大船，自然化认识论如何超越认识论规范／描述的二分的一个很重要的方面就在于此，正如上面所做的总结一样，如果把工具主义的规范，把关于手段—目的的最优化稳定匹配关系当作认知规范来理解的话，我们就会发现，整个科学理论是我们唯一可以从中发现这种规范的源泉，自然化认识论就成了一项以描述的科学来表达的、规范的事业，一项相对的、可错的、可修正的规范的事业。

整体主义学说和实用主义带来的第二个结果是放弃了事实与价值的二分。长久以来，认知实践中人类为何选择了按科学的教导去行动，而不是谬论、蒙昧的遇见或是怀疑论？直接的原因正如历史所呈现给我们的那样，人们因为他们所作出的选择而获得了巨大的成功，给个人的和总体的生活带来了某种益处。重点是在人们多次尝试之后具有同样的效果，故而致使人们相信这不是偶然的巧合。反过来，人们没有接受谬论、蒙昧的遇见和怀疑论，避免了自欺的原因也就显而易见了。反对的意见是，选择科学与否的行为很可能只是认识主体当下的偶然行为，而对其效用的评价是后果论的。认知实践获得成功的同时也就给造成这次成功的各种因素附带上了价值，成为后续依照此次认知实践而行动的理由。认知实践本身作为由一系列活动组成的过程，作为一个"某事物被认识了，即被认识主体正确地描述了"的过程，其中发挥作用的主要机制还是观察句策略的运用。在这个过程中事实缠绕着价值、描述交织着规范，它们之间的绝对区分成为不可能的，规范的形成和获得正是由于描述的成功。总体而言，科学是一项后验的事业，是一项描述性的、解释性的事业，这是毫无疑问的，而对这项事业的发生学考察的自然化认识论则从这些实际的科学活动（认知活动）中汲取了养分，对其反思的过程中发现，认识活动本身需要依靠科学知识作为方法论的指导，换言之，运用已获得的科学知识去认识新事物、获得新知识的过程实际上是一个运用已获得的规范去发现新规范的过程，整个科学事业以及自然化认识论都离不开科学知识的指导，整体主义再次于此泛出它远照的睿光，因而科学事业及自然化认识论在总体上能够成为一项同时包含着描述和规范的事业（为了与反对这种融合的论者讨论，以及便于理解姑且这样称呼之），这一点丝毫不为过，它的合理的形态恰恰是要放弃这一区分。

作为本节的结论，对认识论作规范／描述之区分的超越，综合前面两个方面：手段与目的之间的最优化稳定匹配关系是通过归纳得出的，这一方面的知识被认为是经验科学的真理；放弃这种区分意味着放弃事实／价值的区分，再加之蒯因对规范的理解总体上有：(1) 经验；(2)

求真的技术；（3）选择科学假说的原则，那么我们大致可以认为存在着这样一个事实是能够说明：甲，为什么我们对于归纳一贯的信任通常能够导致我们的实践获得成功并使得人类持续存在下去；乙，作出这种区分本质上就是割裂了人类认知实践的两个方面。讽刺的是，作出这种区分是误解和错误划分了道德规范和认知规范的结果。蒯因重视科学，他用达尔文的进化论学说来告诉我们：

"达尔文给了我们某种鼓舞。加入人们天生的性质是一种与基因相关联的特性，那么，已经导致了最成功的归纳的划分，将会倾向于在自然选择过程中占据支配地位。在归纳中犯有一种顽固性错误的生物，有一种可怜的然而却是值得赞扬的倾向：在繁衍其种类之前就已死去。"（*OR*, p. 126）

回过头来我们意识到，我们之所以现在好好地生存着，是因为我们和我们的祖先一直都在自然选择中获得了大多数真的信念。此外，我们为什么还愿意继续相信归纳推理所得出的经验科学的真理，为什么我们还愿意继续遵守认知规范，这是因为"既然相信真理具有持存价值，那么适者生存就保证了我们天赋理智能力给予我们易相信真理的癖性。所以这是不仅可能而且必然是自然选择的产物。"[①] 这就为以上提出的那么多"为什么"做了最清楚的解释了。回到理解认知规范的方面，我们遂蒯因之意，把它当作一种方法、算法等通往真理的工具，描述以及描述和规范的关系则统一到了运用工具的智慧中，之所谓求真之技，它的本质是一种科学的方法论指导（methodological guidance）。

---

① Kornblith, H.（1993）. *Inductive Inference and Its Natural Ground*. Cambridge, Mass: The MIT Press. p. 5.

第四章　知识之路

对认知过程的描述还是对认知过程的范导，我们必须凭借认知规范才得以获得真知，我们又必须凭借实际的认知实践才能获得认知规范，从两种不同的角度来看待认识论和认知规范，如何达到二者的统一对人类获得知识的过程而言，我们不得不反省在认知过程中什么东西发生了改变，而我们又忽视或遗漏了什么。有一点是确定的，认识论绝不能是一项先验的事业，而必须与科学一道作为一项后验的事业并在人类的求知道路上发挥其功用，才得以被人们所追求。本章要考察的是，自然化认识论不仅没有偏离传统认识论的诉求，没有辜负人们寄予认识论的期望，而且是对传统认识论的改造和发展。

第一节　从刺激到科学：传统认识论
概念的自然主义解释

本节我尝试对传统认识论的概念做一种新的解释，以使得其能够合理地解释人们是如何从贫乏的感官刺激建构起宏伟的科学大厦的。能够得到辩护的信念是正确的常识，信念是一个心理学术语，知识要求常识在方法论上进一步精致化，真值相对固定。而得到辩护的信念并不能使真值相对固定，知识的传统三元定义——得到辩护的真信念本身有一个问题，如果是真信念那么即是说一个人相信的东西是真的，那么这就得到了辩护，而无须再加上辩护之多此一举，知识的定义似乎就变成了真信念。但我们要考虑的是偶然为真的情况，一个人相信的东西偶然地为真时，并不表示他所相信的东西在未来必然地为真，这时就需要辩护了，而这时辩护所起到的作用并不是伦理上的，而是认识论上的，即我们需要用更加先进的方法和手段，利用最新最前沿的知识来使这偶然地为真的信念变成相对必然地为真的信念。相对必然地，而不是必然地或绝对必然地，放弃必然性与绝对性的联系是我们放弃传统基础主义的宣言，也是可谬的和可修正的之科学精神的彰显。再来看信念，信念首先是一个心理学概念，它最直接的内涵是我们相信的东西，理性反思能力迫使我们要追问为什么我们相信。当以进化论的观点来看时，我们最初相信的东西乃是对自我保存有用的东西，我们相信它是因为它之于自我保存的需要表现出来的有用性，信念或产生于经验或产生为思维的联想，无论如何它的偶然为真对于前者来说它已经经过了经验的检验，甚至是通过经验的归纳得到的，对于后者则必须通过经验的至少一次的检验，之后方可成为我们行动的理由。

从传统认识论的策略来看，辩护还没有囊括关于通向知识所需的全部范导功能，有一部分功能是作为人的先天的认知形式来呈现的，对某一簇经验的肯定形成的东西叫作真信念，盖梯尔对知识的 JTB 定义作出的概括和分析表明，知识定义的第一层"P 是真的"这首先就要求一个确证的过程，这个过程中我们依据什么能够说 P 是真的，辩护位于第三个条件，也就是说，在辩护之前我们就需要验证 S 所相信的 P 如何为真，那么这个验证的过程所依据的是什么？反过来，我们又可以问为什么 S 相信 P，那么第一与第二个条件构成循环论证，S 相信 P 是因为 P 是真的，P 是真的是因为 S 相信 P，循环论证的过程还可以被说成是辩护的过程，更不幸的是这个策略还被证明是无法保证得出正确的知识的。辩护的最终目标是一切人均有好的理由去相信处于一切条件下的某一信 P 念是真的。对"有好的理由"的界定，大多是从伦理上来执行的，一方面范围过宽，另一方面涉及价值判断，考虑以下四个认知陈述：

（1）S 相信 P 是由于 P 是真的；

（2）S 相信 P 是为了一个正当的目的；

（3）S 相信 P 是由于运用了自身的智力能力而不是侥幸或盲从；

（4）S 相信 P 没有任何理由。

自然化认识论如果以伦理学的范畴划分的话属于后果论的，因此（1）至（4）都看作是合理的，但传统认识论则认为（2）和（3）是合理的，（1）和（4）缺少了辩护。仅仅是真的东西还不足以构成知识，这就是传统认识论在规范性上与自然化认识论最大的分殊。

传统认识论中的辩护（justification）概念在本质上不仅包含一种归纳——通过归纳建构一个有利于信念为真的证据集合，但这一点传统认识论家不太愿意承认，对于知识的绝对确定性抱有幻想的认识论家们视归纳为洪水猛兽；也包含了某些让渡于道德的认知规范的要求，我并不想通过对科学史上诸如伦琴射线的发现这样的例子的简单枚举，来论证科学的发现并不总是依照严格的规范来实现的，但这却也是事实。我只想说明的是辩护概念的模糊性——作为知识主张有资格成为知识的第三个条件过于笼统，在内涵欠明晰的情况下留给人们很大的空间来任意添加他们所希望的知识的构成条件，将知识塑造成他们愿意看到的样子。自然主义者看来辩护不应该承担太多的功能，对辩护的功能的定位最好是这样两个方面，一是通过归纳建构一个有利于信念为真的证据集合，二是把真信念加以方法论的精致化，形成系统的科学理论。我们遵循在第三章第四节中提出的主张，即在自然化认识论的理论框架下认知规范将作为以实现认知目的的最佳手段为内容的在认知目的和手段之间的最优化配置来解释，在实际的认知过程中，体现为把常识变成知识的过程。（2）和（3）均可被当作辩护 S 相信 P 时所依据的好的理由，这里就有一个问题，好的理由对于辩护来说怎样才算是足够，并且原则上好的理由是可以无限多的，我们最主要依据的标准是什么，最主要依据的标准必须回到 P 是真的，也就是说 S 之所以相信 P 最主要地是因为 P 是真的，真理的价值是 S 相信 P 的理由中最好的理由。我们表示接受 P 的理由就要从 S 掌握的对 P 为真的有利证据中获取，辩护就是最大限度地获取证据的过程。自然化认识论以解释"科学为何如此成功"为己任，科学如此成功不意味着科学总是成功，或者科学还会继续成功，不加时间状语的断言既不符合科学史的史实，也不符合科学的精神。在为已获得的信念建立一个有利于信念为真的证据集合，自然化认识论理解的辩护是通过观察句的方式来操作的，有的论者认为，科学知识要求正确性是一种对规范性的要求：

"知识不是一个描述性的范畴，而是一个规范性的范畴，它要求正确性。心理状态之所以被归类为真纯的知识，只是依据于这样一种正确性的假设。认识论不是对那样一些心理状态所做的心理学的描述，而是对于它们的认识要求的批判；是对于它们的真实性和有效性的评价；是对于可以检验那种要求的那些标准的说明。"①

但就如我讲到的，科学知识的正确性并非是一劳永逸的，既然如

---

① C.I. 刘易斯：《知识、行动和评价》，载李国山等编译：《刘易斯文选》，社会科学文献出版社 2007 年版，第 186 页。

此，我们要么修改我们对规范的看法，要么修改我们对科学知识的看法。

> "从实践的观点来看，科学的功用在于满足预期：真实的预测。……并且它可能部分地作为我们首先思考最原始的情况时可资利用的一种好的策略。这种情况就是简单归纳。当过去的事件再现时，就可以预期与过去该事件的结果相同的结果再次出现。人们和其他动物都易于作出这样的活动。"（*NNK*, p. 68）

以上我对三元定义的分析一方面表明了三元定义并非一无是处，它的存在有其合理性，它表达了知识的一般形式，尽管这个形式不是自足的，但新的时代下我们需对其进行改造，以适应新科学的发展，而不是相反——受到它的批判和控制。从这个意义上说，自然化认识论并没有偏离传统认识论太远，反倒是对传统认识论的继承和发展。辩护若以自然化认识论的观点来看，是以观察句为手段通过归纳推理为已具有的信念构建一个有利于其为真的证据集合。作为和自然化认识论的对比物的是传统认识论中使用的几种辩护方案，下面我将用犯罪嫌疑人的例子来说明这几种方案。

第一种：基础论（foundationalism），在前文中已经多次提到和分析过了，作为自然化认识论首先要反对的是一种辩护策略，它的形式可比喻为 A、B、C、D 为四名与同一桩案件有关的犯罪嫌疑人，其中 A 证明 B 有罪，B 证明 A 有罪，C 证明 A、B 都有罪，D 证明 A、B、C 三人均有罪，在这样的情况下我们既没有直接的犯罪证据又不知道这四人谁撒了谎，因此无法作出判决，这时目击者 X 出现并提供了确凿的证据以证明 C 没有撒谎，因此我们便听信 X 的证词作出 A、B、C 均有罪的判决，问题是 D 是否有罪通过 X 的直接证明，A、B、C 三者的罪行是经由 D 间接证实的，X 以目击证人的优越地位使我们相信他的证词和提供的证据，并且即便 X 没有出现，我们也要设法找出目击者，而 X 的是否能够说明 A、B、C、D 四者间的关系并证实其自身与这四者没有关系是值得怀疑的，X 对自身提供的证词和证据的真实性也无法通过自身来证实。只需认清这种辩护策略所预设之物本身不需要得到辩护，或者说是自我辩护的，并且这种策略本身的合法性是受到怀疑的，从我们贫乏的感官输入中我们既然不能够得到所谓的基础信念，那么我们除了出于认知辩护的逻辑需要而设定出来，还有什么权利要求某一些信念拥有超越其他信念的特权地位呢，这种策略最为诟病的就是其难以避免的无限后退，以及为了终止后退而设定的基础信念的合法性问题，因而这种策略很难不被认为是一种理性的乌托邦式的理想。基础主义的渊源是对于知识绝对确定性的渴望和西方的形而上学传统内化于认识论的产物，这种策略的好处是可以方便地解决认识论研究中无限倒退的回溯问题，并且是与现实的经验世界保持联结的。

第二种：融贯论（coherentism），这种策略倾向于构建一个封闭的概念王国，准确地说，这种方案只能在纯粹抽象的逻辑学领域里才能实现，因为说它是一种对于信念的辩护策略乃是由于信念是与现实经验世界相联结的，信念为真所需之证据，我们相信它所需之好的理由，二者均不能只依靠通过抽象的概念演绎来获得，否则它们就只是概念而不是信念。它的形式是 A、B、C、D 为四名与同一桩案件有关的犯罪嫌疑人，其中 A 证明 B 有罪，B 证明 C 有罪，C 证明 D 都有罪，D 证明 A 有罪，他们的证词之间不存在任何矛盾，在他们都没有说谎的情况下，陪审团成员的工作就变得十分轻松，要么认定这四人全都有罪，要么认定其全都是清白的，因为这四人也可以用另外一番证词证明他们都是清白的。这种策略的好处是信念的真得到了来自逻辑的保障，信念得到辩护的标准是它在整个系统中与其他信念的融贯，逻辑上无矛盾，从已有

的概念可以通过逻辑推演出新的信念，也就是说只要不是同义反复，我
们可以通过这种方式来获得新的知识，并且辩护是奠基于整个系统的，
具有整体主义的特质，自然化认识论也主张整体主义，但在方法上却是
与单纯的融贯论相差别的。然而这种策略糟糕的地方恰恰也是它能够保
证辩护的绝对有效性的方式，知识的内部增长模式阻断了我们现实经验
世界的联结，对融贯论最大的诘问就是其难以避免恶性循环论证，所以
我们不仅需要演绎的、融贯的知识，我们也需要来自现实经验世界的归
纳的知识。

第三种：基础融贯论（foundherentism），这种策略是苏珊·哈克在
其《证据与探究：走向认识论的重构》一书中提出的，它的概括表述是：

"既允许渗透于信念之间的相互支持，也允许经验对经验辩护作出
贡献；在内容上，它既不是纯粹因果的，也不是纯粹逻辑的，而是一个
双面的理论，部分地是因果的，部分地是逻辑的；并且在本质上是有程
度之分的，它不把'A 的信念 p 得到辩护，当且仅当……'当作被辨明
项，而是把'A 的信念 p 得到辩护，这取决于……'当作被辨明项。"①

其要义被刻画为两点：

"（FH_1）一个主体的经验是与其经验信念的辩护相关联的，但是不
需要任何类型的具有特殊地位的经验信念，它们只能被经验的支持所辩
护，而与其他信念的支持无关。

（FH_2）辩护不只是单向的，而是包含着渗透其中的相互支持

---

① Haack, S. (1993). *Evidence and Inquiry: Towards Reconstruction in Epistemology*.
Oxford, UK; Cambridge, USA: Blackwell. p. 2.

关系。"①

提出这种辩护理论的主要原因除了是基础论和融贯论各自有其不可克服的缺陷外，"关键是基础论和融贯论并没有穷尽所有的选择；两者之间还有逻辑空间。就其最简单的形式而言，该论证是这样的：基础论要求单向性，融贯论不要求；融贯论要求辩护是只与信念之间的关系有关的事情，基础论不要求。"②其形式可比喻为A有罪是真的这个信念得到辩护，取决于B没有撒谎且B指控A的证据在足以取得陪审团的相信的程度上使A得到有罪判决。

第四种：语境论（contextualism），把信念的辩护置于社会历史的或主体间的环境之中，由社会历史事件或主体间的相互确认来为辩护提供证据。其中又分为语境不可错论和语境可错论。语境不可错论认为S对信念p的证据集合的构建是限定于一个特定的语境中的，在这个语境中必须保证证据集合百分百的融贯，而对于所有语境来说则不必不保证百分百的融贯，那些不融贯的部分是我们可能也可以忽略的，因此并不影响S在特定的语境中得到辩护地相信p是真的。戴维·刘易斯如是说：

"我说S知道命题p，当且仅当S的证据能排除所有非p的可能性——嘘！——那些我们可以适当忽略的所有可能性除外。'我们'的意思是指：一个给定语境下的说话者和听话者；即正在一起讨论S的知识的那些人。正是由于我们的忽略，而不是S自己的忽略，才是对S

---

① Haack, S. (1993). *Evidence and Inquiry: Towards Reconstruction in Epistemology*. Oxford, UK; Cambridge, USA: Blackwell. p. 19.

② Haack, S. (1993). *Evidence and Inquiry: Towards Reconstruction in Epistemology*. Oxford, UK; Cambridge, USA: Blackwell. p. 19.

的知识我们能够说些什么的原因。"①

弗雷德·德雷兹克提出过一种"相关选择论"②，他认为 S 未必需要排除信念 p 的所有相关选项才能够使其为真，在某一划定的语境中我们只需要排除在这一语境中信念 p 的相关选项，S 相信 p 是真的就得到了辩护。这种方案的困难在于：在一个不属于目标命题的语境中如何找出与之可能的相关选项？不仅如此，就连相关选择论自身所要求的在信念 p 的语境 C 中怎样判定有多少相关选项是与 p 有关的？其一，其数量可能无限多；其二，判定的可能缺乏标准？而标准可能依据各认知主体的个人状况的不同以至于产生的语境之不同而不同，从这个意义上说，有可能导致相对主义。可错论是当代知识论中一种较为流行的思想，蒯因也赞同这一思想。仅就可错论而言，它泛指全语境条件下的，也可指某一特定语境内的知识主张是可错的，语境可错论的说法是为了与语境不可错论相区别，语境不可错论的支持者认为，知识需要保持其在某一特定的语境中的确定性和正确性，国内有的学者甚至"认为不可错论是传统认识论所坚持的，是知识的神圣性的根基，对其否认会亵渎知识的神圣性"③，我对此的疑问是知识的神圣性等同于知识的不可错性，还是在于知识的有用性？传统认识论所坚持的观念未必是我们今天需要坚持的，更未必是一种革命的认识论——自然化认识论所要坚持的。值得肯定的是：语境不可错论用以反驳怀疑论以绝对不可错论的认知辩护的最

---

① Lewis, D. (1999). "Elusive Knowledge". In K. DeRose & T. A. Warfield (Eds.), *Skepticism: A Contemporary Reader* (pp. 220-239). New York, Oxford: Oxford University Press. p. 232.

② Cf. Dretske, F. I. (1970). "Epistemic Operators". *The Journal of Philosophy, 67*(24), pp. 1007-1023.

③ 曹剑波：《批驳怀疑论的最佳策略：语境不可错论》，载《北京师范大学学报（社科版）》2010 年第 2 期，第 84 页。

高标准，来要求实际的认知辩护从而走向怀疑论的做法是行之有效的，但考虑一种情况，语境不可错论以为这一种知识主张在其特定的语境中是不可错的，它伴随着一个有限证据集合能够支持这个信念，那么就意味着它在这个语境中也是不可修正的，后果是这个证据集合既不增加也不减少，从而能够对 S 的信念 p 为真构成恒定的证据支持关系，无形中构成的一种知识增长模式是，某一信念伴随一个固定的证据集合，信念的增加伴随证据集合的等量增加，证据集合内部被假定为是不出现反例的。此外，如果要修正这一信念，要么转换语境。

自然化认识论的辩护策略若以上面的几种主要辩护策略划分，属于基础融贯论和语境可错论的综合，借用辩护的概念来讲，自然化认识论辩护的目的只解决了一个问题：从刺激到科学是如何可能的，即如何从贫乏的输入产生汹涌的输出。它的辩护策略是以观察句作为基本方式，通过语言共同体内的所有在场目击者的一致同意来完成的，一致同意也就是主体间的共同确认，这样辩护也就完成了。与传统的辩护不同的是，辩护所依据的规范是观察句的定义。现在假设在刚才的例子中，陪审团成员全都是自然主义者，那么 A、B、C、D 四者的证词和提供的证据中，陪审团成员不仅要基于自身直接或间接的经验来判断此四者各自的证据是否属实必要时要求检方做进一步调查取证，此外该四者的证词之间不能有任何矛盾，如果对于其以任何一种方式的指控相关的四者的证词或出示之证据间存在矛盾，那么他们的诉求就是不成立的并会因此露出马脚，因而不被信任。陪审团成员之间通过相互之间的询问并达成共识。在法庭上，陪审团成员之间尽管取得共识，但案子仍有可能出现冤情，陪审团所掌握的证据集合不保证这个集合能够必然蕴含 A、B、C、D 四者有罪或无罪的结果，法官也还需根据之前的类似案例来量刑，并且加入在陪审团成员达成共识后有新的证据出现，那么完全有可能推翻由之前的证词和证据搭建起来的证据集合，也有可能通过对新

的证据的理解或对已掌握的证据集合的修改形成新的融贯，这都取决于
A、B、C、D四者及陪审团在庭上的表现，在特定的时间点 t 陪审团和
犯罪嫌疑人同处一个语境，然而判决仍然可能是出错的，但判决绝不是
总是出错的，那个地区的人们也不会怀疑法官的公正，这才是真实的生
活。然而要指出的是这个例子对于自然化认识论来说是牵强的，因为以
上无论是基础论、融贯论还是语境论的辩护策略均是基于传统的三元定
义而制定的，直接地说，倘若没有三元定义，也没有辩护，以上几种方
案就什么都不是。因此，问题就变成如果不考虑三元定义我们能不能尝
试着找到一条通往知识的新路子？S 相信 p 是真的，绝不仅仅是认识
论能够说明的，假如我们一开始就有这个观念，我们就会认为蒯因的尝
试就是一个伟大的创举。在自然化认识论的框架下，S 对某一认知对象
形成了观念 p [1]，如果这时有在场的、与 S 属同一语言共同体的目击者
A_1、A_2、$A_3 \cdots A_n$，S 向 n 众目击者发出一个观察句进行询问，结果他们
对观察句的描述达成一致结果，我们这是说 S 搜集到了关于他的观念 p
的一个证据集合，这个集合支持观念 p 为真，因此 S 这时相信 p，这是
一种简单的、直接认识过程。其中观念 p 为真取决于 S 对于 $A_{n+i}(i \geq 1)$
中 n 和 i 的数值考量，当然理论上 i 可以等于这个语言共同体内的所有
成员总数减去 n 的数量，但在某一特定的语境中所有成员不会同时是目
击者，S 也并非要完全对 n 个目击者逐一进行询问，一种极端的情况就
是 S 对某一个目击者询问后，他就立刻相信 p 是真的，解释的理由是
无限多的。观念 p 在成为信念 p 之后信念 p 仍然可能是为假，仍是可错
的。再尝试考虑一种情况：当 S 独自在田野开展认知活动时，S 对某一

---

[1] 认知主体 S 对认知对象形成一个观念 p，一般情况下在这个观念被证实为真之
前 S 可能不会相信它（也有可能基于非理性的理由相信它），但 S 持有这样一个观念 p，
观念 p 就等待 S 去证实它是真的，然后相信 p，这时 p 才能是信念，在 p 被证实为真之
前它依然作为观念。

认知对象形成了观念 p_1，在那个特定的环境下没有任何与 S 同属一个语言共同体的成员，只有一个土著人 K 是目击者，S 只有通过对对象的描述来询问 K，然后再判断 K 说了什么或做了什么是表示同意或反对，K 对 S 对对象的指称的理解在相当大的程度上可能出现偏差，并且当 S 走后，另一认知主体 T 重复了 S 之前的活动，对于相同的认知对象，S 和 T 完全有可能得出不一样的认识，在相同的语境中建立了他们各自的信念 p_1 和 p_2 相对应的证据集合并且各自也有着支持关系，但 p_1 和 p_2 是不相容的，这时如何判断谁的信念是正确的。这正是所谓的指称的不可测知性和翻译的不确定性所表现出的语境可错论的主张。在反复多次的认知实践中无论是有或没有语言共同体成员作为目击者的环境中，通过归纳我们能够得出一些在大多数时候使我们达成预定认知目标的方法，这种工具主义的思考构成了在这一过程中要体现的认知规范。

　　语境论可错论遇到的反面意见是：第一，主体间性是否等于客观有效性。S 通过观察句的方式建立了一个关于观念 p 为真的证据集合，这个集合是由归纳来完成的，归纳的特质决定了在历史中我们有这样的例子欧洲盛行千年的放血疗法一度被人们认为是治愈疾病的正确方法，燃素一度被人们认为是燃烧的奥秘，这些曾经被认为是真的信念仍被推翻了，取代它们的是科学，因此在多个主体 S_1、S_2、S_3⋯S_n 在 n 足够大时，即一个语言共同体内越多成员把同一个观念认为是真的时，这个观念就越有可能成为信念，然而这确实不能等同于科学，然而在后一种意义上，这些错误的观念最终被科学所修正和取代显示了语境可错论的特质以及人类正是通过不断修正错误的观念最终通达于科学和真理。紧接着是第二个反对的意见：语言共同体的一致同意并不等于真理，这一点已在第一个反对意见中澄清，值得注意的是科学发现往往是通过在狭义意义上的科学共同体所有成员——某一领域的科学家和专家组成的——达成一致的意见来发现的，他们的发现有可能与我们的常识相悖，但却不妨碍他们的研究成果能够作为科学，诚然科学不能只是取得语言共同体所有成员一致同意的信念，它必须是对实在的描述，或是来自概念的演绎，从后果来看在无数代人类智力精英们前赴后继地努力下，人类之前的错误观念得以修正，也许在科技高度发达之今日我们也还有无数尚未被发现的错误观念等待后继者们来修正，整个人类的文明进程不就是这样子的吗？回到认识论上，从根本上说，两种诘问还是把焦点转移到了归纳的问题上，即对于某一观念的证据集合的构建上，我们只需铭记蒯因的教诲：

我认为，归纳问题的一部分，即为什么在自然界中竟存在着规律，可以抛弃掉。无论出于什么原因，存在着或者已经存在着一些规则，这一点是科学已经确认了的事实。而且，我们不能要求比这更好的回答了。……具有清楚意义的是归纳问题的另一部分：为什么我们天生的主观的性质划分与自然界中功能上相关的分类是如此的协调一致，以至于使我们的归纳倾向与是正确的？（*OR*, p. 126）

同时审慎地批判继承传统认识论及其当代信徒们的思想——他们认为认识论可以给出并且要求认识论给出比科学还要好的回答，就足以解除心中的疑惑了。从以上对于传统认识论所使用的概念的重新解释，我们可以看到不仅规范和描述可以和解，而且我们也看到了传统认识论和自然化认识论和解的希望。

第二节　真理和规范性

真理问题不仅是传统认识论讨论的核心问题，自然化认识论同样也不可回避。归根结底，认识论总是要面对真理的。传统认识论的辩护行动所履行的规范中最重要的一项同时也是终极的规范就是真理，真理可作为主体 S 相信观念 p 为真的最好的理由。但现在的问题是我们需要重新审视真理的规范性在认识论中是怎样体现的。作为终极规范的真理是对于世界和事件之本貌的描述，这一目标的实现必然要诉诸超验论证，而"超验的论证，或者那种声称是第一哲学的东西，在我能够弄清楚它的意义的场合下，通常倾向于采取这种内在认识论的身份。所消失的是关于外部世界的实在论的那个超验的问题，即我们的科学是否或者在多大程度上与自在之物相符合的问题。"（*TT*, p. 22）自然化认识论中关于真理的讨论具有符合论的因素，但符合的对象有别于这种理论。蒯因于 1990 年出版的总结性著作以"真之追求"为名，书中对真理的讨论分成了两个方面，经验的方面和理论的方面，即蒯因认为的两种真理，事实真理和逻辑真理。在事实真理方面首先把固定句——句子的真值在不同场合中恒定的句子确定为真之载体，"固定句——是我在以下大多数地方将看作真之载体的东西"。（*PT*, p. 79）作为科学理论的固定句的真是由作为场合句的观察句来提供依据的，语义上溯策略的全局使用使得无论是作为提供依据的、作为场合句的观察句还是作为科学理论和真之载体的固定句都是作为语句来呈现的：

"正是场合句报道了科学所依据的观察。科学成果同样也是语句的：我们希望真语句是关于自然界的真理。对象或者变项的值在这个过程中只不过作为索引，只要把语句之间的结构保存下来，我们可以随意对它们进行替换或移置。科学体系、本体论以及其他一切使我们自己设计出来的一座概念桥梁，它把一种感官刺激与另一种感官刺激联结起来。"（*TT*, p. 21）

蒯因对固定句的真还借由塔斯基对真的定义来阐述，在下例中：

　　"雪是白的"是真的，当且仅当雪是白的。

　　"把真归于句子即是把白归于雪；在这个例子中，这就是符合。真的归属恰恰取消了引号。真即去引号。"（*PT*, p. 80）就蒯因的著述分析来看，蒯因在其著作中既讨论真也讨论真理，在真的讨论中又分为经验之真和逻辑之真，即存在着他所谓的观察的方面和理论的方面，这也是事实真理和逻辑真理的区别，但经验和逻辑的区分次数并非是在纯粹的意义上，因为蒯因认为经验中包含着逻辑，逻辑中也包含着经验内容。因此，蒯因的这种主张容易使得他既在非完全意义上使用符合论来定义真，也在非完全意义上使用融贯论来定义真，同时使真存在于两个领域。经验之真指向实在，真即是把引号去掉使引号内的内容与事实（实在）相符，但是：

　　"对真这种去引号的说明，并不定义真这个谓词——不是在严格的'定义'的意义上，因为严格意义的定义告诉我们如何有利于以前建立的记法，从每个欲想的语境消除被定义的表达式。它告诉我们，对任何句子来说，是真的究竟是什么，而且它是以在我们看来就像所说的句子本身那样清清楚楚的语言告诉我们这一点的。……'真的'是清晰明了的。我们看到，对于固定句来说，对真的去引号描述简洁又简单。此外，很容易把它扩展到个人说话表达的日常世界，比如，说出的一句话'我头疼'是真的，当且仅当说话者在说出这句话时头疼。"（*PT*, pp. 81-82）

　　尽管说去引号不定义真这个谓词，但是"尤其把真作为比如说'雪是白的'属性，对我们来说，这正如认为白是雪的属性一样是十分清楚的"。（*FLPV*, p. 138）蒯因在经验之真方面通过去引号肯定了事实真理在形式上的符合论主张，这种主张不只在一个地方表达过，早在《语词和对象》一书中蒯因就作出了。在内容上的真要通过对观察范畴——由两个相互间有逻辑关系的场合句组成的固定句的检验才能作出判断，在蒯因所举的"明石"的例子中，"对科学假设的观察检验，而且实际上一般对句子的观察检验，就在于检验它们蕴含的观察范畴。"（*PT*, p. 12）真在这里变成了观察范畴成对地受到检验的肯定状态，观察范畴多数时候运用在科学家根据已掌握的知识来对已观察到的现象作出预测或假说。

在逻辑之真方面，蒯因认为：

"一般地说，一个逻辑真理就是这样一个陈述，它是真的，而且在给予它的逻辑常项以外的成分以一切不同的解释的情况下，它也仍然是真的"（*FLPV*, pp. 22-23）

以逻辑真理方面再结合蒯因自然化认识论整体主义的特征来看，这里蒯因显然又主张融贯论，蒯因对真理的主张之不一致性如果说是一种缺陷，毋宁说是其实用主义的总体倾向之下的表现，因为照应了上节中我提到的蒯因的对知识的看法是一种基础融贯论与语境可错论的综合体。在不同的领域需要不同的真理，它们或多或少都对我们的认知活动起到了导向成功的作用，并且它们之间也有着相互作用。蒯因直截了当地承认了这一点：

"通过适当的考察，可以发现融贯论和符合论不是两种相互对立的真理理论，而是两个相互补充的方面。融贯这个方面与如何通过我们最好的见识去达到真理这一点相关。符合这个方面与真理和它们所论述的事情的关系相关。"（*PD*, p. 214）

现在来谈谈真理的规范性方面，有一个问题需要引起我们的思考，即真理是如何传递规范性的？愚以为真理的规范性的传递从形式和内容两个方面来传递，形式上，通过真理的定义；内容上，通过与实在相符合的描述以及能够指导人的实践活动达到预期目的的效用。真理与定义的关系，真理如果是需要定义的，那么也就意味着真理要通过与其同义的描述来表达，传统认识论之所以效忠于三元定义，是因为三元定义揭示了知识的一般形式和知识的构成条件，于是这个定义被当作真理接受下来，相信这个定义也就是接受一个真理。如果存在着一个判断真理与否的标准，那么这个标准就是真理的定义，这个定义能够带给人们规范性的力量是由于这个定义是确定的，并且我们需要这个定义来区分真理与否，对真理的定义由来已久，柏拉图的《欧绪弗洛》中就有涉及对真理的定义，然在亚里士多德看来真乃是说是者是，说非者非，相对的假就是说非者是，说是者非，这一对真的经典定义到今日为止愚以为当代的哲学家们关于事实真理的讨论中"真"的定义仍然没有超出亚里士多德多少。定义使得我们追问"真"或者"真理"的本质是什么？我们认为真的东西究竟是什么？在常识的范围内以直觉来解读"真理"意味着一种不可错的永恒理论，它带给人们规范的力量，说真理是可错的有悖于我们在日常生活中对真理的理解并且着实给那些追求（在常识意义上的）真理的人们泼了一瓢冷水。自然化认识论认为不存在任何永恒的、不可错的绝对真理，只要系统内部作出足够大的修改，哪怕是逻辑和数学的真理也是可错的。真理是可错的，那么它的规范性如何保留，它是否还能够作为认识活动值得追求的一个目的的问题是自然化认识论面临解决的一系列问题，这还关系到自然化认识论本身的规范性。把真理作为认识活动值得追求的一个目的，而认识论本身是否是产生和传递真理的，这就关系到对于认识论本身的理解和对真理的定义。

在定义方面，有两点值得注意，一是定义这种方法本身，即对"真"通过定义的方法给出真之为真的条件集合，并且通过定义的方式能否让人们理解究竟什么是真，我们所说的真理究竟为何物；二是关于真的定义是怎样带给人们以规范的力量的。康德在《纯粹理性批判》中说道：

"有一个古老而著名的问题，人们曾以为可用它迫使逻辑学家们陷入窘境，并曾试图把他们推到这一步，即要么不得不涉嫌于可怜的诡辩，要么就要承认他们的物质，因而承认他们全部技巧的虚浮，这个问题就是：什么是真理？对真理这个名词的解释是：真理是知识和它的对象的一致，这个解释在这里是给定了的前提；但人们还要求知道，任何一种知识的普遍而可靠的标准是什么。

……

如果真理在于知识和它的对象的一致，那么该对象就必然会由此而与其他对象区别开来，因为一个知识如果和它与之相关的那个对象不一致，即使它包含某种或许能适用于其他对象的东西，它也是错误的。于是真理的普遍标准就会使那种适用于一切对知识对象不加区别的知识的东西了。但很明显的是，由于从这个标准上抽调了知识的一切内容（知识与其对象的关系），而真理又恰好是与这内容相关的，那么追问这一知识内容的真理性的标志就似乎是不可能的和荒谬的，因而真理的一个充分的，但同时又使普遍的标志就不可能被确定下来了。"①

对定义的追求，也就是追求一个经验的成真的条件集合，一旦这个条件集合中所规定的条件被满足则被确认为是这个定义涵盖之下的概念，于是追求定义也就意味着追求定义的普遍性，否则定义就不是定义而变成专名了，但是当定义所规定的条件都被满足却与定义本身作为理想模型相左时，我们要么修改定义，要么不将这种经验确认为是这个定

① 康德：《纯粹理性批判》，A58-59=B82-83。

义涵盖之下的。

波普尔却认为对定义的追求乃是对于一种本质主义的追求：

"定义的作用，实际上是我称为'本质主义'的那种哲学学说的一部分。按照本质主义（尤其是亚里士多德的那一种），一个定义就是关于一事物的固有本质或本性的一个陈述。同时，它还表明了一个语词即指称该本质的名词的意义。（例如，笛卡尔和康德都认为，'物体'这一语词指称某种本质上广延的东西。）此外，亚里士多德和所有其他本质主义者都认为，定义是'原理'；这就是说，它们产生初始命题（例如：'一切物体都是广延的'），这些命题不可能从其他命题推导出来，它们形成每个论证的基础或其基础的一部分。这样，它们也成为每门科学的基础……"①

真理的定义要表达的是一种关于知识的极致的规范性主张，传统认识论正是通过对于知识的定义来表达了这一极致主张的。按照波普尔的看法，以知识的三元定义为例，当三元定义被当作真理接受下来那一天起它就无可避免地要面临着被修正的命运，因为它规定了知识固有的本质或本性——知识首先作为信念，然后是得到辩护的真信念。得到这个定义之后面对我们的杂多的感官刺激，我们便依照定义来整理感官刺激，筛选出是知识的东西。如果把真理视为是知识并且二者在外延上相等的话，只需简单的替换就可以得到关于真理的定义。把认识论理解为对认识活动和知识的认识从而包含在认识活动中，真理仍然是认识论值得追求的一个目的，我们被感官经验所蒙蔽住而认为一羽鸿毛和一块石

---

① 卡尔·波普尔著，傅季重等译：《猜想与反驳：科学知识的增长》，上海译文出版社2001年版，第28页。

头在同样的高度同时放让其自由落体，凭借常识的判断就可以知道鸿毛仍旧飘浮在空中而石头早已落地，然而伽利略却告诉我们在理想状况下两者会同时着地，你能想象吗？对于物体自由落体运动我们到底要根据常识还是伽利略的理论呢？我们无法实现理想状况时，常识能够帮我们解决实际问题，并且它既是符合实际发生的状况的，也融贯于我们的日常经验网络，伽利略通过实验发现了自由落体定律，从而纠正了亚里士多德就认为重者比轻者下落速度快，物体下落的速度与其质量成正比的长达千年的错误。这一发现仍在影响着现代物理学研究。我们不满足于亚里士多德，是由于根据他的理论没有建构起我们要达到一个预定的认知目标所要求的规范，若根据这个规范我们在处理日常生活时或许能够帮助我们实现预定的认知目的，那么这种学说是值得我们去追求的。但是它区别于真理的地方在于：它相较于伽利略发现的自由落体定律具有较窄的适用范围，而后者比前者具有更广阔的适用范围，它带给人们的规范是可以在绝大多数的认知活动中被遵循的，并且遵循这个规范是达到认知目的不可或缺的一个环节，它对实现预定认知目的有不可替代的贡献作用。需要注意的是，新的理论能够代替旧的理论，新规范能够代替旧规范，这绝不是没有原因的。在接受方面，伽利略的发现证明了亚氏的论断是错误的，从这个意义上来说我们可以说伽利略的发现比亚氏的好。但是如果两个具有同样性质的理论我们能够说孰优于孰吗？在普通的情况下，一羽鸿毛当然比一块石头下落得慢，亚氏的论断和自由落体定律作出的判断是一致的，亚氏与伽利略的判断分别代表了常识和真理，常识不是真理并且要为真理所取代，在符合论的观点之下，常识只是在日常水平上的符合，并且符合的是日常生活中发生的现象，常识和真理均是可错的，不同的是常识的出错几率要高于真理。真理符合于较日常生活中发生的现象更广的领域，从某种意义上说是对于实在的符合，是对常识在方法论和表现方式上精致化的成果。蒯因对真的符合论思想需要他的物理主义立场来支撑，因为符合终究是对于实在的符合，"真就是去引号"的论断如果是定义真的话必然要设定一个对象与之符合，但不作为定义也许是蒯因基于实在论的主张，所以他认为科学不是在"颁布真理"而是在"发现真理"，符合论的真理观就是和实在论绑在一起的，在去引号的定义中我们也发现了这一点，关于实在论的问题下一节中还会有更为详细的阐释。实在论的主张与他的"荷马史诗中诸神"的物理实体的预设和本体论的承诺学说是一致的，在实在论的阵线上爱因斯坦当初不肯接受哥本哈根解释的事件为这一主张敲了边鼓。蒯因对真理的看法从内容上看似乎是符合论的，符合论派生出的问题是赞成符合论必定会主张某种形式的实在论，蒯因的物理主义立场表现在符合论的真理观中但从整体上看又不仅仅是符合论的，还有融贯论的成分在里面，要知道蒯因还是著名的整体主义者。从整体上看，对于知识系统内部各门知识之间的关系需要融贯论的思考，要遵循六个原则。对真理的看法最为清楚的表达是在《实用主义者在经验论中的地位》一文中作出的，蒯因结合了实用主义的观点集中阐述了自然主义的实用主义特点和对真理的观点，概括地说是这样几点：

1. 对于像我这样的自然主义哲学家来说，物理对象，一直到最具假说的粒子，都是真实的，尽管这种对它们的承认，像所有科学家一样，是服从于修正的。

2. 人在极大程度上是真理的作者而不是真理的发现者。

3. 在我的自然主义中，我不承认任何比科学提供和寻求的真理更高的真理。其目的在于确认真理仍然在科学之内，是关于科学的。这些真理照亮了我们科学的方法论，但并没有证明我们的科学错误或替代科学。我们用我们拥有的东西凑合着做，并且在能改进时改进它。

4. 真理仍然在科学之内，是关于科学的。

5. 在我们提供真理时，我们总是在我们现行系统之内来谈论，而不能用其他范式来谈论。

6. 当它①变化时，我们并不说真理也与它一起变化；我们说，我们曾错误地设想某些东西是真的，而且我们已学习得更好。

7. 可错主义是格言而不是相对主义。可错主义和自然主义都是如此。②

以上七点在前面有的章节中已经多次谈过了，归结起来删因要说明四个问题，即其一，主张实在论，间接主张符合论的真理观；其二，真理只存在于科学内部，只有关于科学的真理，没有高于科学的真理，因为在科学之外根本没有真理；其三，科学是在一个整体中变化和被考量的，修正它的时候要考虑到整个系统，这一点是作为对整体主义的强调；其四，可错主义不是主张相对主义，是一种面对经验和科学的态度。自然主义基本立场始终交织着实用主义、整体主义和科学主义的要素，在这些要素的共同作用力下形成了自然化的认识论。

真理的规范性在事实成分中体现为与实在相符，这种符合是一种有限的、相对的符合；在语言成分即定义上也体现出一种相似性来。当有人问到"什么是真理"时，给出真理的定义就是给出一个关于真理的直言判断："真理是……"，形式如"F是……"，

"一个形如'什么是F'的问题，只有求助于一个另外的词项才能得到回答：'F是一个G'。这一问题只具有相对的意义：相对于非批判地接受'G'。"（*OR*, p. 53）

---

① "它"是指5中的现行系统，笔者注。

② 〔美〕W. V. 奎因著，李真译：《实用主义者在经验论中的地位》，载《世界哲学》1990年第6期，第37页。

定义需要的是语词之间的同义性，G 可以替换掉 F，而这时我们对于 G 则是非批判地接受的。蒯因的哲学体系中各个要素的紧密配合在这里表现得十分清楚，实指的不确定性→指称的不可测知性→翻译的不确定性→本体论的相对性→知识（真理）的相对性，这个因果链条恰好是蒯因哲学体系环环相扣的真实写照，如果规范性不能够容忍相对性的话，那么蒯因似乎就在向我们展示一种非规范的真理观和认识论，但蒯因的自然主义路线由于没有诉诸人为构造物，一切的证据都来自可公共地观察和讨论认知行为，因此，我们在这里最好把传统认识论及其当代信徒们所理解的规范视为是一种理想的人为构造物，在实际的认识过程中我们并不具有它。

关于自然化认识论的真理观及其规范性我们最后再考虑一下蒯因在 1992 年和 1995 年时分别说过的这样两句话：

"世界就是自然科学所说的那个样子。"①
"我们自然主义者所言之科学乃是通往真理的最高途径。"②

就第一句话来说，蒯因言下之意是认为科学就是正在实现着的真理。然而第二句话一出蒯因又要被宣判为是工具主义的了，令人感到奇怪的是工具主义与自然主义似乎有着同样的命运——它们都被给予了否定的价值判断，又不仅仅如此，真理还是不可错的，是世界和事件的本貌。科学是可错的，科学与其他认识方式相比是一条通往真理，一步步逼近真理的最好的路径——至少到目前来看是最好的。这里就体现了自然化认识论的规范性了，科学本身就是认知实践所要遵循的规范，而认

---

① Quine, W. V. (1992). "Structure and Nature". *The Journal of Philosophy, 89*(1), 5-9. p. 9.
② Quine, W. V. (1995). "Naturalism; Or, Living Within One's Means". *Dialectica, 49* (2-4), 251-261. p. 261.

知实践的真谛就在于对于真理的无限接近和永不可及，我们最多只能尽显我们所知领域的本相，而不是要尽显世界与事件的本貌。根据这两句话所做的分析至少可以表明，蒯因关于真理、知识和科学三者的看法，真理中的观察部分对应于经验科学的发现和研究成果，理论部分对应于数学和逻辑真理，而这些被涵盖在知识的概念之下，实在论的主张要求我们要通过科学去获取真理，也即要用知识去获取知识，在知识之路上真理永远是科学前进的方向，并因此带给了人们以规范的力量（至少从形式上看是这个样子的，但至于自然化认识论视野下的真理则不是旧有的、不可错的真理）。在这个过程中人类自身会犯错，并可能由于设定了错误目标而得到错误的知识，目标是可修正的，得到的知识也是可以修正的，同理，真理是可修正的。真理体现规范性的另一个途径是能够知道人的实践活动达到预期的目的，使认知者获得成功。蒯因对待知识的看法是，在数学和逻辑的知识中，蒯因用到了真理的说法，而在经验科学中蒯因却很少用到"真理"，甚至是"知识"的说法，他更倾向于使用"理论"这样的字眼来称呼经验科学。其原因还在于蒯因对于数学和逻辑真理在融贯论意义上的肯定和经验科学理论在符合论意义上的肯定，这与蒯因改良的内在实在论思想和本体论的承诺学说是一致的。数学实体等抽象实体在现实中没有与之相应的对应物，因而如果说肯定这种对象的实际存在，对于作为经验的感觉刺激就是不负责任的，然而否定这些实体的存在也是万万不行的，它们是构建科学理论的大厦不可或缺的、被假设出来的基点，它们的作用就如同荷马史诗中的诸神，只存在于神话中而非现实中。蒯因要承认这两类知识，原因有两点，其一，它们都是人类由贫乏的感觉刺激得出的；其二，我们的认识活动中必然要使用到这样的知识。前者是将科学理论作为认识活动的后果来做的回溯研究，后者则是考察人们如何在认识活动中运用已经获得的知识去形成新的知识。

第三节　认识论的多副面孔：实在论、决定论和实践

在上一节末尾预告了本节将要讨论的有关认识论与实在论之间的关系，即真理的规范性究竟是不是体现为忠实地描述了实在，假如一个被真理描述的实体就是人们自己创造出来的，我们如何知道我们的知识是否正确，而这个所谓的"真理"又是否真的是真理呢？这个问题关乎实在的性质，并同时可转换为一个需要严肃思考的问题：实在是否是人心的造作，抑或是我们对于客观事实和物理物体的命名（描述）？对这个问题的思考先让我们退回到近代经验论者约翰·洛克那里，洛克声称物体有两种性质，第一性质即物体固有的根本性质，包括物体的大小、数目、位置、运动和静止；第二性质即物体依赖人而存在的附属性质，包括除第一性质外的各种性质，是物体作用于人的感官的能力。这个说法是有问题的，所谓的第一性质也与第二性质一样依赖于人而存在，只不过相较于第二性质的依赖程度较低，两种性质只有在依赖人的程度上有所差别，没有质的差别，相反它们共同的性质就是：它们都不是一种独立的存在物，而是人感官的经验对象。第一性质能够解释为与第二性质同质的性质乃是因为，无论大小、位置、运动、数目等都是基于人的感觉器官——人类共同的视网膜结构和思维方式——计数方式而存在的，视网膜收到的二维信号的变化加上运动和体感形成的综合信号使人能够感受到三维的空间，这是人类独有的感觉系统作用的结果。换成一只变色龙或是一只豹，世界在它们眼中是什么样我们也绝不可能完全知道的，更何况对一个来自地外文明的高等智慧生命来说人类贫乏感觉系统有可能是低下和粗陋的，它们可能拥有在更高维度上进行认识的能力，物体、宇宙在它们的眼里如同无数根振动的琴弦一般，亿万个乍看偶然的事件之间却能够被发现存在着神秘的恒定比例，如此种种的假设在理

论上都能够成立，同时反驳了第一性质是"物体固有的属性"的说法，据此，所有的属性都是第二属性。接下来如果我们把诸如"红"、"冷"、"软"这样的属性作为语词来理解，那么这些语词就是人在感觉接受器受到相应的刺激时会用于对接收到的刺激的描述，当有人第一次用这个词描述这种刺激时也就是对这个刺激进行了命名。这个刺激是感觉器官作用于一个对象后反馈回来的、对感觉接受器的信号输入。这里可见，无论如何总得有一个对象是感觉器官能够施效于其上的，亦即必须存在一个反馈源，严格的符合论的真理观，所诉求的就是真理是对于这个对象的符合。但奇怪的是，对于这个对象我们能够说出和谈论的也只是我们对感觉接受器所接受到的反馈信号的描述，而不可直接谈论这个对象。于是，从这里可以尝试得出两个结论，其一，感觉接受器受到的信号输入作为直接经验可以表明要产生这些信号必然不可缺少一个对象；其二，感觉接受器受到的刺激是真实存在的。这个对象通常被叫作实在，实在与刺激相互作为其存在的证据。蒯因对作为实在的物理实体的看法是，只作为认识论上同荷马史诗中的诸神相比的一些不可简约的设定物，实际上我们能够谈论的也只是对感觉接受器受到的刺激的描述——独词句（语词）和观察句，在进路上与康德对物自体的设定颇有相似之处，但后者显然承担了更多的功能。经过蒯因的处理，自然化认识论就不得不肯定内在实在论的观点，即关于实际存着什么的问题对于认识和真理来说是不重要的，但是没有也是不行的，我们所需要的乃是对于感觉器官作用于该对象时反馈回来的刺激，也只有这一部分能够被描述，从而运用到观察句理论中，真理所要符合的不是实体，而是经验。蒯因何以站在物理主义的立场上把物理实体设定为"诸神"以及何以要用科学解释科学而不担心循环的部分原因也就通过上面的分析得到了表述。

相反，外在实在论视域下的真理符合论中通常会出现以下的情况，当我们将其判断为没有忠实地描述实在的时候，必然是我们的感觉出错了，因为实体必然不会出错，从而可资作为一个恒定的标准用以衡量认识结果的正误，规范性由此道来。实体作为放置在世界的物体，真理必然只有作为忠实地描述了它们的真语句而存在，真理在这里的规范性来自对于它所描述的对象的外在的预设，而这种预设恰恰是根据感觉经验作出的，于是尴尬的事情就出现了：我的视觉和触觉都真实地感到了一张桌子的存在，所以我必须认为桌子是一个外在的实体作为感官的对象。这样做的好处在于：所谓的真理的规范性有了一个可靠的来源——真理背后的实体，我们始终不至于陷入理智的混乱之中，外在实在论的观点也就如此地被构建出来了。这种观点受到了普特南和罗蒂的强烈批评，各认识论家在真理问题上所持之不同观点被分为了实在论和非实在论，而实在论中又分为了内在实在论和外在实在论，非实在论被扣上相对主义的帽子，我认为并没有什么不妥，但内在实在论则不应该被划分为这个阵营了。在稍早前的第一节中展现了人类认知实践的复杂性我相信会使一些人对传统认识论和自然化认识论的看法有所改变，自然要被人化，认识论成为一门自足的学问，自然化认识论作出了一种有意义的尝试。

人化自然的提出是卡尔·马克思的一个伟大创举，这个观点康德在设定物自体所居之本体世界时就已发展出来，康德的伟大之处就在于他奠定了知识的基本框架结构，必须要有物自体，然后我们的理性能够认识的只是现象世界。马克思认为"社会生活在本质上是实践的。凡是把理论导致神秘主义方面去的神秘东西，都能在人的实践中以及对这个实践的理解中得到合理的解决"。[①] 物自体的设定本质上是肯定了外在实

---

① 卡尔·马克思：《关于费尔巴哈的提纲》，载《马克思恩格斯全集》第3卷，人民出版社1960年版，第5—6页。

在论，外在实在论常常被冠以不可知论的名号，它在人类知识的基本框架结构上的奠基作用和人类理智能力的挫败作用似乎是对等的，而这两方面的和解需要一种新的理论。

实在论与反实在论的争斗是 20 世纪以来哲学家和认识论家们对真理问题的探讨中争论的主要问题，其中以普特南的内在实在论和达米特的反实在论最为引人注目。蒯因提出的自然化认识论在对真理的不严格看法上坚持了一种实在论的观点，联系到他的本体论的承诺学说和物理主义的立场来理解，这种实在论的观点是特殊的，区别于完全意义上的实在论也区别于柏拉图式的共相实在论和亚里士多德式的殊相实在论，而是一种概念论的实在论和内在论的实在论的混合体。首先，蒯因主张实在论是缘于他早期从现象主义向物理主义立场的转变否定了卡尔纳普式的把语词还原为对实在的描述的做法，植根于物理主义立场之上的符合论的真理观必然要肯定真理是对于实在的描述。传统认识论的当代信徒们基于他们对规范的解释对认识论作出规范和描述的区分，在符合论的真理观以及确定真理是值得追求的这一价值判断的意义上作出描述和规范的区分将会使所谓的规范的认识论成为一种自我挫败性的事业。因为一种学说是传递真理的就是说这个学说是对于实在的描述，一种体现了规范性的认识论如果体现规范性就不可能是传递真理的，因为规范陈述在现实中没有与之相对应的实在，实在是其所是而非是其应所是，所以也就不可能成为对实在的描述。符合论的真理观及其所植根的实在论立场对于规范的认识论来说只有在另一种意义上来解释方为合理，即为真理加上绝对值符号。加上了绝对值符号的真理成为一种超越语境、超越文化和超越时空的金科玉律，它在一切语境——不同语言共同体内部的对话中、在不同文化中以及人类所经历和即将经历的一切时空中都为真。真理获得绝对值符号的加持从而也使之成了对绝对实在——物自体的描述，我们放弃这种学说的理由恰恰是蒯因提出的本体论承诺的学说和概念论的实在论立场。其次，描述的话语又可归于行为，即观察句理论的"询问—同意"策略中体现出来的问答行为，实在既是作为理智活动的产物又是一种行为。最后，本体论的承诺学说表明，一个命题中约束变元的值意味着作出了一个（概念论意义上的）实在的描述，同时也是作出该命题的人的本体论承诺。这里我们须回过头去思考观察句理论，认知者从孩提时代的实指学习阶段过渡到成年之后，随着他的知识的积累，会出现这样一种情形，即观察句的理论负载与其所掌握的知识呈正比例增长，通俗地说也就是认知者是在用已掌握的知识去学习新的知识。他所作出的观察句的理论负载增加到一定的程度之时，也就是语言共同体成员的重新划分之日，单个的认知者可以同时隶属于多个不同的语言共同体，当他与同一共同体的成员从事认知实践时，他作出的观察句甚至有可能出现高级理论观察句的形式。这样的情形中认知者无论作为说话者还是听话者，他作出的或他听到的观察句中极有可能包含有他的或另一人的本体论承诺。推广而言，我们会发现成年认知者的行为标示着说话者对所言之物作出了本体论的承诺，而如果这种承诺能使说话者的认知实践获得成功——他所作出的这个或这些承诺能够上升到主体间性，得到了所有目击者的普遍认同，这就是观察句询问—同意策略的运用，科学理论便是来源于此。在这个意义上，认知者作出的询问中包含了他的信念之网的部分呈现以及他对于世界的全部理解，认知的过程就是个体认知者的本体论承诺上升到具有主体间性的过程，亦是本体论承诺在认知主体间传递的过程。其要点在于要保持各个认知者的本体论承诺在总体上有着最大限度地相似和融贯，科学才不至于是五花八门的。只要当一个融贯的系统之组成部分得到了足够大的修改，那么这个系统就会被打破，之后又形成新的融贯系统，并替代旧的系统，实现新的融贯。

实在论（无论是内在的还是外在的）和规范性都与决定论有关，因此最后，再来看看从科学的角度怎样看待实在论的。

"牛顿和爱因斯坦都相信'确定性'概念，它说所有将来的事件在原则上能够确定，对牛顿来说，宇宙是一个在创世之初由上帝上紧了发条的巨大钟表。从那时起它就按照他的运动三定律，以可以精确预测的方式滴答滴答地走个不停。法国数学家，拿破仑的科学顾问皮埃尔·拉普拉斯写道，人们可以利用牛顿定律像观察过去一样精确地预测未来。"①

蒯因与爱因斯坦站在一边，爱因斯坦是一位实在论者，而蒯因也借由荷马史诗中的诸神来宣告了自己的实在论主张。"对牛顿和爱因斯坦来说，'自由意志'的概念，即我们是我们命运的主人的说法，实际上是一个幻想。爱因斯坦把这个实体的常识性概念，即我们基础到的具体物体是真实的和存在于确定状态的概念，叫作'客观实体'。"爱因斯坦在下面的话中最清楚地表达了他的态度：

"'我是决定论者，被迫行动就好像自由意志是存在的一样，因为如果我想生活在文明社会，我必须负责地行事。我知道在哲学上一个杀人犯不对他的罪行负责，但我不会情愿和他在一起喝茶……我的履历是由我无法控制的种种力量决定的。亨利·福特可能将它叫作他内心的声音，苏格拉底将它叫作他的精灵，每个人都能以他自己的方式解释人类不是自由的这一事实……一切事情都是被我们无法控制的力决定的，对

---

① Kaku, M. (2005). *Parallel Worlds: A Journey Through Creation, Higher Dimensions, and the Future of the Cosmos*. New York: Doubleday. p. 154.

于昆虫以及星星来说都是如此。人类、蔬菜或宇宙尘埃都在神秘的时间跳舞，一位远距离的看不见的演员在为我们吟咏.'"①

爱因斯坦的这番话看似一种神秘决定论，其实则不然，它类似于蒯因的"荷马史诗中诸神"的假设，作为伟大的科学家爱因斯坦清楚地知道，我们对宇宙知道得越多就表明我们还有更多的东西是尚未知道的，如若这般就必须保持一种开放的态度来容纳我们的好奇心和求知欲，同时在当前所取得的成果面前，只要这些知识还能够为我们的探索活动提供帮助，那么我们同时也要收敛住那无止境的怀疑，那些现在无法确定知道的神秘的决定者就是未来我们的探究的目标。把当前已经取得的研究成果当作一种为了我们走得更远的提供保障的理论，它同时也就是一种工具主义的认知规范，在这里使我们的探究能够进行下去并且取得更大的成就作为一个目的，把认知规范作为工具主义的理解的话，而不是传统认识论所理解的那样，那么这种认知规范无论在于现实世界还是梦里、缸里以及我描述的那种可能的世界里如果我们想要达到预定的认知目的，抑或是我们想要寻找这种认知规范的替代者——一种更优的认知规范，那么我们最好是遵守现有的认知规范。这也表明认知规范的工具主义理解适用范围似乎比传统认识论所理解的规范要广。传统认识论和自然化认识论对认知规范的解释分别给予对人性善的理解和功利的理解，善在认知中体现为自律，功利在认知中追求有用性、渴望成功。实际的科学研究中，为什么把当前已经取得的成果作为一种工具主义的认知规范呢？因为如果遵守这个规范我们就能使探究活动顺利开展，再者，它如若仅仅是

---

① Kaku, M. (2005). *Parallel Worlds: A Journey Through Creation, Higher Dimensions, and the Future of the Cosmos*. New York: Doubleday. pp. 154-155.

这样的话还不足以使我们能把它当作一种认知规范来遵守，还因为它描述了科学家们所观察到的实体的状态，它是有据可依的。普特南一直是内在实在论的重要代表，对于以上提及的这种状况，普特南的观点是非常有益的：

"我要辩护的观点，简单地说，在真理概念和合理性概念之间有着极其密切的联系。粗略说来，用以判断什么是事实的唯一标准是什么能合理地加以接受。（我的意思确实如此，而且适用于一切对象，因此，如果一幅画是美丽的这一点能合理地接受，则这幅画是美丽的这一点即可成为事实。）根据这个观点，可以有价值事实存在。但是，合理的可接受性和真理之间的关系是两个不同概念之间的关系。一个陈述可能一时是合理地可接受的，但却并不是真的。在我对合理性概念的说明中，我将为这个实在论的直觉保留一席之地。"[1]

普特南用合理的可接受性来解决在一切可能世界里可能为真或者即使被我们接受下来但也并非为真的情况，而蒯因却对于可能世界的语义学感到非常反感，他把这种可能世界的语义学看作是一种"时髦的哲学"，而这种"时髦的哲学"在他的哲学里连梦也算不上。[2] 但我在这里依旧想要谈论这个领域的情况，并非是要忤逆蒯因的本义，但自然科学发展到今天，大凡具有科学精神的人相信也包括蒯因本人在内都有可能结合人类在最近二十年来取得的科学成就作出合理的联想和推测，为的只是拓宽我们考虑认知和知识的视野。在此不妨对蒯因自然化认识论

---

[1]　Putnam, H.（1981）. *Reason, Truth and History*. New York: Cambridge University Press. p. x.

[2]　参见麦基编，周穗民、翁寒松译：《思想家：当代哲学的创造者们》，三联书店1987年版，第256页。

的学说中一个重要的特点——科学主义多说几句，蒯因哲学无疑充满着科学主义的味道，这种味道让有的哲学家们感到相当刺鼻，因此蒯因的科学主义无形中"被演变为"极端科学主义或者是唯科学主义，可是我却认为蒯因自然化认识论学说中的科学主义仍不彻底，尚有未加经过经验法庭审判过却取得其存在资格的成分，这些成分的存在是作为整体主义者的蒯因顾及他的学说来自内部的需要而设定的。其一，蒯因在真理的符合论方面表现出的也并非普特南所说的外在实在论或形而上学的实在论，而是一种特殊的实在论，是一种外在实在论与内在实在论的混合产物，一方面蒯因的本体论的承诺是为了一劳永逸解决迈农留下的问题，这种带有形而上学意味的做法并非肯定了形而上学性质实体的存在，蒯因严格区分了什么东西实际存在着和说什么东西存在是两码事，因此本体论的承诺仅仅作为理论所需的假设。其二，蒯因的符合论是基于感官刺激的，即理论最终要符合的乃是贫乏的感觉输入。其三，比较典型的就表现在蒯因不彻底的物理主义立场上，按照他自己的说法，他既认为他的物理主义是一种概念论的物理主义，物理实体只是如荷马史诗中的诸神一样的不可简约的设定物；他又说道：

"我站在唯物主义这一边。我认为物体是实在的，永恒的和独立于我们的。我认为不仅存在这些物体，而且存在一些抽象的对象物，如数学的抽象对象物似乎需要用来填充世界系统。但我并不承认思想实体的存在，因为它们不是物质体，而是物质体、主要是人体的属性和活动。"①

---

① 麦基编，周穗民、翁寒松译：《思想家：当代哲学的创造者们》，三联书店 1987 年版，第 245 页。

世界整体的相对性是奠基于这样一个无法消除的问题，即"世界之本相何如"这一问题在原则上是不可能回答的，因此，我们能够做的只是尽显我们所知领域的本相，世界的样子是我们所看到的样子。所谓的真理也只能是相对的。"世界之本相何如"这一问题既是一个超验的问题，同时也是一个对认识论来说的伪问题。但人的求知欲驱动着认识论家们不断去追问世界的本相，就此而言，哲学认识论显然不是毫无用处的，它满足了人类的求知欲，以一种乐观主义的态度彰显了人类自身的理性能力和创造力，是人类对自身的肯定和期许。但在实际生活的改变方面，科学才是我们所需要的。从爱因斯坦创立的相对论到世界的相对性告诉人们如果不承认人类无力回答"世界之本相何如"这一问题就会导致认识论上的基础主义，开启理智的狂欢。从这个意义上说形而上学同样是人类不可或缺的，它的重要性与宗教相当。康德对人类理性能力的限定就是要告诉人们这一教诲，应当把这个领域留给形而上学，留给信仰、道德和审美。因此，审视科学展示给我们的世界图景，我们赞叹科学之伟大和宇宙之浩瀚的同时应该感到自身的渺小，并谦虚地告诉自己：科学已经为我们提供了关于这个世界的最好的解释，我们每一个人都应该满意地退场。平行世界的假设在原则上是可能的并且不违背物理学定律，那么在每一个世界里我们也都应该满足每一个世界的知识。

实在论与决定论也有着密切的关系，无论是外在实在论还是内在实在论，知识所来自的那一部分感觉经验必然有背后的实体做支撑，这一点二者是相同的，也就是说，实体决定了关于它的知识，进一步的含义就是只有一种知识忠实地描述了实在。这一点或许对于常识来讲是足够了，但科学的发现则不尽如此，正像莱布尼茨告诉我们的那样："这个世界也许是一个幻觉，存在也许只是一个梦，但是这个梦或幻觉对我来说已足够真实了，如果很好地利用理智，我们就绝不会受它的欺骗。"

蒯因也同样地告诉我们：

"对真理的追求仍然隐含在我们对'真的'的使用中。我们应该并且目前确实将最坚实的科学结论接受为真的，但是，当这些结论的某一个被进一步的研究排除时，我们不说：它过去是真的，现在变成假的了。我们说，出乎我们的意料，它根本就不是真的。科学被视为在追求和发现真理，而不是在颁布真理。这就是实在论的用法，它是'真的'这个谓词的语义学的固有部分。它恰当地令科学方法富有生气，这种方法就是依据假设和实验来拷问自然并遵循因果关系的方法。"(*FSS*, p. 67)

生存于这个世界上我们所要做和能做的乃是善用我们的理智以及科学的方法去获取知识，同时要认识到我们现在作为真的接受下来的科学成果，有的已被视为是真理了，可是在未来仍然有可能被新的研究成果所排除。蒯因这种方法的另外一个重要的问题就是我们所感知到的世界是作为一个后果的事业而呈现的。我们感知到的对象乃是出于一个既定时刻 t 时的状态，并且是它已经成为这个状态时我们对它的观察，观察既确定了我们的认知对象同时又获得了对象给我们的感觉刺激。这样一个问题既有其新颖的方面，也由其古老的方面，无论哪一个方面都对认知活动构成了重大甚至是颠覆性的影响。在其新颖的方面，问题是由波动方程的创始人埃尔文·薛定谔设想出的一个实验来刻画的：

"想象一只猫被关在一个盒子里。盒子里面有一瓶毒气，瓶子上面有个锤子，锤子又连接到一个盖氏计数器，计数器放在一块铀的附近。没有人怀疑铀原子的放射性衰变是一个事先无法预测的纯粹量子事件。比如说铀原子在下一秒衰变的几率是50%。但是如果一个铀原子发生衰变的话，它将触发盖氏计数器，盖氏计数器又触动锤子将玻璃瓶打碎，毒气将杀害这只猫。打开盒子之前不可能知道这只猫是死是活，也就是说我们将猫放到一个其生死概率各为 50% 的地狱中。

现在打开盒子。一旦我们做了观察，波函数就消失了，我们看见猫，比如说是活的。"①

我们想要知道猫是活的还是死的除非我们打开盒子，否则我们没有充足的理由——通过归纳得出的规律来推测猫的死活，也就是说，我们的规律在这里就要面临着失效的尴尬。更大的影响在于，这个实验间接地佐证了贝克莱和休谟关于物体持存性的部分观点。把贝克莱大主教的上帝抽去，把休谟的作为人生伟大指导的习惯抽去，剩下的事实只好由量子理论的科学家设计出的一个实验给出了合理性的证明。这个时候，我们还有好的理由来为我们的信念辩护吗？按照传统认识论的观点来看，没有；按照自然化认识论看来，这不是问题。自然化认识论对该问题的回答不需要如蒯因那样简单地否定这类问题是没有意义的，而是说在平行世界中，我们需要以一种实用主义的观点来自处。平行世界中，缸中之脑在虚拟的世界中可以是一个任意被设定的认知主体，在现实世界中是一个缸中之脑，两者分别处于它们各自的世界中，当这个世界的真实性满足了处于该主体对世界的期望——世界的规范（无论是世界观的、还是方法论的，无论是认识论的还是形而上学的）那么该主体都应该按照那个世界的规范去探寻真理。真理的传统诉求者们显然没有考虑到量子理论所构造出的平行世界来，这种"天方夜谭"区别于巫术和幻觉的地方在于它不管发生的概率有多小，原则上仍是可能实现的，并且

---

① Kaku, M.（2005）. *Parallel Worlds: A Journey Through Creation, Higher Dimensions, and the Future of the Cosmos*. New York: Doubleday. p. 158.

是基于严密的科学的。真理、规范、知识、道德的相对性在两个世界的对比中显露无遗，似乎我们眼看就要陷入相对主义的深渊了，可是我们如果有反对相对主义、为现实世界辩护的理由，我们又怎么会没有为平行世界解释的理由呢？波函数的消失，当且仅当我们看到认知对象的那一刻才知道猫是死是活，理论上可以随时中断事物存在、变化发展的过程，即随时让波函数消失的概率是 50%，我们假设一个物体随时有某任意一个或多个主体在观察，物体存在和变化的证据就要通过蒯因的观察句理论来传递，或者如果只有某一个主体观察到（唯一目击者的情况），我们只有期望他的诚实和智慧才能使得个人的感觉刺激能够作为一种有信用的证据在主体间传递，这样更加增加了证据出错的可能性，庆幸的是，如果该物体在某一时刻所呈现的状态及其类似的状态是不可重复出现的，那么这似乎也就是非常偶然的了，我们要考虑的显然是物体在某一时刻所呈现的状态或一组类似的状态是可重复出现的情况，这样虽也无排除只有一个目击者的情况，但由于状态的可重复性为多个个体的观察提供了条件，也保证了观察句理论中"询问—同意"策略的顺利运用。

　　在本节中，认识论与实在论和决定论的关系向我们展示了一种认知上的困难，让人感到莫衷一是，它们似乎都有合理之处。其实不然，我认为有且只有内在实在论是合理的。自然化认识论是不是一种内在实在论呢？只能说是一种广泛意义上的内在实在论，在经验科学知识方面，是内在实在论的，而在数学和逻辑方面则并非完全符合内在实在论，又不能与实在毫无关系，它们的正确性只在于在系统中各要素之间的融贯，假设出来的抽象实体就作为数学、逻辑公理存在的意义的基础了。

　　量子力学中为我们展示的是一幅非决定论的图景，我们有必要为之所惧、惆怅迷惘吗？似乎没有必要，要知道我们一直以来生存在一个感觉器官所感到的那个宏观世界中，甚至对于某一部分人来说常识就已经足够其运用来生存了。因此，量子世界对于我们以往所知道的常识和科学的颠覆，它的意义在于让我们知道知识、规范具有相对性，并且同一事物在不同的情况下能够有多种的可能性，世界绝不仅仅是我们看到的这个样子，我们的感觉输入何以贫乏，世界对我们来说其遮蔽的部分乃是我们永远也无法知道的，而规范性也绝不是治疗"道德洁癖"和"确定性缺乏恐惧症"的万灵药。

第五章　最后的沉思

1913 年亨利·彭加勒的遗著《最后的沉思》出版，距此 272 年前笛卡尔的第一本哲学著作《第一哲学沉思集》问世，马克·奥勒留的传世之作也以《沉思录》为名。斗转星移，千年时光中人类对世界、知识和自身前途命运的沉思烛照了人类前进的方向。隶属于哲学最重要的部分之一的认识论也陪伴着人类走过了数千年的时光，近代以来的西方世界成就了它在哲学以及各门学科中的显赫地位，自然化认识论的提出使它在科学技术高速发展的 20 世纪经历了一次变革，它在未来将走向何处、将以什么样的形象出现？现在是到了该沉思的时候了。

第一节　一种可能的世界观

科学的发展带给人们的绝不是一成不变的世界观，从一个城邦到我们目前所知的宇宙，从太阳、月亮和地球到冥王星、银河系乃至河外星系的变化反映了随着人们认知领域的不断扩张，科学的视野也愈加广阔，这一点是认识论要小心加以反思的。认识论既然没有自己独立的研究领域的话，它就应该与科学同行，科学所及之处也是认识论所及之处。科学研究带给人们的是一种理解的方式，展现给人们一种世界观，这种世界观不是唯一的一种，但却是保障人类自我保存、繁衍和创造更高级的文明之最好的一种，认识论研究领域里也有论者提出过一些具有深远意义的假说如科学研究中的假说一样，它们对于认识论研究的深化起到了推进作用，在某种程度上拓宽了认识论研究甚至是认知科学研究的领域。最经典的思想实验要数笛卡尔的梦和邪恶精灵的思想实验，它的意义在于表明人在任何时候都不能完全确认自己的状态，因为人缺乏一个可用以区分做梦和清醒两种状态的可靠标准。如果这一点无法确定，那么我们所思所想所作所为均可被认为是在梦里发生的事情，这又是人类的一个困境——借用卡尔·马克思的概念来说叫作人无法超越人化自然。如果我们刻意地肯定人在一个常规的认知过程中的状态作为一个规范的认知状态并以此用以区分清醒和做梦，那么当随后一个新的认知过程出现时与这个规范的认知过程相似，我们将确认自身为清醒状态，我们也将会获得关于真实世界的经验；如果这个认知过程与规范的认知状态不一致，那么我们会认为我们在做梦。现在的问题是在，次等重要的方面，我们判断当下的认知过程中的状态与标准的认知状态在多大程度上不一致，即不一致的程度达到多少时超过了我们能够确认当下状态和规范的认知状态是一致的限度，这一方面我们没有明确的标准。最为重要的方面在于我们凭借什么来确定这个规范的认知状态，如果我们一开始就错了，我们一开始就把发生在梦里的事情当作了一个规范的认知状态的话，我们将无法分清现实和梦境，这种毁灭性的结论笛卡尔是坚决不允许出现的，笛卡尔从神学的角度来解决这个问题丝毫没有不合理，而不合理的地方是其追求绝对的确定性的愿望过于强烈。从积极的方面说它开拓了认识论研究的一个新的方向，从消极的意义上说，绝对的确定性导致了绝对的怀疑，如果没有上帝，人什么都不是。344年后希拉里·普特南利用现代科学知识重构了这一思想实验。在普特南的

"缸中之脑"（brain-in-vat）的思想实验中笛卡尔的"梦"和"邪恶精灵"被合并了，邪恶的科学家把一个人的大脑去除放在营养液容器中与超级计算机相连，超级计算机可以向大脑输入与真实世界一样的信息，摆脱梦和缸中之脑需要与其说需要一个企图摆脱者之外的观察者或其他的认知主体，这个认知主体同样可能是处于现实世界中的工作人员用计算机蓄意模拟出来并输入到缸中之脑的意识之中的，或者干脆就是计算机的操控者。我们更大的悲哀在于计算机的操控者也可能是缸中之脑，这种无限后退的无法确认状态导致了人类与其说需要一个中立的客观主体，倒不如说人类需要一个上帝。正是在这些有违常识的思想实验中我们看到了一种不同的理解这个我们曾经熟悉的世界的新颖的方式。布鲁克纳对普特南构造的"缸中之脑"的思想实验做了一个概括[1]：

1.我要么是缸中之脑，要么不是缸中之脑。

2.只有当我有作为缸中之脑的感觉印象时，我说"我是缸中之脑"才是真的。

3.如果我是缸中之脑，那么我就没有作为缸中之脑的感觉印象（相反，我有作为一个正常且真实的人的感觉印象）。

4.如果我是缸中之脑，那么我说"我是缸中之脑"就是错的。（由2和3得出）

5.当且仅当我是缸中之脑时，我说"我是缸中之脑"才是真的。

6.如果我不是缸中之脑，那么我说"我是缸中之脑"就是错的。（由5得出）

7.我说"我是缸中之脑"是错的。（由1、4和6得出）

---

[1] Cf. Brueckner, A. (1999). "Semantic Answers to Skepticism". In K. DeRose & T. A. Warfield (Eds.), *Skepticism: A Contemporary Reader*. New York, Oxford: Oxford University Press. pp. 46-47.

8.我说"我不是缸中之脑"是真的。(由 7 得出)

　　以上分析的关键在于第 3 点是武断的，括号里的内容——"我有作为一个正常且真实的人的感觉印象"恰恰可能是计算机对这个缸中之脑输入的信号，而断定是作为假定的，是一种常识判断。有趣的是这时计算机的操控者向缸中之脑输入一个信息，告诉缸中之脑"你不处于真实世界中并且你是一个缸中之脑"，显然，这一信息就缸中之脑的惊讶来说是不相容的，它的任何经验都不支持他是一个缸中之脑，即它自始至终都认为自己是一个真实存在于现实世界之中的人，而它所认为的"现实世界"乃是计算机模拟出的，缸中之脑这时就会以为计算机的操控者在骗人。联想到第四章第二节中蒯因在经验之真的方面接受了去引号的做法，再看到普特南构造这个实验及最后得出的结论是否定了缸中之脑可以确认自己不是缸中之脑，那么也就是说认知主体可以在笛卡尔之梦中自主地醒来，事实上这里的重点仍在于去引号、在于指称和对象之间的分离。作为缸中之脑的认知主体的意识世界里指称和对象之间并没有分离，原因是如果没有计算机的神经刺激信号输入，缸中之脑也就没有关于对象的感官刺激，也就不会作出指称。现在考虑缸中之脑对一种新的认知对象的认识过程，这时计算机向缸中之脑输入这种新对象的刺激，按照蒯因的观察句理论，缸中之脑必然通过语言共同体的其他成员来获得这一对象的知识。计算机这时对缸中之脑推送语言共同体的其他成员，一切模拟的与现实世界完全相同，那么情况在这时就会成为两种，因为语言共同体的其他成员也是计算机模拟出来输入到作为缸中之脑的认知对象的，这些变量均是可控的，通过对变量的控制完全有办法让缸中之脑得出与现实世界相同的语言共同体的其他成员对它所作出的场合句的同意或反对；抑或是我们蓄意让成员们作出与现实世界相异的反馈，那么缸中之脑的世界里苹果就有可能是黑的。我们通过控制计算机向缸中之脑的刺激输入构造了现实世界所使用的概念与所指对象之间的新的关系，现实世界中的苹果在虚拟世界中甚至还有可能叫作梨。这种情况其实本不需用到缸中之脑来阐明，在幅员辽阔的祖国大陆生活着各个不同地方的人，不同地方的人有时会用相同的概念指称不同的对象，这说明概念与所指之间的关系是依语境而改变的，不是恒定不变的。缸中之脑能够区分计算机模拟的世界与现实世界的条件是：缸中之脑具有现实世界的经验记忆和一定的科学知识并且模拟世界中出现了与现实世界相悖的现象（如瀑布向上流），相悖的程度足以超过了缸中之脑的容忍程度，如某些现象明显地违反了现实世界中的科学定律，科学在此就成了区分现实世界和模拟世界的标准。缸中之脑对现实世界的记忆相较于虚拟世界的记忆就成为缸中之脑的一个理想模型，在第三章第一节中我把这个理想模型阐述为规范的一种形式，那么有了这个规范，缸中之脑就能够知道自己是缸中之脑了吗？也不能。缸中之脑知道自己不是"缸中之脑"，此命题为真在于去引号，缸中之脑要与现实世界的缸中之脑相符合，对于现在正在被控制的缸中之脑来说他需要获得一个缸中之脑的具象——一个泡在盛有营养液的大缸中的、通过密密麻麻的线缆与超级计算机相连接的人类大脑，否则他根本不认识这是什么东西。除非超级计算机的控制者向缸中之脑输入这一信息，否则缸中之脑在虚拟世界中无法去引号，最后只能判断该命题为假。反对的意见是缸中之脑可以通过虚拟世界中的其他个体来进行确认，别忘了那些个体也是计算机投射到缸中之脑的意识里的，并且他们同样是可控的。缸中的世界是现代量子理论所允许的：

　　"从这个世界走到另一个世界，物理学定律是允许的。但是这个可能性很小很小，也就是说发生的概率是非常非常小。并且正如你所能看到的，量子理论对我们的宇宙的描述比爱因斯坦的描述要奇怪得多。在相对论中，我们表演的生活舞台可以是橡胶做成的，当演员在舞台上活动时走过曲线的路径。……但是在量子世界的表演中，演员会突然扔掉剧本按照他们自己的意愿表演。就好像木偶扯断了拴住它们的线，按它们自己的意愿表演一样。演员可以从舞台消失又重新出现。甚至陌生人也是这样，他们可能会发现他们自己同时出现在两个地方。演员在念他们的台词时不能确切地知道是不是在对某个可能突然消失而又出现在另一个地方的人讲话。"[1]

我们现在就是要回到梦里和缸里，如果这是真的，我们如何自处？普特南的思想实验中缸中之脑对于目前的我们来说，或许是个想象和可虚构的世界，是一个部分地超验的世界。这里所谓的超验以及这个词本来所具有的意思不是形而上学王国的专利，我以构造超验领域的不同方式把超验分为本体论上的超验和认识论上的超验，梦和缸、平行世界的构造只是我们假设认知活动在未来可能发生的情况而被构造出来的，这些情况是以现有科学理论的只具有认识论上的意义，不具有本体论上的意义，因此，构造这个世界目前暂时无法在实际生活中实现，对我们而言它在认识论上是超验的。认识论的超验还可能出现的情况是某种未知的、比人类更高级的认知能力及其所形成的东西[2]，现在假设有一种地外高级智慧生命姑且命名为 M 到访地球，我们企图通过询问 M 来知道自身的状态，然而即便现在 M 能够与人类顺利地交流，那么这也仅仅

---

[1]　Kaku, M.（2005）. *Parallel Worlds: A Journey Through Creation, Higher Dimensions, and the Future of the Cosmos*. New York: Doubleday. p. 149.

[2]　确实只能以"东西"来代称，对于一种比人来更高级的智慧生命，它们拥有超越于人类的认知能力，即便它们能够与人类进行沟通，那么它们对人类呈现的东西对于人类而言也有可能是超验的。

只是 M 看到的世界图景，同时我们还需担心 M 由于感官异于人类导致的它使用人类的语言无法完全描述它的经验，这种人类感官与高级智慧生命 M 相较之下体现出的感官和语言的双重限制是为超验与经验的界标。

人类始终没有一种办法来确认自身所处的状态吗？原则上是没有的，但实际上人类完全有解决的办法。因为原则上我们似乎没有必要考虑那些不相干语境构造出来的怀疑论给日常的知识造成的不确定性，也就是说我们要满足日常语境中知识的确定性，能够给我们的满足增添信心的就是自然主义和实用主义的考量。我借用缸中之脑的思想实验并非是要构造怀疑主义，因为反对怀疑主义最好的武器已经包含在自然化认识论中了，实用和实践就是处理怀疑论诘问的最好的武器。我倾向于借用缸中之脑来刻画量子理论构造出的平行世界，两个世界都是真实的，在区别两个世界的时候我们所要具备两个世界的记忆，如果记忆是完全相同的话，那么我们无从作出区分；而如果记忆不同的话，我们需要用科学知识作出判断，哪一个是虚拟世界，哪一个是真实的世界。如果两个世界都是真实的，那么我们就要接受两个世界中各自运行的事实，并在每一个世界中充分利用自己的理智去获取知识。平行世界的理论进一步的佐证了真理、规范、标准的相对性，不同的世界中或许存在着不同的真理，我们已经接受的来自于现在这个世界中（在另一个平行的世界也是真实的世界）的真理无论在其语义和指称方面还是经验和实践方面都与我们存在这个环境相关，这也可以说真理是相对于环境的。人类的科学愈发展，人类的认知视野也就愈加广阔，这也意味着人类将要面对着更加宽广的未知领域，在程度上或许是超越了人类此前所经历的一切世代的，尤其是面对着广袤无垠的宇宙空间，我们的一切绝对的、永恒的、无限的观念和意识都显得无比的自负，从另一个方面说它们更像是人类通过理智给自己开的一剂精神安慰剂。

第二节　实用主义的忠告

再一次回顾卡尔·马克思回首以往的哲学家及其所从事的工作时，他讲道：

"哲学家们只是用不同的方式解释世界，而问题在于改变世界。"①

动机论论调的学说带给人们的永远只是道德上的满足感，人却不能永远单纯地活在那个被想象出来的无限美好的精神家园里，诚然，道德的完善作为人类自身的进步的一个重大方面——理智和道德的进步通常要诉诸后果论的思考和评价。因此，我倾向于把这句话理解为对实用主义立场的一种相当好的解释。实用主义作为自然化认识论哲学的一大特征是从皮尔士开始就奠定了他之后的美国哲学的主要基调的——注重具体的实效和后果、反对抽象的思辨和对动机的过分强调，重视科学、反对形而上学。"因此实用主义的范围是这样的——首先是一种方法，其次是关于真理是什么的发生论。"②詹姆士如是说。这种从美国本土发展出来的哲学思想成了美国精神的象征，在这种精神的感召下美利坚民族造就了一个自由、民主、平等、富强、开放的社会和一个拥有着最先进的科学、最尖端的技术和优秀文化的国家。从这个意义上并以一种略显庸俗的理解看来，实用主义的一个狭义解释就是一种教人如何运用科学知识使自己成功的学问。从笛卡尔到卡尔纳普之间的认识论发展，从经

---

① 卡尔·马克思：《关于费尔巴哈的提纲》，载《马克思恩格斯全集》第 3 卷，人民出版社 1960 年版，第 5—6 页。

② 〔美〕威廉·詹姆士著，陈羽纶、孙瑞禾译：《实用主义：一些旧思想方法的新名称》，商务印书馆 1979 年版，第 36—37 页。

验论的第一到第五个里程碑的演变中自然主义出现在离我们最近的时间点上，它的出现及时地提醒我们思考认识论的发展是否还应该像从前一样继续满足于认识论家们的理智上的渴望，当哲学从神学的婢女的命运中挣脱出来之时可曾想到它也怀揣着让科学成为它的婢女的企图？事实上，哲学认识论在成为近代哲学的代名词的过程中也只是对认识活动做了许多事后诸葛亮式的反思，这个工作现在仍在持续着，而这种反思暗地里是具有为科学提供指导的功能的。认识论或许到了使自身变得稍微有用的时候了，它自身的演变既是迫于外在条件——科学和技术的日新月异造成的我们的生存环境和社会环境的改变继而是观念的改变；同时也受内在的发展逻辑的驱使。关于后者，我依然好奇一个类似于"鸡与蛋，孰者先"的问题，认识论与认识何者在先？倘若没有科学活动，那么认识论就是无源之见。蒯因的自然化认识论体系是与实用主义是紧密相连的，实用主义作为系统的组成要素、原则和方法严丝合缝地整合进了自然化认识论中。下面我将从自然化认识论的语言层面以及现实生活的层面来阐释实用主义对于我们的认知活动为何如此重要，接受了自然化认识论也就是接受了实用主义的观念。

语言层面上，典型地体现在本体论的相对性学说，这个学说之下涵盖了指称的不可测知性、翻译的不确定性和整体主义的思想。首先，从整体主义来说，蒯因最初就认为：

"从边沁开始人们已经意识到，要对经验论者作批评，就须采取以陈述而不是以语词为单位的观点。但我现在极力主张的是：即使以陈述为单位，我们也已经把我们的格子画得太细了。具有经验意义的单位乃是整个科学。"（*FLPV*, p. 42）

从边沁——弗雷格——迪昂这条路线看来，最终要说明的也就是

"具有经验意义的单位乃是整个科学"。蒯因通过整体主义的学说要求我们不能单纯地否定一个翻译手册，每一个翻译手册能够符合于它自身产生的那个大的语境，同时自身内部又是融贯的。从那里得到的启发认为，最重要一点在于我们没有任何绝对的客观标准来判定哪一个翻译手册是正确的，这时候哪一个翻译手册能够使我们的认知活动（在那个翻译手册产生的文化中）获得成功，那么我们就有接受它的理由。翻译的不确定性中某种奇妙的状况是可以合理设想的，例如两个语言学家和两个土著人形成的组合。状况一，一个语言学家同时在野外遇到了土著人甲和土著人乙，当一只快速运动的动物从这三人面前跑过时，土著人说gavagai，土著人乙说hakuna matata；当这三人又一次聚在一起同时又有一只与上次相同的动物在他们面前快速跑过，这时语言学家分别向土著人甲和土著人乙进行询问，语言学家用手指着那只动物向土著人甲说gavagai，甲欣然同意；语言学家用手指着那只动物向土著人乙说hakuna matata，乙欣然同意。语言学家这时有可能陷入困惑，而他根据他掌握的专业知识可能设想这样几种可能：（1）那动物有不同的名称，（2）土著人们可能在向我描述不一样的属性，甲可能说"快"，乙可能说"好吃"。这时情况又继续复杂化，若甲和乙使用同一种语言，属于同一语言共同体，那么甲和乙对同一对象所做的描述是可以融贯于一个翻译手册的，倘若甲和乙分属不同语言共同体，他们之间互相听不懂，语言学家得出的两个翻译手册每一个都是融贯的，它们之间确实矛盾的。重要的是语言学家如何具有一个标准来区分甲和乙是否属于同一个语言共同体？状况二，两个语言学家遇到两个土著人，这其中的情况又更比前一种复杂，因为我可以假设两个语言学家和两个土著人，这四个人分属四个不同的语言共同体，这其中主要的不同在于两个语言学家之间他们能够相互理解的条件满足程度要高于土著人，毕竟他们可能是多语言使用者，并且他们也可能具有相似的专业知识背景。依照前面的假设，如果两个土著人分属两个不同的语言共同体的话，那么两个语言学家可能得出四本翻译手册，其中可能出现任意单独一本是融贯的，但任意两本或两本以上则出现矛盾的情况。最妙的一种情况是特定的两本翻译手册是相互融贯的，这说明这两本翻译手册那两个语言学家对同一个土著人进行研究后得出的，因此两本手册实际上承诺的是同一个本体论。在如此纷繁复杂的情况下，我们该如何选择我们的本体论，这时蒯因给出的六个标准就是我们该参照的，而那些标准是极好的认知规范的代表，同时也是实用主义和工具主义的。

蒯因在拒斥可能世界的语义学的时候谈到过这样一个例子并由此阐发了一系列的问题：

"例如，在那个门口的可能是胖子；还有在那个门口的可能的秃子。他们是同一个可能的人，还是两个可能的人？我们怎样判定呢？在那个门口有多少可能的人？可能的瘦子比可能的胖子多吗？他们中有多少人是相似的？或者他们的相似会使他们变成一个人吗？没有任何两个可能的事物是相似的吗？这样说和说两个事物不可能是相似的，是一回事吗？最后是否同一性这个概念干脆就不适于未现实化的可能事物呢？但是谈论那些不能够有意义地说它们和自身相同并彼此相异的东西究竟有什么意义呢？"（*FLPV*, p. 4）

在上一节中我谈到的那种可能世界的世界观中，胖子和秃子可以作为同一个主体但分处于两个平行的世界中。这种看似矛盾的表述和类似科幻电影式的情节极大地扩展了我们考虑认识问题的思考空间，缸中之脑的思想实验不仅仅是怀疑论论题的重构和反对怀疑论主张所需的假想敌，作为平行世界最易理解的一个具体形式的表达，它达到了对平行世界在功能上的模拟。在平行世界中，蒯因的观察句理论能否在两个平行的世界中发挥其应有的功能？而平行世界的寓意除了是在不违背科学的前提下进行一定的假设，它还是检视我们如何在这样的条件下自处的设想。退一步说，即便有的人不承认科学所允许的平行世界理论，又或者认为这一切都来得太荒诞，那么在哲学史上也不乏另一种平行世界的例子，本体的世界和现象的世界也构成了一个平行的世界，那个本真的世界除了康德所指出的意义——为形而上学、道德和审美留下地盘之外，更重要的是它是作为人类自身认识的一个结果，它不可知不代表它是没有意义并可免除我们的思考，世界的二重性提醒一切认知主体时刻意识到我们自身理性能力的限度——要警惕神秘主义者和那些企图把第一哲学掺杂到认识论中来的认识论家们。本体世界的不可知带给人们的某种程度的遗憾或将使得有雄心抱负的智力探索者们抱憾终身，然他们尽可以转换思考认识问题的方式，自然化认识论对传统认识论研究范式的转变已经走出了一步，这重要的一步足以向我们表明如果我们满足于科学的进步既在很大程度上满足了人类的求知欲和好奇心又带给全人类谋求自身的共同福祉的能力，那么这种满足将是一种最好的消除遗憾的方式，同时也是我们生存的一项本领和进步之道。以一个简单的例子来看，在科学和哲学领域有一个众所周知的理论叫作"奥卡姆剃刀"（Ockham's Razor），蒯因也讲到过选择一种科学假说的标准中有一条叫作简单性，对于简单性的拒斥除非存在一种来自美学的或者来自道德的上的必要性，那么它们才是有意义的，否则我们就可以高举着奥卡姆的剃刀大步前进。

　　在第三节中我谈到在认知的意义上，科学已经为我们提供了关于世界的最好的解释，为了避免可能招致的批评，这种最好的解释仅仅是在认知的层面上。乐观主义者们认为世界上没有不可认识之物，只有尚未被认识之物，作为人类对自身能力的肯定并由此带来的实践中的信心是值得赞许的，但科学所揭示的事实我们也不能置之不理，为了解开人类关于自然和自身的团团迷雾，包括哲学认识论存在必要性或者科学全面取代哲学的可能性到大型强子对撞机是否能够找到希格斯—玻色子这样的问题，人类是否可以希望自身变得比过去和现在更加聪明一些，并且智力上同时包含对人类知识之界限的认识。简言之，人类的知识界限在哪里？我们还能变得有多聪明？就如先哲们把深奥的哲学问题以汗牛充栋、卷帙浩繁的文献流传给后人一样，当代人效仿此法的信心来源于对科学的信任和期许。

下面让我们仔细从科学的角度审视一下我们自身。英国的《新科学家》杂志载文将人类智力的极限刻画为这样几点：第一，"知识最基本的限制或许就是宇宙视界了，我们永远看不到宇宙视界之外的情形。这源于一个牢不可破的自然法则：没有任何物体的速度可以超越光速。……一旦一个物体划过宇宙视界，它发出的光线就永远无法达到地球——其他的信息也是如此。我们仅有的数据是在宇宙终结前还来得及到达地球的信息，而剩下的部分——可能是无穷多的——则永远丢失了。"[1] 第二个限制在于"数学上的一个基本限制也为研究输送了丰富的养料。1931 年，库尔特·哥德尔用公式表述了他的不完备定理，这一定理表明特定的数学系统不能证明其自身。……这使得算术理论的大厦与'这句话是伪命题'在数学上等价，数学的其他分支也面临着相似的问题"。[2] 这个限制为众人所知，并且在更深远的意义上数学代表着人类智力思考的最杰出的成果，我们对这一成果也有着很高的期许甚至于认为它是上帝的语言。现在的情况刚好相反，哥德尔的证明表明了上帝的语言也是有缺陷的，同时人类现在尚不能证明数学是宇宙的语言，这

---

[1] Brooks, M. (2011). "The Limits of Knowledge: Things We'll Never Understand". *New Scientist, 210* (2811), 34-43. p. 35.

[2] Brooks, M. (2011). "The Limits of Knowledge: Things We'll Never Understand". *New Scientist, 210* (2811), 34-43. p. 37.

一点在人类把认知触角伸向了苍茫宇宙的今天来说无疑是令人多少有些沮丧的。第三个限制表现为一方面"生命的起源永远在我们的视野之外——即生物学的宇宙视界。这是因为参与起源的分子没有形成化石，即使我们能在实验室中创造'第二次生命起源'，也无法确切知道38亿年以前究竟发生过什么"。另一方面，"生物学另外一个领域存在于科学的界限之外的就是意识，英国公开大学物理学名誉教授，《发现的终结》的作者罗素·斯坦纳德如是说，几十年间没有任何实质性进展，这可能意味着意识超脱于我们之上，他总结道：'意识是我们倾尽全力也无法做出完美的描述的。'"[①] 曾几何时，近代西方哲学的先哲们在努力探索着认知者意识的奥秘的时候可曾想到今天之科学给出了如此的回答。第四个限制也是一个根本的认知限制的阐述出现在一份先后有145位诺贝尔奖得主撰稿的期刊《科学美国人》中，探讨了人类智力的发展现状和前景：

"1892年，荷兰解剖学家尤金·杜布瓦（Eugene Dubois）在爪哇发现了直立人头骨，他想寻找一种方法，根据颅骨化石的大小来评估动物的智力。……杜布瓦理论的继任者发现，在哺乳动物中，大脑容量的增长速率要慢于体型的增长——大概是体重增长背书的3/4次幂。因此，麝鼠（muskrat）的体重是老鼠的16倍，它的大脑容量大约只有老鼠的8倍。根据这一认识，科学家发明了杜布瓦一直在寻找的数学工具：脑商（encephalization quotient），也就是某一物种的实际大脑重量，与根据体重预测的脑重的比值。换句话说，脑商反映了一个物种的大脑增长速度偏离3/4幂律的倍数。"[②]

---

① Brooks, M. (2011). "The Limits of Knowledge: Things We'll Never Understand". *New Scientist, 210*（2811），34-43. pp. 37-38.

② Fox, D. (2011). "The Limits of Intelligence". *Scientific American, 305*（1），36-43. p. 39.

　　根据这一理论——脑容量越大且神经元的传递效率越高，物种就越聪明，人类如果要获得智力的进一步发展，并且是较大的进步的话需要在现有水平上增大脑容量，这将会使人的机体符合大脑平均消耗身体所提供总能量的 20%，因此，我们现有的机体是在进化了上百万年后才形成的，当然在未来人类进化过程中理论上是可能进化的与现在不同，但这不是这个科学发现要说明的，重点在于那些反思人类认知活动的认识论家们和智力精英们是否需要认真对待和面对这个事实，并使自己的工作作出一些具有现实意义的改变。自然主义者希望人们以实用主义的心态来化解这种人类对理智的乐观主义与科学揭示的这一前景之间的尴尬，我们是否有办法在不要丢掉我们的求知欲和好奇心的同时，使人类自身的理智仍然保有其光彩的面子？在现实一端我们只有交给科学来解决，而理智之一端，认识论家们恐要收敛一些对理智能力的乐观主义的情绪。

　　再者，让我们来谈一谈蒯因和杜威的关系。作为自然化认识论核心思想来源之一的实用主义，杜威作为实用主义的集大成者对它作出了最好的诠释。杜威讲道："从科学研究的实际程序判断起，人之过程已经事实上完全废弃了这种划分知行界限的传统；实验的程序已经把动作置于认知的核心地位……"[1] 蒯因强调把认知活动看成是语言学习活动的做法就是杜威这一深刻洞见的实施，语言承载着主体间沟通和认知活动所凭借之工具的重任，认识论的研究越来越重视认识活动的实际发生过程，认识论的研究也不再是学院派认识论家们躲在书斋里的活动了，杜威的这一告诫对我们来说有非常大的启示。与认知实践相关的其他问题包括，什么样的理论能够使实践达到预期目的，获得成功？什么样的理

----

[1]　约翰·杜威著，傅统先译：《确定性的寻求》，上海人民出版社 2005 年版，第 26 页。

论是经济的？以及什么样的理论是人类能够在实际的实践过程中能够从事的？过于理想化的方案不具备可操作性，理论与实践之间还隔着道德的滤网，这一方面预示了认识论在未来的一种新的走向——德性认识论。前一方面中，有这样几个构成要素：实用主义、工具主义、整体主义、开明的经验主义，它们共同构成了自然化认识论的核心。哈贝马斯就认为："可错论与反怀疑论的结合，对于人类心灵的一种自然主义态度，以及它的这样一种文化：拒绝屈服于任何种类的科学主义。"[①] 蒯因对杜威的理解当然是没有问题的，但这不代表蒯因会全盘接受杜威的观点，科学主义始终是蒯因最难割舍的一个部分，因此，对于杜威蒯因采取的是"取其所需"的方式。行为主义策略的使用在杜威告诫给后人的那项关于知行关系的深刻教义里找得到其踪影，广义的行为主义不仅仅是蒯因从华生、斯金纳那里所借鉴的一种对于认识活动的心理学研究范式，更加可以作为一种超越描述和规范、理论和实践、事实和价值的最终方式，一切都要以"行"作为出发点和归宿。蒯因的实用主义忠告是：

"希望正确和希望一贯正确是两种不同的欲望，我们越早将这两者区别开来越好，希望正确是追求真理的欲望，在所有意义上，无论在实践意义上还是在理论意义上，这种欲望都有百利而无一害。但另一方面，希望一贯正确却是一种骄傲的心态，不到南墙是不会回头的。它让我们看不到既往的错误，从而堵住了我们的知识进步的道路。另外，它还会影响我们在别人面前的可信度。

……

---

① Habermas, J. (2002). "Reflections on Pragmatism". In M. Aboulafia, M. O. Book-man & C. Kemp (Eds.), *Habermas and Pragmatism* (pp. 225-228). London; New York: Rout-ledge. p. 228.

学会区分什么是可信的，什么是难以置信的，这是智慧的一个部分；它最能使我们得到正确的信念。但如果我们能时刻意识到，即使在我们理解得最好的事情上，我们的理解与全面的真理之间仍有差距，这才算把握到了智慧最好的部分。这种意识是永远不会错的，因为关于任何事物的'全面的真理'只是一个空想。"（*WB*, p. 133）

人类一度拥抱着形而上学的高贵"一览"其余经验科学的"众山"之"小"时，不曾想到今天这般景象的发生，而一种传统认识论及其当代信徒们还迷恋着传统认识论所谓的规范性带来的崇高时，科学早已把他们远远地抛在后面了。蒯因的这番话让我联想到的是罗素在《人类的知识》一书的末尾部分讲到的一段话："我们似乎已经在经验主义身上找出的这类不适当的地方是由于严格遵守一种唤起过经验主义哲学的学说而发现的：即认为人类的全部知识都是不确定的、不准确的和片面性的。对于这个学说我们还没有发现任何一种限制。"① 罗素的这番话乍看是带着悲观主义的论调，却也可以做一番正面的理解，以往的先哲们曾经在经验主义的立场上辛勤地耕耘过，当他们发现在经验王国里并没有我们期待的那种绝对的确定性，无法形成一种永恒的规范，并且我们的知识似乎也不适合生长在这片土壤里，尽管如此，难道我们必须否定以往人类的知识吗？那毋宁是说人类否定了自身创造的文明，我看不出通过理性的构造或是重构形成的、那些远离经验的所谓的知识会比植根于经验之上的知识好太多，所以正面地理解这个结论依旧是回到了经验知识的限度就是人类在某一个特定时期所经历到的限度，当然这个限度所规定的范围是在不断地扩大的，正如同知识的系统是个不断变化的动态结构一样。意识到这一点对于防范理智的乐观主义是有所帮助的。

---

① 罗素著，张金言译：《人类的知识》，商务印书馆 1983 年版，第 606 页。

　　我想实用主义对认识论研究的忠告有这样几点是值得现在和未来的认识论家们考虑的。第一，本节开篇马克思所讲的话与杜威后来强调的知与行的关系再到后来普特南对事实与价值的二分的反对，说明了蒯因赞成的整体主义还可以做进一步的理解，不仅仅是在语义上将有意义的单位扩大为整个科学，以往有意义的单位从语词到句子，再到句子的证实方法，蒯因喜爱的纽拉特的水手比喻也是一个按需索取的例子，纽拉特的水手比喻本是用来为维也纳小组的统一科学理论做宣传的，其要旨——哲学家和科学家同处一条小船之上就是石里克所倡导的逻辑实证主义的主张之一。但在蒯因的自然化认识论中，蒯因把这一比喻借用来作为整体主义的通俗说明使用，前面还提到过蒯因也把杜威关于知行关系的理论借用来说明。熟悉蒯因的人们可能知道，蒯因与维也纳小组的核心人物——卡尔纳普是挚友也是师生关系，两者相交甚密，蒯因对于卡尔纳普哲学以及整个维也纳小组的逻辑实证主义思想的理解同样是没有问题的[①]，所以我不赞成提出蒯因理解卡尔纳普和逻辑实证主义思想时产生了偏差的批评，相反，这是蒯因自己亲身践行实用主义的一个真实范本。

　　第二，在认识论中寻求规范性，应该到认识论的动态结构——认知实践中去寻找，仅就该方面而言，自然化认识论与传统认识论具有共同的目标，认识论之所以在其发展的历史上成为一个可以用规范与否去评论和探讨的对象，原因在于其中包含了人的活动，涉及人的活动也就涉及了评价和价值问题，认识论作为对人类认知活动及其成果——知识的反思。知识用于指导认识活动，认识活动获得新的知识，而不是静态地审视认识论本身是否体现了规范。

　　[①]　在蒯因与卡尔纳普的大量来往书信中可以发现这一点，详见 Creath, R. (Ed.). (1990). *Dear Carnap, Dear Van: The Quine-Carnap Correspondence and Related Work*. Berkeley, LA, London: University of California Press。

第三点就来到了本节的结论：无法看清人类自身的限度在哪里也就无法看清前进的方向，了解了限度后我们一方面要尽可能地去想办法突破限度，同时也要满足于实用主义的思考并且人类永远都要坚持实用主义，一种大写的实用主义，它既是一种认识论的方法原则，又是一种世界观和人生观，没有实用主义，我们将走向荒谬和虚无，最终成为万钧巨石之下的西西弗。实用主义不是妥协更不是放弃，不是不思进取更不是轻易自满，而是要告诉人们在思维和行动上任何时候都要懂得变通并且没有必要走向极端，这是实用主义无论对于哲学家还是门外汉来说最实用的一项教义，也启示了认识论以一种开放的态度去迎接属于它的未来。

第三节　认识论在未来的形态

认识论在过去超过三百年的演变提供了我们反思人的认识问题的一个既明晰又困惑的脉络。我们清楚地看到认识论的基础主义策略和以辩护为中心的方向的发展及其局限，我们也看到了人类心性与世界之间的互动关系的变化，独断与实证的博弈，基础与反基础、实在与反实在、道德与科学、规范与描述之间始终充满着亦弛亦紧的张力，认识活动、科学研究却按照自身的法则不疾不徐地持续进行着，在这个过程中认识论家们最重要的发现乃是被称为语言的转向的人与自身、他人和世界的互动关系的重新思考，认识活动并不能越过语言的屏障，而与其说是屏障毋宁说是媒介。从一个极微小的、一瞬间的观念到庞大的思想体系，从个人的感觉刺激到常识无不是通过语言来组织和运作的，对必须具有主体间性的知识来说更是如此，通过语言的透镜我们看到了自己、他人和世界。我们困惑的乃是认识论作为哲学这门古老学问的最重要的一个组成部分，甚至一度是哲学代名词的学科在现世代和未来将何去何从？有一个我们必须看到的事实，即哲学认识论对认识活动和科学研究做着事后诸葛亮式的反思时（这正是传统认识论及其当代信徒们所极力为之辩护的事），反思的成果对于认识活动和科学研究的影响大大小于后者对于前者的影响，证实了人类的所有知识都能够分解为信念、真和得到辩护三个要素（或者再加上 n 个要素）和证实了 CERN 的 OPERA 实验①的结果的正确性或是发现了希格斯玻色子相比哪一个更能够影响人们的生活，更确切地说影响了人们的宇宙观、世界观乃至人生观？当你听到我们可以回到过去或者是爱因斯坦错了所带来的兴奋，以及在更深远的意义上，我们关于世界的看法和我们的生活都有可能被改变所受到震撼，答案是昭然若揭的。现代逻辑的发展促成了语言的转向并使得运用这些策略的哲学学说以其特有的方法和范式独立出来，分析哲学的思潮及其愈加专业化就是我们今天看到的景象，认识论在这样的背景下如果继续坚持传统就稍显得不入流，毫无疑问是语言的转向对于人的认知活动的研究来说是一个巨大的发现，传统认识论的内核加上分析哲学包装出来的外表形成了 20 世纪上半叶认识论的主流形态，庆幸的是自然化认识论的提出为我们提供了一种新的认识论研究范式——认识论活动是通过语言的学习，又不只依靠语言学习来完成的，我们不需要让认识论家们穿上白色工作服，却需要他们本着理性的科学精神、充分运用科学的，尤其是经验心理学以及稍晚时候形成的认知科学的发现和研

---

① 据英国《自然》杂志于 2011 年 9 月 22 日刊载的消息称，欧洲的研究人员发现了难以解释的超光速现象。据报道，意大利格兰萨索国际实验室下属的名为 OPERA 的实验装置接收了来自著名的欧洲核子研究中心（CERN）的中微子，两地相距 730 公里，中微子跑过这段距离的时间比光速还快了 60 纳秒。实验结果挑战了爱因斯坦狭义相对论的预言，引发物理学界的巨大震动。根据爱因斯坦狭义相对论，光速是宇宙速度的极限，没有任何物质可以超越光速。如果此次研究结果被验证为真，意味着奠定了现代物理学的基础将遭到严重挑战。截止到本书付印时，这一实验的结果已被证明确实有误。

究成果来考察认识问题；我们不仅需要伏案工作的词典编纂者，也需要同土著人相处的田野语言学家；我们既需要掌握标准记法，也需要通过实指法来终止坐标系的无限倒退；总而言之，无论普通人还是认识论家（信徒们和开拓者们）都需要与世界的接触，在这个过程中我们需要自然主义和实用主义的洗礼。与此相反的情况也并不鲜见："随着哲学家个人知识量和人类知识总量之间的比值不断下降，哲学家就不得不停留在一个很高的抽象水平上，甚至不惜闭门造车，以便对某些重要的事情多少发表些意见。另一方面，哲学家也受到了其个人知识条件的限制，比如关于古典学、逻辑学、物理学、生物学、历史学、文学、政治学或经济学的知识。"① 自然化认识论要告诉我们的正是避免闭门造车。如同对待一切认识问题必须谨慎一样，对待自然化认识论也须如此，下列思考是必要的，即如果把认识论的自然化狭义地理解为哲学认识论的科学化的话，蒯因提出的自然化认识论思想是否是迄今为止最为合理的认识论思想之一？愚以为自然化认识论的确可算作最合理的认识论思想之一。当然，自然化认识论并不因此是一种完美的理论，蒯因自己也绝不会如此故步自封地认为自己的思想是一劳永逸的凝固的思想，既然连数学和逻辑都不可免于被修正，蒯因自然是不会给自己豁免的特权。罗蒂看到了一些不足之处：

"如果我们把知识看作有关谈话和社会实践的问题，而不是看作去映现自然的企图，我们大概就不会去设想一种元实践（metapractice），后者是对一切可能形式的社会实践的批判。于是正像奎因详细论证的和塞拉斯顺便说到的那样，整体论产生了一种哲学概念，它与确定性的探

---

① Wang, H. (1986). *Beyond Analytic Philosophy: Doing Justice to What We Know*. Cambridge, Mass: MIT Press. p. 196.

求毫无关系。

……奎因在论证科学和哲学之间不存在分界线以后倾向于假定说，他因此而表明了科学可取代哲学。但是我们并不清楚他要求科学去履行什么样的任务。也不清楚为什么是由自然科学而不是艺术、政治或宗教，去接管空下来的领域。"①

王浩先生似乎也提出了相似的批评：

"从不同方面来看，哲学的社会功能和内部结构却在慢慢地分崩离析。万事万物在数量上的井喷式增长也导致了带有技术色彩的哲学和非技术性哲学之间的分道扬镳——不仅凡夫俗子搞不明白带有技术色彩的哲学的专业表述方式的意思，甚至（含糊意义上的）知识分子团体（或至少其中的很多人）所构成的一个范围更小的听众圈子也搞不明白。而那些本身就带有哲学家气质的小说家或剧作家，似乎比职业哲学家能够更好地把握生活之整体。"②

哲学专业化及其后果遭到了来自分析哲学阵营内部的哲学家们的批评，这对于每一个正在从事分析哲学的哲学家来说都无法忽视。直接导致这种状况发生的乃是现代逻辑的兴起和运用，分析哲学的产生以及在这种新的外表之下的认识论都是由此发展起来的。蒯因认识到了这一点，使得他在做着枯燥乏味的语言哲学家和辛劳的经验论者之间需谨慎地保持一种微妙的关系，似乎是在践行培根关于在蜘蛛、蜜蜂和蚂蚁三

---

① 〔美〕理查德·罗蒂著，李幼蒸译：《哲学和自然之镜》，商务印书馆2003年版，第159页。

② Wang, H. (1986). *Beyond Analytic Philosophy: Doing Justice to What We Know*. Cambridge, Mass: MIT Press. p. 27.

者中要成为蜜蜂而非其余二者的古老告诫。认识论究竟是要作为形而上学的一章、伦理学的一章还是自然科学的一章，还是以一门独立的学科自处，如果这样它必须如吉尔（R. N. Giere）所言拥有自己的研究领域，这个领域被设想成是与认知实践的领域不重叠的独立领域。实际上我们只需了解认知实践是对包括人类自身、自然、宇宙在内的对象的认识，而认识论是对认知活动的认识，说到底是对人自身的认识，意识到这一点，也就理解了为什么哲学认识论实际上也是认知实践的一种，它没有超越于其他认知实践的特权地位，并且包含于人类至今最为成功的知识体系——科学之中。乔纳森·韦恩伯格认为元认识论在未来迫切所需的七样东西是：

（1）真理有益性

（2）规范性

（3）辩证的稳健性

（4）非极端主义的进步主义

（5）多学科间的行动

（6）最小的自然主义

（7）合理的相对主义／普遍主义 ①

姑且不论这种主张是否合理，我们先看看自然化认识论除（4）和（6）之外都做到了，如果蒯因所持的强科学主义立场可算作是一种极端的科学主义的话，这倒是要加以必要的限制，问题是蒯因的科学主义并不是鼓吹一种科学万能论或是唯科学主义的论调，罗蒂的批评中指出的

---

① Weinberg, J. M.（2006）. "What's Epistemology for? The Case for Neopragmatism in Normative Metaepistemology". In S. Hetherington（Ed.）, *Epistemology Futures*. Oxford, New York: Oxford University Press. p. 27.

问题蒯因没有给出答案，我们也就不能任意地为这个问题指派一个答案，罗蒂要反对的是传统的以认识论为中心的哲学，而蒯因要反对的是传统的基础主义的以辩护为中心的认识论，从这个意义上说此二君都是以反对基础主义为其目标，只不过蒯因是在较小的层面上——第一哲学及认识论企图获得的某种特权，罗蒂则在更大的框架下反对人的镜式本质，镜中之相指向了作为基础的自然。蒯因的整体论在宏观层面上可以理解为使哲学与科学的边界消弭，因此照罗蒂看来这种消弭的意义并不单纯，它可能还意味着二者在各自所辖领域的收缩，所以罗蒂问到认识论应该由科学接管，那么科学的任务是什么，以及为什么要由科学而不是艺术、政治和宗教来接管。能够担此重任的非科学莫属，如我一再强调的那样，如果我们是本着理性的科学精神企图去尽显我们所知领域的时候，我们要做一个科学主义者；除此之外，如果本着想要得到灵魂的救赎或是想要达到身心的愉悦时我们要成为和最好与之交谈的是虔诚的教徒和诗人。如果稍嫌詹姆士的旅馆走廊有些许庸俗的话，尽可以把蒯因的路线想象为指向不同目的地的道路，各条路之间或许会有交错，但只有一条最短的路可以正确地通往一个确定的目的地。自然化认识论要考察的就是人们是如何从路线的一端到达另一端的，以及人们是如何找到最短的正确路线的，这就是自然化认识论的最简要的阐述。人们难以割舍和难以接受的是认识论的规范性，仅仅作为描述认知过程的发生学研究的认识论不具有规范性的谬论，已经作为一个被传统认识论强加于自然化认识论的教条式区分而被批判和抛弃了；同时，我们应该扪心自问，如果我们对伦理学的研究能够更好地替代对于认识论的规范性要求，那么我们有什么理由对认识论本不必承担的功能提出过多的要求呢？况且，自然化认识论把规范作为"求真之技"来行使认识论的一种规范的功能，和体系的一个组成部分呈现出来，而不是像有的人所想的那样是纯然描述的，在我们找寻企图达到的认知目的的手段的过程中我们已经悄然践行着自然化认识论的规范，对手段至于目的的最优匹配，即达到认知目的的最短路径了。同时，我们也要意识到描述的限度。量子力学中因果的描述却受制于诸多的条件限制，有可能是具有普遍性的也有可能只在极其狭小的范围内保证其正确性，至于规范无论在正确性、确定性还是行动必要性和必然性等的意义上都无法在其中具有合适的位置。对于限度的思考就从人类的理性认知能力及其对应的知识范围扩展到了认识论本身，认识论的研究范式和概念也有其限度，或许在将来一种全新的"类认识论学科"会被创造出来以适应那个时候的文化，对此认识论家们从现在起应该保持着开放的态度来面对这一切。

从开篇的认识论简史我们看到的是认识论的进化，哲学认识论的未来——工具主义反思，向着求真的技术的反思。认识论从古代到现代的进化，从笛卡尔以降的基础主义认识论到蒯因的自然化认识论的演化过程显现出了哲学进步和科学的进步的鲜明对比，科学飞速地前进而认识论仍旧在狭小的空间中做着困兽之斗，不知道诸位认识论家们作何感想。让人欣喜的不仅仅是自然化认识论的提出在认识论长达千年的进化过程中终于迎来了一次革命，进入 20 世纪末认识论研究开始转向与逻辑学、计算机科学、人工智能、生理学、脑科学、心理学、神经学、解剖学等自然科学之间相结合的研究，一些新兴的交叉学科正在不断涌现，一门被称为认知科学的学科冉冉上升，看到这一幅图景，还在睡梦中画地为牢的传统认识论家及其当代信徒们或许该意识到继续企图寻找一种更加优于自然科学的方法来维持哲学认识论的特权，避免认识论与科学的相互包含是一项无望且徒劳的事业，他们中的另一部分人则选择了用现代逻辑以及分析哲学的方法来包装传统认识论的内核，这种新瓶装旧酒的做法并不比了然坚持以辩护为中心的做法高明许多。哲学认识论在过去的近四百年间一度是我们理性反思能力之光辉的彰显，而今人类的知识却以在过去数千年人类历史上从未出现过的、几何级数式的爆炸式增长，科学的快车已等不及年迈的哲学认识论的步履蹒跚，这幅图景正呼唤着我们勇于去开拓新的视野。认识论今日之窘态所暴露的是，一方面它的领域被不断兴起的各门新兴科学所蚕食，而另一方面它又正在被传统认识论家及其当代的信徒们不断地添砖加瓦，所构筑的不仅不是一座有益于全人类的福祉的大厦，反而是一个封闭的帝国，在这个帝国中认识论家们纷纷徜徉于一种冰冷的理智上的满足，任由认识论连同他们一起进行着缓慢的自我吞噬。为了避免沉溺于"冰冷的理智上满足"从而避免认识论的自我吞噬，王浩和罗蒂的批评是极为重要的，后学们倘若能虚心接受并不断完善自然化认识论的话，或许有希望看到崇高重归于艺术，而哲学变得有用之图景。

诚然，自然化认识论还不是一个完美的理论，或许还有着这样那样的缺陷，它的提出和发展是人类进一步摆脱蒙昧、进一步掌握科学的真实写照。它至少让我们看到了认识论的未来和出路——积极地与科学结合，把认知规范理解为是实用主义的和工具主义的，简言之，一种自然化的认识论是一种科学的认识论，这正是蒯因留给我们的一项教义，他指明了认识论进化的方向之一——让认识论保持开放，让认识论变得有用。认识论在未来究竟是走向一个封闭的帝国，最终难逃自我吞噬的命运还是接受蒯因留给我们的这项教义完全取决于我们以怎样的立场以及如何看待科学。另一个认识论进化的方向则是由索萨指出的，认识论作为一门评价人们运用知识的行为的规范的学科——德性认识论，这门学科不再是对于实在的描述，因为根本没有与其相对应的实在，它合理地运用伦理学的研究成果，反思、指导和修正人类在认知过程中的行为，评判在实现认知目的的过程中我们如何选择手段，以及如何最大限度地维护全人类共同的福祉。19、20世纪之交，语言的转向改变了认识论研究的范式，从直接朝向对象的经验的反思走到了对认识对象的、由语言表述的经验的分析，蒯因提出的自然化认识论思想对认识论经过从 20 世纪开始逾半个世纪的发展所做的反思，向蒯因开启的这个新方向望去我们看到认识论再一次需要转变研究范式，认识论研究从"经验——知识"或者"观念（概念）——知识"的研究转为"经验——语言——知识"的研究，然后再演变为"经验——语言和科学——知识系统"的研究，居中者所扮演的角色是研究的方法和手段，科学不再位于与经验相对的另一端，对从刺激到知识系统（科学）的过程中既需要语言的媒介也需要科学所提供的方法，简言之，我们运用科学通过语言（语言学习）去认识对象，认识的结果作为科学又为我们提供了新的认识手段，认识的发展便是这样一个周而复始、永不停息的过程。

对认识论在未来将以何种形态出现的分析推测实际上站在了一种元哲学和元认识论的角度，从这个角度鸟瞰欧洲近代以来的哲学史和认识论似乎还有更多的话可以讲。这里要提到蒯因为了回应莫蒂默·阿德勒（Mortimer Adler）提出的"哲学是否已失去与人民的联系？"于 1979 年所撰写的文章《哲学是否已失去与人民的联系》，收录于他的论文集《理论和事物》之中 ①。哲学为何会失去与人民的联系，最重要的原因就是它借机得以兴起的符号逻辑的广泛应用，以及对于意义理论的极端重视。这种极端的重视乃至于连蒯因也认为：

"姑且承认在语言哲学这个标题下出现的许多著作在哲学上是不重要的。某些著作作为语言研究而言是有趣的或者很有意思的，不过仅仅通过一种肤浅的联系而被发表在哲学杂志上。某些著作在主旨方面有更多哲学意味，只不过还不够格；因为对质量的掌握在这些刚刚长出嫩芽的哲学出版物中是参差不齐的。"（*TT*, p. 192）

---

① Cf. Quine, W. V.（1981）. *Theories and Things*. Cambridge: Harvard University Press. pp. 190-193.

　　蒯因不想把自己划归于语言哲学家的行列，但他的意思也绝不是说哲学中应该接纳来自科学以外的思想。归根结底，蒯因依然是对于"意义"概念的反感。此文中蒯因并未对明确表达这种由于专业化而导致的哲学与人民的疏远，但遗憾的是蒯因的言下之意其实是肯定了哲学在那个时代的发展继而所获得的这种性质的，换言之，分析哲学的高度专业化导致只有极小圈子里的少数专家能够阅读和理解，但这也是无可避免的事。蒯因的前半生都在从事逻辑的研究，他先是逻辑学家后才是哲学家，这样来理解也就不足为奇了。然而奇怪的是，分析哲学对于美国来说并非是其土生土长的文化，作为舶来品，它以超越人们所想象的程度在美利坚的国土上生根发芽，其茂盛程度丝毫不亚于实用主义，最终到蒯因这里还导致了二者的结合。符号逻辑的广泛应用所带来的哲学专业化之风也蔓延到了认识论的研究中，认识论从一种人的感性生命活动变成了白纸上令普罗大众望而却步的符号、公式和方程，而对于分析哲学家来说确实是令人称羡的，哲学是否已经失去了与人民的联系，这里可见一斑。当认识论或哲学被当作一种学问来加以研究，而不是当作哲学家对世界、对自己和他人的理解的经验表达时，难道不奇怪吗？造成这一切的自然要归功于对哲学的科学化企图和分析哲学对于哲学研究主题的确定以及由此带来的排他性。大陆哲学根本入不得分析哲学家们的法眼，但如果说大陆哲学有一点值得分析哲学家所借鉴的，那就是：哲学可以借鉴科学的方法，也可以专业化，但绝不能被科学化；哲学不应当作为一种单纯的学问来被人研究，而应当作哲学家对世界、对自己和他人的理解的经验表达。作为未来形态的认识论，无论它作为伦理学的一章抑或是自然科学的一章，它都最好不要失去与人民的联系，不要失去与人们生活的联系。

　　最后，我想以罗素的一段话来作为本节的结束，那是 1959 年罗素在接受 BBC 专访时被问及如果当下采访您的这卷录影带在一千年后被人们发现，如同死海古卷一样，您会想对一千年后的人们说些什么？罗素言简意赅又意味深长地回答道："我想说两点，其一关乎智慧，其二关乎道德。有关智慧，我想对他们说的是，不管你在研究什么事物还是在思考什么观点，只需自问，'事实是什么？① 以及这些事实所证实的真理是什么？'永远不要让自己被自己所更愿意相信的，或者认为人们相信了的、会对社会更加有益的东西所影响。只是单纯地去审视，什么才是事实。我想对他们说的有关道德的这一点则十分简单：爱是明智的，恨是愚蠢的。② 在这个日益紧密相连的世界，我们必须学会容忍彼此，我们也必须学会接受这样一个事实：总会有人说出我们不想听的话。只有这样，我们才有可能共存。倘若我们想要共存而非灭亡，我们就必须学会这种宽容与忍让，因为这对于人类在这个星球上的持续生存是至关重要的。"罗素语重心长的话语中包含了极其丰富的内容，人类理智和道德的进步是数千年来亘古不变的目标，我们在追求这个目标时要务必使理性保持必要的限度，也使理智和道德在进步的同时保持必要的距离。分析哲学与大陆哲学作为 20 世纪的两大哲学流派，我们乐于看到各派哲学家们的相互包容；科学和哲学作为两种不同的思考世界的方式，尽管我不认为隶属于哲学的认知论对我们的探索活动能够增添可观的贡献，但作为人类探究行为多样化的表现方式，我们需要给予它足够的重视和必要的尊重。

---

① Cf. "What are things?"

② Cf. "Love is wise, hate is foolish."

终　论

从欧洲近代以来直至蒯因提出的自然化认识论的回顾以及对认识论在未来可能以何种形象出现所做之展望，是我们作为生存于当下的反思者对已发生的事情所做之思考。自然化认识论如同其他已经存在着的认识论学说乃至所有哲学思想一样都是这个漫长的过程中已经存在着的众多理论之一种，以往和现在人们由于各种自己建构学说的需要或是已经建构起来的学说在逻辑上对于自己的观点的一贯坚持的需要批评它或是赞成它、改造它或是发展它，各种褒贬不一的评价都不足以使我们能够预见到若干年后人们对它的评价是否还能如同我们今天一样，或是若干年后是否又有更合理、更先进的认识论思想来批评它、替代它，就如亚里士多德并不因为他对于物体运动的错误看法而有损他作为百科全书之父而显示出的伟大，但他自己和与他同时代的人们也无法预见到千年之后地球上仍有非常多不同肤色的、说不同语言的、分布于世界各地的人们在传诵着他的学说。当把自然化认识论连同蒯因放入整个历史的长河中时，他们都只是已出现的一种现象，值得人们传颂的乃是这种学说在那个时代曾经有过很大的影响，并且或因没有这种学说就没有现在或是将来某个时期人们所取得那种成就而显示出关于这种学说的不可或缺的奠基作用。在自然化认识论中，实用主义和自然主义作为两个大外延概念构成了它所具有的主要特质，从它产生的那个时代开始到 21 世纪的今天，从没有一个客观公正的衡量标准去评价这种特征究竟是好的还是不好的、进步的还是倒退的、合理的还是不合理的、有价值的还是没有价值的，知识之路上的奋进、道德之路上的呐喊、幸福之路上统一二者而实现美的追求，任何一方面都能为它分出褒贬，但是如果存在着一种绝对公允的评价的话，那么一定是搞错了。因为我们必然无法置身于事外，任何人、群体都无法居于"上帝模式"来看待任何理论和事物，承认了这一点我们就只需在评价的时候警惕忘情于心智上的逍遥而撕裂了与现实的联结。一旦我们注意到了这一点，自然化认识论就能免于遭受无端的指责。蒯因以其对科学精神的坚持和对实用主义的理解贯穿于整个自然化认识论学说始终，对可错论的坚持为这种理论留下了有待改进的空间，因为任何理论只要由它作为组成要素之一而构成的那个整体之内作出了足够剧烈的修改，那么它就是可以被修改的。在这种精神的鼓舞下审视自然化认识论就可以看出它绝不是一种无懈可击的理论，自然化认识论最大的缺陷乃是科学精神鼓舞下的对实际情境的理想化，科学实验能够在实验室里最大限度地模拟自然环境和自然现象的演变，却无法模拟出某一个人类社会的社会现象对于认知的影响，无法计算的变量，以及不可预测的随机变量大大加大了模拟的难度，这样一来将科学理论套用于认知实践难免会使其上了普洛克路斯忒斯的铁床。王浩先生讲道："问题的真正要点在于科学方法的普遍性。若蒯因的建议是将科学的方法运用到边边角角去，则在一个科学方法无用武之地的场合中，这样的建议要么就是空洞的，要么就是阻挡我们寻找相对合理的解决方案的拦路虎。"[1]认知实践毕竟归根结底是人的活动，而人与其使用的语

---

① Wang, H. (1986). *Beyond Analytic Philosophy: Doing Justice to What We Know*. Cambridge, Mass: MIT Press. p. 200.

言均是社会性的，因此认知实践除了是一种可被认识论用来思考或是心理学等自然科学用来分析研究的对象之外，它更是一种社会现象，社会现象无法在实验室中被模拟，最起码当前的科技发展成果无法对以带有不可逆性的时间为主轴的社会现象的线性结构作出精确的模拟。具体地，可通过以下三例来管窥一番。

其一，观察句理论中对语言共同体的划定过于理想化。蒯因对于语言共同体的定义是逐步扩大其内涵的。一开始只要求母语为同一种语言的人群，而当他提出高级理论观察句以及观察句的理论负载学说之后，这一情况发生了变化，母语相同的人们之间也存在着"询问—同意"策略的不适用情况。于是，语言共同体成员的条件就被增加为不仅母语要相同，而且还要具有相似的知识背景，类似于在原先语言共同体成员——母语相同的人的基础上再加上了类似库恩的科学家集团的条件，只有满足如此这般条件的人有资格被划入同一个语言共同体。实际的情况并非如此简单，相似知识背景的双语者（其外语掌握程度接近于母语程度的人，或者原生双语者或多语者，譬如生活在瑞士、卢森堡等多种官方语言普遍使用的国家和地区的人们）未必不能被确认为同一语言共同体的成员。再者，对知识背景的相似的判断也是具有困难的，随着科学的日益细分情况更是如此，即使暂不考虑这种困难也还有文化背景上的差异，英国人、美国人、澳洲人、印度人和新加坡人分别以英国英语、美国英语、澳洲英语、印度英语和新加坡英语为母语并生活在与该种语言相对应的地区，如果要将他们确认为同一语言共同体的成员，那么必然要在其相似知识背景上作出严格的审定，这又回到了上面提到的那种困难，不太可能安排他们参与一次考试并通过其成绩来确认，更多的时候仅仅是依靠对谈，这种形式可能常常使人们遗漏了一些细节上的东西，而人本身又是具有学习能力的，对于科学家来说尤其如此，因此，这就是一个动态的过程。

其二，对田野语言学家的翻译工作境况过于理想化。前文中已经提出过多个野外语言学家和多个土著人形成的组合的例子，不同的组合可以产生不同的情况，仅仅考虑单个语言学家与单个土著人，而土著人每次看见快速移动的动物时都会重复说出 gavagai 的情况太过于理想化。同一个土著人和语言学家同时在丛林里见到快速移动的动物，语言学家询问土著人，土著人回答 gavagai，第二次相同的情况，土著人还是回答 gavagai，第三次则动物出现的地点变成了丛林外面的草原，土著人回答 hakuna matata，诸如此类地，我们可以加上任意的变量并加以组合，土著人可能给出多种回答，语言学家的困难程度就成几何级数般增加，更无须说同一个语言学家同时遇到两个土著人和两个语言学家先后和同时遇到两个土著人的情况，当两个土著人互相不属于对方的语言共同体时，情况最糟。再者，即便是同一共同体的两个土著人他们即便是由于文明程度的低下而具有的一种语言使用和思维方式的原始的一致，这也不足以保证他们对同一事物能够随时以相同的语词作出描述，面对同一个快速移动的动物，一人可能说快，一人可能说兔子，而面对同一个 gavagai，一人对它的认识是兔子，另一人又可能是美味的晚餐。我们看到的这种可以想象的实际的复杂情况还启示我们不仅土著人，即便我们自身也是一样，我们每个人都可能具有一个只属于自己的翻译手册，这本手册的内容与绝大多数人的绝大部分重合，但绝不是完全重合，不重合的部分作为自我对世界的描述的特征的确认标志，因此，每个人都有可能具有一个仅属于自己的本体论。在认识和科学的层面上，我无意宣扬私人语言的学说，并且要加以反对；但是科学并不能解决人生的全部问题，在其他领域我们势必要承认能够确认自己独特性的标志存在，在更多的时候它既是人与人之间理解的障碍，也是艺术创造的来源之一。

其三，科学主义的理想化作用无形中造成了对文化的忽视。这是以上两点的综合，诚然，科学是无国界的，科学理论体现出的相对的普遍有效性和因果必然性是超越语言、种族、意识形态和文化的，这正是它不具有那种我在前文中多次加以区分的规范性所带来的结果，倘若情况相反，科学也要作出价值判断的话，它便不具有如上所说的功能。这种特性单纯化既作为纯粹的认知活动又作为社会性的类存在物的人的活动，很多人类活动中不可被科学方法处理的甚至是不可控的变量就被忽视了，正如这些变量对于实际的认知活动所产生的影响展示出来的那样，蒯因的自然化认识论企图使实际的情况得到科学的处理的结果就造成了理想与现实的割裂，有意思的是他自己也意识到了这个问题：

"心理状态和心理事件是不能被还原为行为的，也不能通过行为而得到解释。它们只能通过神经学得到解释。但在客观上，它们的行为附属物依然能够得到很好的确定。当我们在谈论从属于行为标准的心理状态和心理事件时，我们可以放心地知道，我们并不是在玩弄字眼；实际上是有一个物理事实的，而这个事实最终可归结为一些基本的物理事态。"(*FM*, p. 167)

但最终的解决办法还是走了物理主义的路线。王浩先生对此谈道："一个很实际的考虑乃是这样的：我们人类面临着大量的问题，对此，所有的'科学方法'（比如，蒯因在《信念之网》中所解释的那种'科学方法'）是无法解决的，或至少说，它无法足够快地解决之，以使得我们的行动或决定能得到及时的指导（这些决定必须在非常有限的时限内被作出）。"① 这一方面的情况在蒯因之后经理查德·罗蒂等人被给予

---

① Wang, H. (1986). *Beyond Analytic Philosophy: Doing Justice to What We Know*. Cambridge, Mass: MIT Press. p. 199.

了足够的重视和思考。

在行为主义的指导下蒯因所强调的语言在更多的时候并非是指语言本身，而是指语言行为，这与语言游戏异曲同工，维特根斯坦说"我还将把语言和活动——那些和语言编织成一片的活动——所组成的整体称作'语言游戏'"。（PU，§7）① 因为蒯因非常重视可观察性，科学和知识所必须体现的主体间性全系于可观察性，而实现可观察性最直接的媒介就是人的行为，语言本身不会说话并且只有通过人才能表现出来。"蒯因对于纯粹性的追求采取了特别喜欢可触知物的形式。口头或书面语言比思想更可触知。有形的东西比直观的东西更可触知，行为比内省更可触知，真理比意义更可触知，指称（外延）比内涵更可触知，个体比社会更可触知，事实（以地理学和词典中的那些事实为典范）比价值更可触知，自然科学比其他的理智探索更可触知。"② 需要特别注意的是，自然化认识论的语言层面虽在形式上与维氏的"语言游戏"有几分相似，但蒯因的旨趣却是与维氏后期截然不同的，蒯因依然在思考的仍旧是哲学的科学化，至少是方法上的。以上几例所要指出的乃是自然化认识论的理论缺陷并不妨碍它成为一种富有成效的思考，也不妨碍其在漫长的哲学史中具有重要的位置，更不妨碍蒯因作为继罗素和维特根斯坦之后西方最重要的哲学家。然而，我们可能会意识到这样一个悖论，即推动时代发展的动力往往是一种新的思想或是新思想的集合，或曰思潮，而一个时代却又反过来制约着新思想在深度和广度上的扩张，正所谓时代对于思想的局限，因此这种局限性体现在那个时

---

① Cf. Wittgenstein, L. (2009). *Philosophical Investigations* (G. E. M. Anscombe, P. M. S. Hacker & J. Schulte, Trans. Revised 4th ed.). Chichester, West Sussex, U.K.; Malden, MA: Wiley-Blackwell. p. 8.

② Wang, H. (1986). *Beyond Analytic Philosophy: Doing Justice to What We Know*. Cambridge, Mass: MIT Press. pp. 164-165.

代中登场的各种思想中，思想与一个大时代的命运之间表现出来的张力和博弈始终是令人期待和兴奋的，其结果无论怎样都成就了那个时代所特有的精神。

参考文献

一、蒯因的著作

[1] Quine, W. V. (1980). *From A Logical Point of View: 9 Logico-Philosophical Essays* (2nd, Rev. ed.). Cambridge: Harvard University Press.

[2] Quine, W. V. (1960). *Word and Object*. Cambridge: The M.I.T. Press.

[3] Quine, W. V. (1966). *The Ways of Paradox and Other Essays*. New York: Random House.

[4] Quine, W. V. (1969). *Ontological Relativity and Other Essays*. New York: Columbia University Press.

[5] Quine, W. V. (1973). *The Roots of Reference*. La Salle, Illinois: Open Court.

[6] Quine, W. V. (1974). "The Nature of Natural Knowledge". In S. Guttenplan (Ed.), *Mind and Language* (pp. 67-81). Oxford: Clarendon.

[7] Quine, W. V. (1977). "Facts of the Matter". In R. W. Shahan & K. R. Merrill (Eds.), *American Philosophy: From Edwards to Quine* (pp. 155-169). Norman: University of Oklahoma Press.

[8] Quine, W. V., & Ullian, J. S. (1978). *The Web of Belief* (2nd ed.). New York: McGraw-Hill.

[9] Quine, W. V. (1981). *Theories and Things*. Cambridge: Harvard University Press.

[10] Quine, W. V. (1987). *Quiddities: An Intermittently Philosophical Dictionary*. Cambridge: The Belknap Press of Harvard University Press.

[11] Quine, W. V. (1992). *Pursuit of Truth* (Rev. ed.). Cambridge: Harvard University Press.

[12] Quine, W. V. (1992). "Structure and Nature". *The Journal of Philosophy, 89*

(1), 5-9.

　　[13] Quine, W. V. (1993). "In Praise of Observation Sentences". *The Journal of Philosophy, 90* (3), 107-116.

　　[14] Quine, W. V. (1995). "Naturalism; Or, Living Within One's Means". *Dialectica, 49* (2-4), 251-261.

　　[15] Quine, W. V. (1995). *From Stimulus to Science.* Cambridge: Harvard University Press.

　　[16] Quine, W. V. (1996). "Progress on Two Fronts". *The Journal of Philosophy, 93* (4), 159-163.

　　二、其他著作

　　[17] Barrett, R., & Gibson, R. (Eds.). (1990). *Perspectives on Quine.* Basil: Blackwell.

　　[18] Dewey, J. (1929). *Experience and Nature.* London: George Allen & Unwin, Ltd.

　　[19] Korsgaard, C. M. (1996). *The Sources of Normativity.* Cambridge, New York: Cambridge University Press.

　　[20] Sosa, E. (2011). *Knowing Full Well.* Princeton, Oxford: Princeton University Press.

　　[21] Bonjour, L. (2003). *Epistemic Justification: Internalism vs. Externalism, Foundations vs. Virtues.* Malden, MA: Blackwell Publishing Ltd.

　　[22] Foley, R. (1994). "The Epistemology of Sosa". *Philosophical Issues, 5,* 1-14.

　　[23] Fumerton, R. (1994). "Sosa's Epistemology". *Philosophical Issues, 5,* 15-27.

　　[24] Sosa, E., Kim, J., Fantl, J., & McGrath, M. (Eds.). (2008). *Epistemology: An Anthology* (2nd ed. Vol. 11). Malden, MA: Blackwell.

　　[25] Laudan, L. (1987). "Relativism, Naturalism and Reticulation". *Synthese, 71* (3), 221-234.

　　[26] Maffie, J. (1990). "Recent Work on Naturalized Epistemology." *American Philosophical Quarterly, 27* (4), 281-293.

　　[27] Maffie, J. (1990). "Naturalism and the Normativity of Epistemology". *Philosophical Studies, 59* (3), 333-349.

　　[28] Prior, A. N. (1960). "The Autonomy of Ethics". *Australasian Journal of Philosophy, 38* (3), 199-206.

　　[29] Putnam, H. (1981). *Reason, Truth and History.* New York: Cambridge University Press.

　　[30] Putnam, H. (1982). "Why Reason Can't Be Naturalized." *Synthese* (52), 3-23.

　　[31] Janvid, M. (2004). "Epistemological Naturalism and the Normativity Objec-

tion or from Normativity to Constitutivity". *Erkenntnis* (*1975-*), *60* (1), 35-49.

[32] Kim, J. (1988). "What Is 'Naturalized Epistemology?'". *Philosophical Perspectives, 2*, 381-405.

[33] Kornblith, H. (Ed.). (1985). *Naturalizing Epistemology*. Cambridge, Mass: The MIT Press.

[34] Stich, S. P. (1985). "Could Man Be an Irrational Animal? Some Notes on the Epistemology of Rationality". *Synthese, 64* (1), 115-135.

[35] Mi, C. M., & Chen, R.-l. (Eds.). (2007). *Naturalized Epistemology and Philosophy of Science* (Vol. 7). Amsterdam, New York: Rodopi.

[36] Hahn, L. E., & Schilpp, P. A. (Eds.). (1986). *The Philosophy of W. V. Quine* (Vol. XVIII). La Salle, Illinois: Open Court.

[37] Decock, L., & Horsten, L. (Eds.). (2000). *Quine, Naturalized Epistemology, Perceptual Knowledge and Ontology* (Vol. 70). Amsterdam, Atlanta, GA: Rodopi.

[38] Johnsen, B. C. (2005). "How to Read 'Epistemology Naturalized'". *The Journal of Philosophy, 102* (2), 78-93.

[39] Davidson, D. (1984). *Inquiries into Truth and Interpretation*. Oxford: Clarendon Press.

[40] Brown, H. I. (1988). "Normative Epistemology and Naturalized Epistemology". *Inquiry, 31* (1), 53-78.

[41] Laudan, L. (1990). "Normative Naturalism". *Philosophy of Science, 57* (1), 44-59.

[42] Laudan, L. (1987). "Progress or Rationality? The Prospects for Normative Naturalism". *American Philosophical Quarterly, 24* (1), 19-31.

[43] Giere, R. N. (1989). "Scientific Rationality as Instrumental Rationality". *Studies in History and Philosophy of Science, 20* (3), 377-384.

[44] Hooker, C. A. (1974). "Systematic Realism". *Synthese, 26* (3/4), 409-497.

[45] Boyd, R. N. (1980). "Scientific Realism and Naturalistic Epistemology". *PSA: Proceedings of the Biennial Meeting of the Philosophy of Science Association, 2*, 613-662.

[46] Haack, S. (1993). *Evidence and Inquiry: Towards Reconstruction in Epistemology*. Oxford, UK; Cambridge, USA: Blackwell.

[47] DeRose, K., & Warfield, T. A. (Eds.). (1999). *Skepticism: A Contemporary Reader*. New York, Oxford: Oxford University Press.

[48] Dretske, F. I. (1970). "Epistemic Operators". *The Journal of Philosophy, 67* (24), 1007-1023.

[49] Kornblith, H. (1993). "Epistemic Normativity". *Synthese, 94* (3), 357-376.

[50] Kornblith, H. (1993). *Inductive Inference and Its Natural Ground*. Cambridge, Mass: The MIT Press.

[51] Kaku, M. (2005). *Parallel Worlds: A Journey Through Creation, Higher Dimensions, and the Future of the Cosmos*. New York: Doubleday.

[52] Brooks, M. (2011). "The Limits of Knowledge: Things We'll Never Understand". *New Scientist, 210* (2811), 34-43.

[53] Fox, D. (2011). "The Limits of Intelligence". *Scientific American, 305* (1), 36-43.

[54] Wang, H. (1986). *Beyond Analytic Philosophy: Doing Justice to What We Know*. Cambridge, Mass: MIT Press.

[55] Hetherington, S. (Ed.). (2006). *Epistemology Futures*. Oxford, New York: Oxford University Press.

[56] Creath, R. (Ed.). (1990). *Dear Carnap, Dear Van: The Quine-Carnap Correspondence and Related Work*. Berkeley, LA, London: University of California Press.

[57] Putnam, H. (1987). *The Many Faces of Realism*. La Salle, Ill.: Open Court.

[58] Putnam, H. (2002). *The Collapse of the Fact/Value Dichotomy and Other Essays*. Cambridge, MA: Harvard University Press.

[59] Aboulafia, M., Bookman, M. O., & Kemp, C. (2002). *Habermas and Pragmatism*. London; New York: Routledge.

[60] Neurath, O. (Ed.). (1944). *International encyclopedia of unified science. Vol. 2, No. 1, Foundations of the unity of science. Foundations of the social sciences*. Chicago, Ill.: University of Chicago Press.

[61] Wittgenstein, L. (2009). *Philosophical Investigations* (G. E. M. Anscombe, P. M. S. Hacker & J. Schulte, Trans. Revised 4th ed.). Chichester, West Sussex, U.K.; Malden, MA: Wiley-Blackwell.

[62] Ayer, A. J. (1952). *Language, Truth and Logic*. New York: Dover Publications.

[63] Pollock, J. L., & Cruz, J. (1999). *Contemporary Theories of Knowledge* (2nd ed.). Lanham, Md.: Rowman & Littlefield.

[64] Ogden, C. K., & Richards, I. A. (1989). *The Meaning of Meaning: A Study of the Influence of Language upon Thought and of the Science of Symbolism*. San Diego: Harcourt Brace Jovanovich.

[65] Polanyi, M. (1962). *Personal Knowledge: Towards a Post-Critical Philosophy*. London: Routledge.

[66] Searle, J. R. (1983). *Intentionality: An Essay in the Philosophy of Mind*. Cambridge; New York: Cambridge University Press.

[67] Pinker, S. (1994). *The Language Instinct*. New York: W. Morrow & Co.

[68] C. A. 胡克著，范岱年译：《自然主义实在论：纲要和研究纲领》，《自然辩证法通讯》1994 年第 2 期。

[69]〔美〕W. V. 奎因著，李真译：《实用主义者在经验论中的地位》，《世界哲学》1990 年第 6 期。

[70]〔美〕麦基编，周穗民、翁寒松译：《思想家：当代哲学的创造者们》，三联书店 1987 年版。

[71]〔英〕休谟著，关文运译：《人性论》，商务印书馆 1980 年版。

[72] 伊曼努尔·康德著，李秋零译：《纯粹理性批判》，中国人民大学出版社 2004 年版。

[73] 伊曼努尔·康德著，李秋零译：《康德著作全集》（第 4 卷），中国人民大学出版社 2005 年版。

[74] 贝特兰·罗素著，陈启伟译：《我们关于外间世界的知识》，上海译文出版社 2008 年版。

[75]〔德〕施泰格缪勒著，王炳文等译：《当代哲学主流》（下卷），商务印书馆 1992 年版。

[76] 陈波：《从语言和逻辑的观点看——奎因哲学研究》，三联书店 1998 年版。

[77] 俞冰：《"谜"漫两千年的"西瓜雪"》，《科学与文化》2010 年第 4 期。

[78] 徐向东：《怀疑论、知识与辩护》，北京大学出版社 2006 年版。

[79] C. I. 刘易斯著，李国山等编译：《刘易斯文选》社会科学文献出版社 2007 年版。

[80] 曹剑波：《批驳怀疑论的最佳策略：语境不可错论》，《北京师范大学学报（社会科学版）》2010 年第 2 期。

[81]〔美〕威廉·詹姆士著，陈羽纶、孙瑞禾译：《实用主义：一些旧思想方法的新名称》，商务印书馆 1979 年版。

[82]〔美〕理查德·罗蒂著，李幼蒸译：《哲学和自然之镜》，商务印书馆 2003 年版。

[83]〔美〕约翰·杜威著，傅统先译：《确定性的寻求：关于知行关系的研究》，上海人民出版社 2005 年版。

[84]〔美〕约翰·杜威著，傅统先译：《经验与自然》，中国人民大学出版社 2012 年版。

[85] 卡尔·波普尔著，傅季重等译：《猜想与反驳：科学知识的增长》，上海译文出版社 2001 年版。

[86] 洪谦：《论逻辑经验主义》，商务印书馆 1999 年版。

[87] 罗素著，张金言译：《人类的知识：其范围和限度》，商务印书馆 1983 年版。

[88] 中共中央马克思恩格斯列宁斯大林著作编译局:《马克思恩格斯全集》(第3卷),人民出版社 1995 年版。

[89] 爱因斯坦著,许良英、范岱年译:《爱因斯坦文集》(第 1 卷),商务印书馆 1976 年版。

[90]〔美〕约翰·华生著,李维译:《行为主义》,浙江教育出版社 1998 年版。

[91]〔美〕乔姆斯基著,王宗炎译:《评斯金纳著〈言语行为〉》,《国外语言学》,1982 年第 2—4 期。

[92] 钱锺书:《管锥编》(第三卷),三联书店 2007 年版。

[93] 赵毅衡:《符号学:原理与推演》,南京大学出版社 2016 年版。

后　记

　　本书是在我的博士论文《论认识论的自然化和规范性——蒯因认识论思想研究》基础之上完成的，同时也作为 2013 年度云南师范大学博士科研启动项目的最终成果。

　　蒯因的自然主义思想所关涉的不仅仅是以其著名的论文《自然化的认识论》为代表的自然化认识论思想，为了阐述这一思想，蒯因做了一系列的前期准备工作，其中最重要的就是意义的自然化。从蒯因思想的构成来看，这些"前期工作"也成为蒯因自然主义思想中不可或缺的重要组成部分，其中诸如"经验论的两个教条"、"翻译的不确定性"、"指称的不可测知性"、"gavagai"、"意义的博物馆神话"等概念、提法都为人们所称道，至今也常常被讨论，有一些则成为研习、探究分析哲学的学人们必须考虑的理论。从其哲学特点上看，蒯因毫不掩饰其哲学与传统哲学的差别，也不会刻意降低其哲学中包含的个人特质，这使得他的哲学中带有了一些独树一帜的特点，自然主义、科学主义、行为主义、实用主义等特征和立场无论在当时还是后来的学者们看来尽管褒贬不一，对蒯因看待、处理传统哲学问题的方式也不尽同意，但蒯因毕竟为哲学在新时代的继续存在提供了一种新的方式。由此，认为蒯因是分析哲学界继罗素和维特根斯坦后最重要的哲学家，是不为过的；同时也是值得深入研究的。

蒯因在其学术生涯的前半生是作为逻辑学家而出现在公众视野中的，以 1951 年发表的《新近哲学主要倾向：经验论的两个教条》一文为标志，蒯因在其学术生涯的后半生则作为分析哲学家登上哲学的舞台，因此他的全部思想远不是本书能够涵括的。本书作为专门探讨蒯因哲学中的自然主义思想，其中包括了我近四年来对这一主题及其相关问题的思考，只希冀通过梳理、分析蒯因在意义的自然化和认识论的自然化以及由这两个方面产生的问题和后果，来阐释从我们的生活经验出发如何看待这些问题和后果，从而找出有利于启发我们看待传统哲学问题的新视角、新方法。本书中涉及的一些论题由于时间及篇幅等因素，无法全面展开，譬如意义的生物学基础，思维与符号的关系，等等，将作为以后的研究课题不断深化推进。或因笔者学养有限，书中难免有不合适、不准确甚至错误的地方，敬请读者及学界同行不吝批评指正。

高洋　谨识

2017 年 10 月 10 日于昆明

责任编辑：洪　琼

图书在版编目（CIP）数据

意义与自识：蒯因自然主义思想研究／高洋　著 . —北京：人民出版社，2018.12

ISBN 978－7－01－019582－7

I. ①意⋯　II. ①高⋯　III. ①奎因（Quine, Willard Van Orman 1908—2000）－
自然主义－哲学思想－研究　IV. ① B712.59

中国版本图书馆 CIP 数据核字（2018）第 167304 号

意义与自识
YIYI YU ZISHI
——蒯因自然主义思想研究

高　洋　著

人民出版社 出版发行
（100706　北京市东城区隆福寺街 99 号）

中煤（北京）印务有限公司印刷　新华书店经销

2018 年 12 月第 1 版　2018 年 12 月北京第 1 次印刷
开本：710 毫米 ×1000 毫米 1/16　印张：17.5
字数：230 千字

ISBN 978－7－01－019582－7　定价：59.00 元

邮购地址 100706　北京市东城区隆福寺街 99 号
人民东方图书销售中心　电话（010）65250042　65289539